镇江图鉴

2023

镇江市史志办公室 编

ZHENJIANG TUJIAN

江苏大学出版社
JIANGSU UNIVERSITY PRESS
镇 江

图书在版编目(CIP)数据

镇江图鉴. 2023 / 镇江市史志办公室编. -- 镇江 : 江苏大学出版社, 2024.3
ISBN 978-7-5684-2182-9

Ⅰ. ①镇 … Ⅱ. ①镇… Ⅲ. ①镇江－地方史－2023-图集 Ⅳ. ①K295.33-64

中国国家版本馆CIP数据核字(2024)第064372号

镇江图鉴.2023

编　　者/ 镇江市史志办公室
责任编辑/ 夏　冰
出版发行/ 江苏大学出版社
地　　址/ 江苏省镇江市京口区学府路301号（邮编：212013）
电　　话/ 0511-84446464（传真）
网　　址/ http://press.ujs.edu.cn
印　　刷/ 扬州皓宇图文印刷有限公司
开　　本/ 889 mm×1 194 mm　1/16
印　　张/ 24
字　　数/ 284千字
版　　次/ 2024年3月第 1 版
印　　次/ 2024年3月第 1 次印刷
书　　号/ ISBN 978-7-5684-2182-9
定　　价/ 380.00 元

如有印装质量问题请与本社营销部联系（电话：0511-84440882）

2023 镇江图鉴·目录

ZHENJIANG
TUJIAN
(2023)
TE ZAI

镇江图鉴（2023）
特载

非凡的2012—2022年——镇江“很有前途”

党的十八大以来，镇江勇担使命、创新实干，交出“强富美高”新江苏建设的“镇江答卷”：地区生产总值接连迈过两个千亿台阶，年均增长6.8%；人均GDP从2012年的7.78万元增加至2022年的16.33万元，达到中等发达国家水平；居民人均可支配收入由23877元增加至55565元，城乡收入比缩小至1.8：1；新增A股上市公司总数位列全省前列。

创新引领转型升级，镇江跑起来

镇江持续推进产业集中集聚集约发展，在产业结构转型升级的赛道上加速奔跑：2014年，《镇江市工业产业链发展行动计划（2014—2016）》出炉，重点培育航空航天、汽车及零部件、高性能合金等10条产业链；2017年围绕产业强市战略目标，提出重点培育“3+2+X”产业链，航空航天产业、生物医药产业、新一代信息技术产业实现由点到链的飞跃；确立“十四五”期间“四群八链”主导产业发展方向，聚力发展生命健康、数字经济等四大产业集群和新型电力（新能源）装备、汽车及零部件（新能源汽车）等8条重点产业链。

出台《镇江市资本市场扬帆计划》《镇江市加快股权投资行业发展云帆计划》，全市21家A股上市公司营收在“四群八链”企业中占比10%。截至2022年年底，全市有百亿元企业10家、“中国民营企业500强”榜单上榜企业4家。

镇江作为国家创新型试点城市，设立科学技术奖。2012年以来，全市高新技术企业从238家增长到1221家，增长413%。2022年，镇江入围“全国城市创新能力百强榜”。

低碳助力生态文明，镇江很绿色

2012年，镇江入选全国第二批低碳试点城市。创成全国首批生态文明先行示范区、全国首

青山绿水新镇江（施智 供稿）

镇江市海绵公园（卞婕 供稿）

批海绵城市建设试点城市、全国绿色交通试点城市、全省唯一的生态文明综合改革试点城市。2015—2021年，镇江实施去产能项目209个，压减水泥产能超508万吨、钢铁产能超60万吨，淘汰电镀产能超22.9万吨、焦炭（碳素）产能超95万吨；2017年以来累计关停化工企业119家。创成全省唯一的全国工业绿色转型发展试点城市。截至2022年年底，累计培育国家级绿色工厂18家，总量列全省第四位；实施绿色化改造项目400余个，年节能量达70万吨标准煤。2012年以来，镇江全市单位地区生产总值能耗下降39.7%，单位地区生产总值二氧化碳排放量下降49%，$PM_{2.5}$年均浓度累计下降50%，空气质量优良天数比率提升19.4%，劣五类水体基本消除。

累计打造农产品地理标志5个、绿色食品222个，培育全国、省级家庭农场典型案例8家，

数量位居全省前列。句容市、丹阳市、扬中市先后获批为国家级电子商务进农村综合示范县，镇江成为苏南地区唯一实现国家级电子商务进农村综合示范县全覆盖的城市。育成3个水稻品种获全国“优质食味米”称号，2个水稻品种被农业农村部认定为超级稻，镇麦系列品种累计推广应用5000余万亩。2022年，镇江农村居民人均可支配收入达35466元，是2012年14177元的2.5倍。

不断增进人民福祉，镇江有大爱

镇江每千人口床位数从2012年的3.99张增长至2022年的6.74张，执业（助理）医师数从2.18人增长至3.57人，注册护士数从2.09人增长至3.96人。全市基本建成“15分钟健康服务圈”，21家乡镇卫生院（社区卫生服务中心）获评“全国百佳乡镇卫生院”、“全国百强社区卫生服务中心”、国家群众满意的乡镇卫生院和全国优质服务示范社区卫生服务中心。截至2022年年底，全市基层门急诊占比为55%以上，60%的慢性病患者在基层得到有效管理。一般公共预算支出从2012年的235.25亿元增加至2022年的412.58亿元，其中民生支出占比始终稳定在70%以上。

2012年以来，全市幼儿园从190所增加至283所，每所幼儿园覆盖常住人口从1.62万人降低至0.89万人，每个镇（街道）至少有1所达省优质幼儿园标准的公办中心幼儿园、1个经过认定的融合教育资源中心。义务教育监测质量和高中教育教学质量从全省中游水平上升至第一方阵，义务教育优质均衡达标比例位列全省第一名。

镇江先后创成江苏省第二批公共文化服务体系示范区、江苏省首批书香城市建设先进市、国家公共文化服务体系示范区。打造出一支近300人的文艺志愿者团队。镇江连续三届获评全国文明城市。

多家单位和公益组织开展的“爱心年夜饭”活动，社会各界广泛参与献爱心。每年春节前，志愿者都将“爱心年夜饭”送到孤寡、空巢老人家中，同时送上社会关怀和温暖（李柱保 供稿）

“健康镇江”建设

2010年，镇江市启动“健康镇江”建设，10年中，各项工作取得成效。全市人均期望寿命由2010年的76.78岁提升至2022年的80.1岁；城乡居民健康素养水平为30%以上。2016年，镇江市被全国爱卫会确定为38个首批全国健康城市建设试点城市之一，参加第九届全球健康促进大会，“健康镇江”作为中国官方推荐案例公开发布；2017年，被国务院医改办、国家卫健委、财政部等确定为全国15个公立医院综合改革示范城市之一；2021年，镇江和句容分别获评市级和县级“全国健康城市建设样板市”；2022年，镇江市再次获评“全国健康城市建设样板市”，在推进健康江苏建设考核中获评“优秀”等次。

镇江市体育会展中心（张嵘 供稿）

一、健康镇江主要指标完成情况

居民健康素养水平、人均体育场地面积、农村自来水普及率、全国城市生活垃圾无害化处理率、城市人均公园绿地面积、产前筛查率、两癌筛查率、人均预期寿命、严重精神障碍患者规范管理率等38个指标优于2022年目标值。

二、重点任务和专项行动进展情况

1.领导机制完善（略）

2.健康氛围浓厚（略）

3.重点人群健康。对全市108所学校的三年级学生和家长进行为期一学年的以减盐为重点的健康教育。全年完成乳腺癌筛查9.34万人，任务完成率为104.9%；完成宫颈癌筛查9.28万人，任务完成率为104.3%。组织对35.9万65岁及以上老年人开展健康管理和体检，为有需求的老年人提供预约上门或家庭病床、远程健康监测等个性化服务，家庭病床建床321例，提供上门医疗护理康复服务13380人次。全市建有护理院10家、老年医院4家、医养结合机构36家，开设老年医学科的二级以上综合医院占比为92.86%。

4.健康服务优化。全市基层医疗卫生机构开设“全一专”联合门诊105个、康复联合病房20个。建成省农村区域性医疗卫生中心7个、省社区医院14个、省甲级村卫生室14个、省级基层特色科室20个、市级基层特色科室69个。建成五级中医馆4家、四级中医馆10家。高血压、糖尿病患者规范化管理率分别为74.77%和74.1%。按照2～3个社区网格配备1支全科医生团队的标准，组建家庭健康责任团队627支，为居民提供契约式连续健康服务，全市常住人口和重点人群签约率分别为38.82%和76.06%，基本公共卫生服务财政补助标准提高到94.34元/人。

镇江市定期为老年人体检　（陆瑞玉 供稿）

5.健康保障增强。创成省级餐饮质量安全示范街区5个、省级餐饮质量安全示范店350家，建成县区级快检中心7个、分局快检室47家、快检车6辆。全市职工基本医疗保险参保率为99%以上。全年建成“15分钟医保服务圈”省级示范点11个、市级示范点33个，全市59家乡镇（街道）为民服务中心全部加盟医保公共服务，实现医保经办服务标准化窗口全覆盖。全市城乡基本养老保险覆盖率稳定在98%以上，建档立卡贫困人口参保登记、代缴保费、享受待遇实现“三个100%”，老年人意外伤害保险实现全覆盖。

6.健康环境优美。全市空气质量良好以上天数占比为75%，地表水国考断面优Ⅲ比例为

镇江市征润洲水源地原水水质安全保障工程（卞婕 供稿）

100%，与南京市并列全省第一，5个县级及以上城市集中式饮用水水源地水质达到或优于Ⅲ类比例为100%，生活垃圾无害化处理率为100%，实现城市餐厨废弃物无害化处理。农村供水保障能力加强。累计投资10.65亿元，新建、改造供水管道总长1078.07公里，新建增压站5座，扩建20万立方米/日水厂1座，农村供水保证率达到100%。开展各类“健康细胞”的建设。2022年，全市新建省健康乡镇1个，覆盖率为57%；新建省健康村（社区）39个，覆盖率为30%；新创国家卫生镇2个，覆盖率达60%；省卫生村实现全覆盖。

镇江市老工业基地调整改造和产业转型

2022年，镇江市探索老工业城市转型之路，形成可复制、可推广的示范经验。国家发改委印发《关于通报表扬2021年推进老工业基地调整改造和产业转型升级工作成效明显城市的通知》，镇江成为全省唯一获肯定的城市。

一、聚焦“产业强”，探索转型升级新路径

在全省率先开展开发园区整合优化提升工作，将全市开发园区整合至10个以内，引导全市开发园区以产业项目建设支撑产业强市“一号战略”落地。聚力壮大主导产业。明确“四群八链”主导产业方向，实施“产业强链”行动计划，针对性“强链补链延链”。2022年，“四群八链”主导产业应税销售增长12%。2022年度新认定国家高新技术企业533家、国家级科技孵化载体4家、省级以上研发机构45家。华为（镇江）数字联合创新中心、阿里云创新中心正式运营，新增智能化改造、数字化转型企业133家。

二、聚焦“环境美”，构建生态保护新格局

加强工业遗产保护利用，恒顺镇江香醋传统酿造区入选国家工业遗产。完成老旧小区改造三年行动，安居环境不断提升。实施城镇供水管网节水改造，荣膺国家海绵城市建设优秀试点城市。完善服务配套功能。发展文化旅游、健康、体育等生活性服务业，推动服务配套向高品质、多样化转型升级，国家公共文化服务体系示范区创建通过验收，入选“世界乡村旅游产业示范城市”。扎实做好民生改善。民生领域财政支出占比逐年提高，教育“双减”工作入选全国优秀案例，蝉联“全国健康城市建设样板市”称号。

三、聚焦“品质高”，争创城市发展新优势

加快绿色低碳发展。在全国首创低碳城市建设管理云平台，实施产业“碳转型”、项目“碳评估”、企业“碳监测”、区域“碳考核”为主要内容的“四碳”创新联动机制。推进长江生态保护。拆除违法建设，江滩复绿面积超过200万平方米；联合周边城市在全国率先跨省协同立法保护长江江豚；新增造林绿化近1.5万亩（1000公顷）；长江镇江段生态系统加速修复。狠抓污染防治攻坚。开展突出环境问题五大专项整治行动，$PM_{2.5}$改善率2.8%，国、省考断面水质优Ⅲ比例分别为100%和97.8%。

入选国家工业遗产的恒顺镇江香醋传统酿造区（卞婕 供稿）

“文化荣光　书香镇江”品牌建设

2022年，镇江市学习贯彻习近平总书记关于推进全民阅读、建设书香社会的指示精神，在省委宣传部、省阅读办的指导和支持下，紧扣迎接宣传贯彻党的二十大主线，坚持以人民为中心的发展思想，着力打造“文化荣光　书香镇江”品牌，不断满足群众精神文化需求，持续提升市民素养，为“跑起来”的镇江凝聚力量。全市居民阅读状况指数稳步提升，“每天阅读一小时以上占比”“居民综合阅读率”分别位列全省第二位、第五位。全民阅读促进会累计培育172个阅读组织、1253名阅读志愿者，设立240个阅读志愿服务站。

2022年6月20日，“阅读新时代　奔跑新镇江”镇江市全民阅读分享会举行（《镇江壹周》供稿）

一、提高政治站位、健全推进机制，始终把全民阅读工作摆在重要位置

1.领导带头示范。市委常委会每季度听取1次社会文明程度指数情况汇报，全民阅读是其中的重要内容。5月11日，市委书记马明龙实地调研推进基层阅读设施建设；6月30日，省委宣传部常务副部长、省新闻出版（版权）局局长、省电影局局长梁勇，应邀与马明龙参加“阅读新时代　奔跑新镇江”全民阅读分享会。马明龙先后撰写发表3篇“千字文”，网络总阅读量超50万次。市长徐曙海专题研究、专门增加100万元全民阅读专项经费，并纳入年度预算。市委及时调整市全民阅读活动领导小组，每年召开2次以上领导小组会议。

2.完善推进机制。出台《关于加快推进书香镇江建设的意见》，每年制定方案、明确重点，清单化、项目化抓落实。把全民阅读要求纳入市“十四五”规划、《关于贯彻〈中国共产党宣传工作条例〉实施办法》，并将居民阅读指数纳入年度高质量发展考核、宣传思想文化目标考核、意识形态工作责任制检查督查，推进全民阅读与意识形态工作、精神文明建设、公共文化服务体系示范区建设等一体谋划、推进和考核。

3.营造浓厚氛围。市级媒体开设阅读类专栏（题）20多个，常态化推出系列报道。全年推出20余篇报纸整版报道；“4·23”前后一周，市各媒体推出报道150余篇；在人民网、《中国新闻出版报》、江苏新时空等国家、省级媒体推出报道100余篇；“学习强国”全国学习平台专题连载镇江“‘云接力’诵读长江诗词”作品。将全民阅读纳入文明城市公益广告宣传内容，全年刊播公益广告3000余条；运用城乡公共场所电子大屏、宣传栏、公交站台等媒介，常态化播放全民阅读短视频、标语、海报等。开展全民阅读典型选树活动，全年选出4类阅读典型239人。

二、紧扣工作主线、持续浓厚氛围，推动全民阅读主题更加聚焦

1.营造喜迎党的二十大的浓厚氛围。开展“强国复兴有我”主题宣讲、朗诵征文、阅读分享等形式多样的阅读活动。常态化、长效化推进党史学习教育，引导广大党员干部群众用习近平新时代中国特色社会主义思想凝心铸魂。2021年以来，开展“书香传家”家庭“四史”知识竞赛、红色经典诵读大赛、“党史千村行”、“四史”阅读分享、中小学生读党史读经典等主题阅读活动5000余场，覆盖机关、学校、乡村、企业、家庭等各领域，参与人员100余万人次。

2.助力兴起学习宣传贯彻党的二十大精神热潮。组织干部群众集中收听收看党的二十大开幕会，开展学习研讨活动。在图书馆、书店、书屋等设立党的二十大出版物专柜专架。举办“学习二十大　悦读新思想”阅读分享会、“夜读党的二十大报告”线上接力等活动。

三、加强载体建设、健全服务网络，全方位打造便捷多元的阅读阵地

1.构建四级图书馆体系。全市建成市级图书馆1个，县（区）级图书馆6个，镇（街道）图书分馆61个，村（社区）图书分馆（农家书屋）649个，实现各镇（街道）、村（社区）全覆盖。实现所有镇（街道）分馆、村（社区）书屋与市或区级图书馆通借通还；设置24小时自助借还设备和图书流通点8个。各级图书馆均免费提供数字化阅读服务。

镇江市区的漫书城和望山书局成为市民购书和阅读的好地方（卞婕 供稿）

2.推进实体书店多元发展。开展扶持政策培训，拓宽书店融资，支持实体书店进楼宇、进景区、进园区。截至2022年年底，全市拥有实体书店488家，每万人拥有实体书店1.52个。4家书店获“江苏最美书店”称号，4家书店获省级现代服务业（新闻出版）发展专项资金，3家书店获市级文化产业扶持资金。

3.建好用好阅读新空间。建成以“上河书房”为代表的城市书房10余个，打造“司机之家”等阅读新空间100余个，创新设置“阅读e栈”。设立群众身边“农家小书屋”“埭上书屋”等阅读阵地600余个。

索普集团职工图书馆（贾骏 供稿）

四、坚持以人为本、丰富阅读形式，广泛开展形式多样的阅读活动

面向党员干部，深化“书香机关”建设，组织“品味书香　畅享阅读”主题读书分享会，常态化开展“深读一本好书　分享读书心得”主题党日活动。面向城乡群众推荐16本好书。连续3年开展江苏书展镇江分展场活动，获评江苏书展优秀分展场、优秀组织单位。常态化组织文心讲堂、“书香八进”、“阅读越有趣”等系列活动。举办农民读书节，创新启动“农家书屋·助你悦读”活动，动员40多家单位常态化为农家书屋送阅读团队、资源和活动。面向青少年，持续开展传统阅读项目“增华阁”阅读写作大赛。连续多年举办“书香镇江 少儿阅读季”活动、“阅读+”少儿积分兑换课程活动、“金山诵读”中小学生朗诵大赛、“书香少年”系列阅读活动，每年累计参与人数10万余人次。面向特殊群体，连续9年举办“书香镇江　关爱学子”暖心行动，2022年送出1万余份阅读大礼包。面向外来务工人员，连续6年举办“带一本好书回家过年”活动，累计送书1.2万余册。面向残障人士，举办“残疾人读书分享会”等活动。

ZHENJIANG
TUJIAN
(2023)
Z0NG
LAN
PIAN

镇江图鉴（2023）
纵览篇

自然环境

【地理位置】镇江市地处江苏省西南部，位于长江下游南岸、长江三角洲顶端，北纬31° 37′ ～32° 19′ ，东经118° 58′ ～119° 58′ 。东西最大直线距离95.5千米，南北最大直线距离76.9千米。东南接常州市，西邻南京市，北与扬州市、泰州市隔江相望。

【土地面积】镇江市土地总面积3840平方千米，占全省土地总面积的3.58%，其中水域面积470.8平方千米，占全市总面积的12.3%；市区1088平方千米，丹阳市1047平方千米，句容市1378平方千米，扬中市327平方千米。

【地貌】镇江市地貌走势为西高东低、南高北低，大部分地区属宁镇—茅山低山丘陵，沿江洲滩属长江新三角洲平原区，丹阳东南部则属太湖平原区。宁镇山脉境内大体为东西走向，有山峰114座，其中市区62座、句容市45座、丹阳市7座。主要山峰高度：大华山437米，九华山（句容）433.4米，高丽山425.5米，宝华山396.4米，十里长山349米，五州山306米。茅山山脉境内略呈南北走向，是秦淮河水系和太湖水系的分水岭。主要山峰高度：丫髻山410.6米，大茅峰372.5米，马山362.8米，瓦屋山357米，方山307.6米，凉帽山307米。

江中洲地自西向东有世业洲、征润洲、新民洲、和畅洲（今江心洲）、顺江洲（今高桥镇镇域）和太平洲(今扬中市全境)。

镇江市区地貌南高北低，北部沿江分布着心滩、洲滩、边滩及冲积平原，海拔5～10米。市区南部为低山残丘，自西向东分布着五州山、十里长山、东山、九华山、黄山、观音山、鸡笼山、磨笄山等，东郊零星分布着汝山、横山、京岘山、雩山等残丘，除五州山、十里长山高度超过300米，其余山丘高度均为100～200米。城区内分布着金山、焦山、北固山、云台山、象山等高度低于100米的孤丘，总体上形成“一水横陈、连岗三面”的独特地貌。

太平洲（今扬中市）一角（孙悦萌 供稿）

句容市境内茅山山脉（张闻 供稿）

镇江市区云台山（张驰 供稿）

【资源】土地资源。镇江市有耕地、园地、林地、牧草地、居民点及工矿用地、交通用地及水域等各种土地资源类型。据镇江市第三次全国农业普查主要数据公报，2016年年末，全市实际经营耕地面积11.80万公顷，其中，灌溉耕地面积10.52万公顷；实际经营林地面积（不含生态林、防护林）2.54万公顷。

水资源。镇江是水资源较为丰富的城市，长江和大运河在这里交汇，秦淮河、太湖湖西、沿江3个水系在这里集聚。水资源主要有地表水、过境水、地下水、回归水等4种形式。长江流经境内长103.7千米。京杭大运河境内全长42.74千米，在京口区谏壁街道与长江交汇。全市有流域面积50平方千米及以上河流32条（其中跨省2条），流域面积50平方千米以下至乡镇级主要河流328条。常年水面面积1平方千米及以上湖泊2个，0.5～1平方千米湖泊2个，均为淡水湖泊。有水库141座，塘坝3.97万处；地下水取水井13.49万眼，取水量1321.25万立方米。

长江与大运河交汇处（张弛 供稿）

矿产资源。镇江发现的金属矿产有铁、铜、铅、锌、钼、钨、金、银、铼及镉等10余种，矿床（点）47处。非金属矿产有白云石、石灰石、大理石、膨润土、珍珠岩、沸石、耐火黏土、硅石、型砂及红柱石等，化工非金属矿产有硫铁矿、岩盐、泥炭、磷及含钾岩石等。温泉资源及地热资源丰富，包括地下热水和地温异常两类。

生物资源。植物方面，木本树种有74科、183属、394种及变种。自然植被分为针叶林、落叶阔叶林、落叶与常绿阔叶混交林、竹林、灌丛、草丛和水生植被7个类型，栽培植被包括大田作物、蔬菜作物、经济林、果园和绿化5个类型。针叶林有马尾松林、黑松林、湿地松、杉木林、侧柏林等常绿针叶林和水杉林、池山林等落叶针叶林，落叶阔叶杂木林有栓皮栎林、麻栎林、白栎林、黄檀林、枫香林、刺槐林等，落叶、常绿阔叶混交林有短柄枹树和青冈栎林、黄檀及石栎林等。常见植物种类有苔藓植物、蕨类植物、裸子植物、单子叶被子植物和双子叶被子植物，其中，被列为国家一级保护植物的有珙桐、红豆杉、金钱松、银杏、苏铁等。动物方面，镇江市常见主要动物分为无脊椎动物与脊椎动物两大类。无脊椎动物有原生动物、多孔动物、腔肠动物、扁形动物、原腔动物、环节动物、软体动物和节肢动物等，其中节肢动物种类占整个动物种类的85%。脊椎动物有鱼类、两栖类、爬行类、鸟类及哺乳类动物。被列为国家一级保护动物的有白鱀豚、鹳、丹顶鹤、中华鲟等。鱼类资源丰富，境内长江鱼类分19个科。青鱼、草鱼、鲢鱼、鲤鱼、鲇鱼、鳝鱼等淡水养殖鱼类均有大量出产，其中，刀鱼、鳗鱼、河豚是名贵品种。

镇江市区金山湖畔水杉林（孙悦萌 供稿）

白鹭与鳡鱼（陈林 供稿）

红嘴蓝鹊（周社 供稿）

丹徒区荣炳养殖的鲢鱼（孙继生 供稿）

【气候】镇江市属北亚热带季风气候，常年（1991—2020年30年平均）平均气温16.2℃，降水量1144.0毫米，日照1930.5小时。2022年，全市平均气温17.3℃，平均降水量860.3毫米，日照时数2171.8小时。

气温。2022年，全市年平均气温17.3℃，较常年偏高1.1℃，异常度值1.81，属显著偏高年份，全市年平均气温列镇江市有现代气象记录以来历史极值第二位。全年各气象站平均气温17.0（镇江市区，以下简称“市区”）~17.7℃（丹阳），比常年偏高0.8~1.4℃。2月28日进入春季，比常年平均（3月16日）早16天。春季79天，较常年平均（65天）多14天。5月18日入夏，较常年平均（5月20日）早2天。夏季125天，较常年平均（130天）少5天。9月20日入秋，比常年平均（9月27日）早7天。秋季70天，比常年平均（59天）多11天。2021—2022年冬季90天，比常年平均（111天）少21天。11月29日入冬，较常年平均（11月25日）晚4天。11月16日出现初霜，比常年平均初霜日（11月13日）晚3天。

降水。2022年，全市年平均降水量860.3毫米，比常年平均少24.8%，属偏少年份。全市各气象站降水量751.0（丹阳）~971.1毫米（扬中），比常年少12.0%~34.4%。全年没有月份降水量极值情况出现。

梅雨。全年梅雨非典型性特征明显，多晴热高温天气，梅雨量明显偏少，以对流性降水为主。梅雨总体特点：（1）入梅偏晚、出梅偏早、梅期偏短。6月23日入梅（常年平均6月19日），7月11日出梅（常年平均7月13日），梅雨期19天，较常年偏短。（2）梅雨量明显偏少。梅雨期降水量明显偏少且分布不均，为61.6～105.3毫米，平均梅雨量79.4毫米（常年平均263.5毫米），为常年的30%。6月23—24日出现大到暴雨，局部大暴雨；6月28—30日、7月6—10日以局地雷阵雨为主，7月10日夜间受强对流影响，出现9～10级雷暴大风。日照时数。全年日照时数2014.0（市区）～2446.4小时（扬中），比常年偏多64.9～448.5小时。全市年累计日照时数2171.8小时，比常年偏多12.5%，属正常范畴。

交通·口岸

【水陆空交通】镇江临江近海，水陆交通便利快捷。镇江为国家级水路主枢纽和省级公路枢纽城市。世界闻名的“黄金水道”——长江和京杭大运河在此交汇，沪宁高速公路、扬溧高速公路、京沪高速铁路、沪宁城际铁路、京沪铁路傍市而过。润扬长江公路大桥、泰州长江公路大桥为横跨长江的快速通道，五峰山长江大桥是长江江苏段第三座公路铁路两用桥。104、312国道和122、231、238、241、243、337、340省道，以及宁句城际快轨，构成镇江与外省、市连接的公路网络。2022年，全市公路总里程6895.05千米，其中高速公路210.48千米。镇江至南京高速公路行程45分钟，高速铁路行程20分钟。距南京机场和常州机场均为60千米，至扬州泰州国际机场70千米。

【口岸】镇江港是全国主枢纽港之一、长三角组合港主要成员、国家一类开放口岸。镇江市长江自然岸线长270千米，其中，深水岸线长87千米。高资港区、龙门港区、谏壁港区、

京杭大运河镇江辛丰段（孙悦萌 供稿）

高桥港区、大港港区、扬中港区、新民洲港区构成镇江港口群体。2022年，全年完成港口货物吞吐量2.33亿吨，下降5.4%，其中长江港口吞吐量2.25亿吨，下降4.9%；港口集装箱吞吐量37.8万标箱，下降13.1%。苏南运河镇江段42.74千米，是全国第一条国家级文明样板航道。

五峰山长江大桥（王荣明 供稿）

镇江港大港港区（王良 供稿）

区划·人口

【行政区划】至2022年年底，镇江市辖56个镇（街道），其中镇31个、街道25个。丹阳市辖10个镇、2个街道；句容市辖8个镇、3个街道；扬中市辖4个镇、2个街道；丹徒区辖6个镇、2个街道；京口区辖3个镇、8个街道，其中，镇江新区代管3个镇、2个街道；润州区辖8个街道，其中，镇江高新区代管1个街道。

【人口】 2022年，全市常住人口322.22万人，比上年增加0.5万人，其中城镇人口258.55万人，常住人口城镇化率80.2%，常住人口中60岁及以上人口占比为25.2%，比上年提升1.3个百分点。常住人口出生率4.16‰，死亡率8.17‰，自然增长率−4.01‰。

年末全市户籍人口266.86万人，比上年减少1.24万人；出生人口1.09万人，死亡人口2.36万人，户籍人口出生率4.1‰，死亡率8.9‰，自然增长率−4.8‰。户籍人口中男性131.46万人，减少0.7万人；女性135.4万人，减少0.5万人。

民族宗教

【民族】2022年，镇江市少数民族常住人口29118人，有52个少数民族，人数排在前5名的是回族7628人、苗族3601人、土家族2768人、彝族2698人、蒙古族1635人。全市有3个少数民族村：句容市边城镇佴池民族村、丹徒区世业镇卫星民族村、高新区大桥民族村；8个省级民族工作示范社区：丹阳市云阳镇凤美新村社区、扬中市三茅镇文化新村社区、丹徒区新城长山社区、京口区大市口街道千秋桥社区、京口区四牌楼街道江滨新村第一社区、京口区正东路街道贺家弄社区、润州区宝塔路街道同德里社区、润州区金山街道杨家门社区；2所民族学校：镇江市民族实验小学、镇江市穆源民族学校；1个民族班：丹阳市正则高级中学新疆班；10家清真网点，2家清真食品基本供应点；4家全国民族特需商品定点生产企业；1个市级社会团体：市民族团结进步促进会；4处民族公墓：凌家湾回民公墓、王家湾回民公墓、丹徒区长青园民族公墓、句容市回民公墓。

【宗教】镇江是江苏省宗教工作重点城市，2022年，全市有佛教、道教、伊斯兰教、天主教、基督教等5类宗教。经依法登记的宗教活动场所154处，分别是佛教62处、道教15处、伊斯兰教4处、天主教1处、基督教72处。其中，金山江天禅寺、焦山定慧寺、宝华山隆昌寺、茅山道院是全国重点寺观；山巷清真寺是全国模范清真寺；镇江新区绍隆寺是江苏省重点寺院。全市有宗教团体21个，其中市级宗教团体5个、辖市区级16个，有登记备案的宗教教职人员316人。教职人员中有42人次在各级人大常委会、政协担任职务。其中，全国政协委员1人；省政协常委1人；市级人大代表2人（含常委1人），政协委员11人（含常委3人）；县级人大代表4人（含常委1人），政协委员23人（含常委7人）。

历史人文

【建置沿革】据考证，“宜”为镇江最早地名，是3000余年前周康王封给宜侯的领地名称，春秋时称朱方，后曾用谷阳、丹徒、京口、润州等名称。北宋政和三年（1113年）建镇江府，始称镇江，历经宋、元、明、清。辛亥革命后称丹徒县，1928年改为镇江县。1929年至1949年2月为江苏省政府所在地（其中1937年至1945年镇江沦陷，省政府迁往苏北）。1949年4月23日镇江解放后，划城区和近郊为镇江市，四乡为丹徒县，均隶属苏南行政区镇江专署。1953年苏南行政区、苏北行政区合并建江苏省后，设镇江专员公署，后区划多有调整，至1983年实行“地市合并、市管县”新体制前，辖镇江市和10个县，镇江为县级市和专署所在地（其中1958年9月至1959年9月，专署迁至常州，改称常州专员公署）。1983年3月，镇江市改为省辖市，含4县、2区。1987年、1994年、1995年，所含丹阳、扬中、句容先后撤县设市；2002年，丹徒撤县设区。现镇江市含丹阳市、句容市、扬中市和丹徒区、京口区、润州区，以及镇江新区、镇江高新技术产业开发区。

【历史文化遗存】镇江是国家历史文化名城，有深厚的文化积淀。全市有各级文物保护单位299处，其中国家级13处：焦山碑林、丹阳和句容南朝陵墓石刻、镇江英国领事馆旧址、昭关石塔、大运河（包括大运河镇江段、虎踞桥、江河交汇处、新河街一条街、西津渡古街5个点）、甘露寺铁塔、隆昌寺、城上村遗址、葛城遗址、铁瓮城遗址、宋元粮仓遗址、春城土墩墓群、烟墩山墓地等。焦山碑林中有“大字之祖”《瘗鹤铭》，以及苏轼、黄庭坚、米芾、陆游的墨迹碑

新河街一条街俯瞰（孙悦萌 供稿）

刻和摩崖石刻。南朝陵墓石刻（现存丹阳11处26件、句容1处4件）是南朝石刻瑰宝。省级文物保护单位54处，包括焦山古炮台遗址、相传为孔子所书的延陵季子碑（唐拓本）、被誉为“江南第一钟”的唐中和铜钟、宋抗金名将宗泽墓、圌山炮台遗址等；市、县级文物保护单位232处。白蛇传传说、镇江恒顺香醋酿制技艺、古琴艺术（梅庵琴派）、扬剧、灯彩（秦淮灯彩）、酿造酒传统酿造技艺（封缸酒传统酿造技艺）、董永传说、佛教音乐（金山寺水陆法会仪式音乐）、道教音乐（茅山道教音乐）等9个项目先后被列入国家级非物质文化遗产代表性项目名录，有国家级非物质文化遗产代表性项目代表性传承人6人。

镇江英国领事馆旧址（孙悦萌 供稿）

虎踞桥（孙悦萌 供稿）

甘露寺铁塔（孙悦萌 供稿）

宋元粮仓遗址（张弛 供稿）

焦山古炮台遗址（孙悦萌 供稿）

铁瓮城遗址（卞婕 供稿）

焦山碑林（孙悦萌 供稿）

昭关石塔（张弛 供稿）

“三山”风景名胜区的北固山景区 （孙悦萌 供稿）

丹阳南朝陵墓石刻风景区 （张弛 供稿）

酿造酒传统酿造技艺（陈瑶 供稿）

【历代名人】镇江扼南北要冲，得山水之胜，钟灵毓秀，代不乏才，历代文人墨客纷来寻幽探胜，寄情抒怀，李白、杜牧、范仲淹、王安石、苏轼、陆游、辛弃疾等才士名贤，在此耕耘风雅，播种斯文。王昌龄的“洛阳亲友如相问，一片冰心在玉壶”、王安石的“春风又绿江南岸，明月何时照我还”、辛弃疾的“何处望神州，满眼风光北固楼”等成为千古绝响，流风遗韵，至今袅袅不断。李白的“丹阳北固是吴关，画出楼台云水间”、杜牧的“青苔寺里无马迹，绿水桥边多酒楼”、王湾的“潮平两岸阔，风正一帆悬”、范仲淹的“山分江色破，潮带海声来”，是活色生香的有声画、无声诗。东晋时期，中原鸿儒显宦纷纷南下，移居京口者众多，或完成大业，或著书立说，著名的有：南朝宋开国皇帝刘裕（寄奴），撰有《世说新语》的刘义庆，著有《晋书》的臧荣绪，选编《玉台新咏》、诗文与庾信齐名的徐陵，中国第一部诗文总集《昭明文选》的编纂者萧统，著有中国第一部系统文艺理论巨著《文心雕龙》的刘勰等。宋代移居镇江的有：著有被誉为“十一世纪的科学坐标”——《梦溪笔谈》的作者沈括，制造世界上最早的天文钟“水运仪象台”的科学家苏颂，书画家米芾，抗金名将宗泽等。明清两代镇江名人有：官居华盖殿大学士、内阁首辅的杨一清，主持编修《大清一统志》《佩文韵府》《康熙字典》的张玉书。近现代以来有：著有《铁云藏龟》和《老残游记》的刘鹗，著有第一部汉语语法专著《马氏文通》的马建忠，历史学家柳诒徵，飞机制造专家巴玉藻，世界语运动开创者之一的符恼武，金融家陈光甫，辛亥广州起义总指挥、南京临时政府追授上将军的赵声，辛亥革命著名将领李竟成、解朝东，爱国民主人士冷遹，诗人闻捷，桥梁专家茅以升等。此外，丹阳市为三国吴大帝孙权和南朝齐高帝萧道成、梁武帝萧衍故里，近现代有爱国人士马相伯，美术家吕凤子，当代有语言学家、语文教育家吕叔湘；句容市有晋朝道教理论家、炼丹家和医药学家葛洪，南朝道教思想家、医药学家陶弘景。

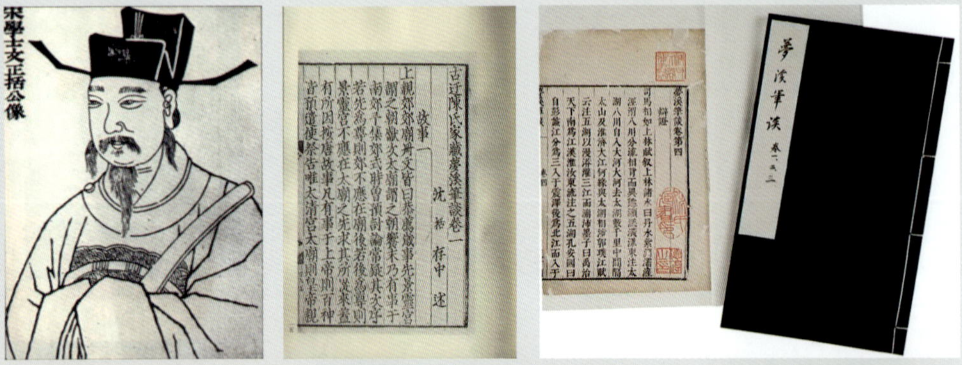

沈括像、《梦溪笔谈》（资料图）

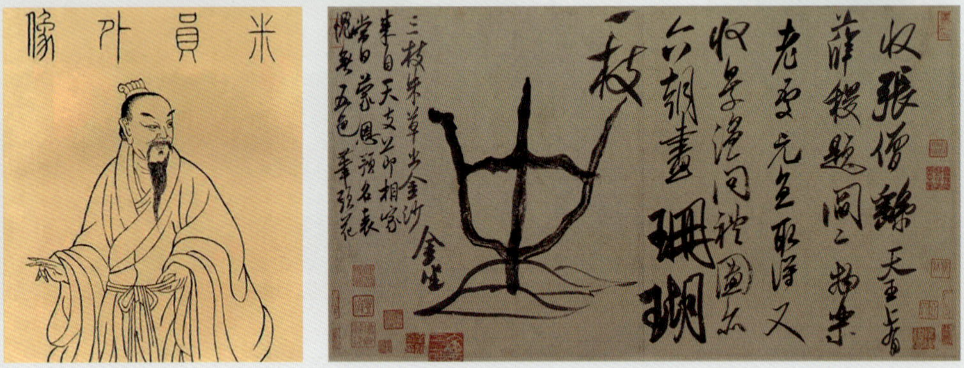

米芾像、《珊瑚帖》（资料图）

【街巷地名】镇江有很多街巷地名既反映古城城市山林的特色，又反映历史的变迁。

晋王恭在万岁山（又名月华山）西北建芙蓉楼（一名千秋楼）。后人将桥北称千秋桥北，桥西称千秋桥街。诗人戴复古贺诗云：“京口画楼三百所，第一新楼名喜雨。”因此有第一楼街名。

镇江襟山带江，丘陵起伏，江河交织，仅城内就有“三山五岭八大寺”之说。三山：日精山（三五九医院内）、月华山（千秋桥东）、寿邱山（今江苏大学梦溪校区内）。五岭：乌风岭（东门坡）、骆驼岭（中街内）、梅花岭（南门大街磨盘巷内）、胭脂岭（胭脂巷内）、凤凰岭（城隍庙后），今沿用为街巷名的如骆驼岭、胭脂巷等。八大寺：罗汉寺（今中山路京口饭店内）、青苔寺（今万古一人巷内）、普照寺、龙华寺（均在寿邱山）、惠安寺（今药师庵巷西）、水陆寺（今水陆寺巷内）、弥陀寺（今弥陀寺巷内）、灵建寺（今三五九医院东），有的至今仍用为地名。

西津渡街，原为古渡口，六朝时称西津渡，唐代称金陵渡，清代这里已形成街道，成立义渡局，取名义渡码头街。1981年更名为西津渡街。小码头街的北端，古代原是长江边设的渡船码头，后因江面涨滩，码头越来越小，俗称小码头。东坞街、西坞街、荷花塘街是昔日长江往来船只的避风港。丹阳码头、溧阳码头是昔日通往丹阳、溧阳的客运码头，仅存街名。

镇江历来是兵家必争之地，沿江都驻扎重兵。烟墩湾、皇华亭（京口驿）、马厂街（驿站厩马之地）等地即是古代烽火台和驿站的遗址。大教场、小教场为练兵场。黄旗口、红旗口、营门口、中营、小营盘昔日都是驻兵的营地。历史上镇江是个重要的商埠和物资集散中心。梳儿巷是因巷内多设机坊，取织机上“梭栉”为名。棒棰营为丝绸业加工生丝的场所，棒棰为捶丝工具，故名棒棰营。万家巷因万姓店铺生产铜铁产品而取名。其他如剪子巷因居民多数生产剪刀，打索街、篾篮巷因当时多数居民以编织绳索、竹器为业而得名。利商街因商行多设于此，故名。鱼巷是旧鱼市。柴炭巷是柴炭店集中地。砖瓦巷是砖瓦石灰集散地。储粮米的地方，即取名粮米仓街；储酒的地方，即取名酒海街。

镇江寺庙教堂较多。城外山巷附近清真寺所在地即名为清真寺街。回族居民较多的地方，即以爸爸(bǎ)为巷名。城外有爸爸巷，城内有大爸爸巷和小爸爸巷。水陆寺巷、弥陀寺巷、药师庵巷、会莲庵街等都因寺庵而得名。火星庙、城隍庙今庙废名存。道崇观街、东观巷名称不存，但当地人仍沿呼旧名。

纪念性地名。1929年原小市口、五条街、红旗口、竹竿巷等街巷，拓成马路，取名中山路，以纪念孙中山先生。为纪念辛亥革命先烈赵伯先，原南马路南段改为伯先路。1985年，为纪念北宋伟大科学家沈括逝世890周年，梦溪园旧址所在的东河边改为梦溪园巷。中华人民共和国成立后，街巷地名反映时代气息，如电力路、和平路、环城路等。同时更改不合时宜的旧街巷地名，如节孝祠巷改为节约巷，济良所巷改为互济巷，冬赈局巷改为生产巷等。

酒海街（张闻 供稿）

梦溪园巷（张闻 供稿）

伯先路（张闻 供稿）

【市树、市花】广玉兰。1985年3月，镇江市第一届人大第三次会议决定以广玉兰为市树。广玉兰属于木兰科木兰属，长绿乔木，叶长10～20厘米。花大白色，清香，直径20～30厘米，通常6瓣，5—7月为花期。种子外皮红色，9—10月果熟。树冠呈卵状圆锥形，小枝和芽均有锈色绒毛，树形优美，是优良的庭院树与观赏树。

杜鹃花。1985年2月，镇江市第一届人大常委会第十二次会议决定以蜡梅为市花。1994年11月，市第三届人大常委会第十三次会议重新决定以杜鹃花为市花。杜鹃花别名映山红、山石榴，杜鹃花科杜鹃花属，多为灌木或小乔木，因生态环境不同，有各自的生活习性和形状，喜阴凉、湿润，耐寒。杜鹃花分落叶和常绿两大类。落叶类叶小，常绿类叶片硕大。花的颜色有红、紫、黄、白、粉、蓝等。

市树广玉兰（张闻 供稿）

市花杜鹃花（孙悦萌 供稿）

【土特产品】镇江香醋。镇江香醋的酿制分为酿酒、制醋醅、淋醋三大阶段，有大小40多道工序。镇江香醋选用地产优质糯米。镇江香醋具有酸而不涩、香而微甜、色浓味鲜的特色，且久存不变质，愈存愈香醇。经现代科学化验，镇江香醋含有机酸、糖、醇、酮、酚、氨基酸等130余种营养成分，有机酸中的醋酸、乳酸、丙酮酸、甲酸、苹果酸、柠檬酸、琥珀酸、一氧化二戊酸等 8 种成分为人体新陈代谢所必需。

镇江香醋和小磨麻油（孙悦萌 供稿）

刀鱼。刀鱼是江海洄游鱼类。每年初春，进入繁殖期的刀鱼自东海进入长江，溯江而上。焦山以东沿江一带，刀鱼之多，举网可得，清初著名诗人朱彝尊有“京口刀鱼尺半肥”的诗句，可见镇江刀鱼闻名由来已久。

小磨麻油。以清澈透明、质纯、色美、味香闻名。1985年，被国际美食学会和国际旅游观光委员会授予金质奖章。

金山翠芽。高级绿茶。外形扁圆挺直，色泽翠绿、白亮显露，汤色明亮，味醇厚。1986年被列为全国名茶。

彩灯、戏曲服装。镇江彩灯造型独特，制作精巧，其中荷花灯、龙灯曾被全国第五届运动会开幕式采用，受到好评。戏曲服装受到全国影剧界的好评，被近百部电影、电视剧所采用，其中有电视连续剧《红楼梦》（1987版）等。

镇江市三戚舞台服饰道具有限公司生产的戏曲服装（孙悦萌 供稿）

【名菜名点】镇江菜具有悠久的历史，主要特点是：火候以烂为著；调味既不重咸，也不过甜；选料和操作讲究精细，主料突出，配料较少；烹调方法擅长炖、焖、烧烤；风格上重用原汁原汤。

肴肉。镇江著名的传统佳肴，在全国亦享有盛名，相传清初即有“肴蹄”，迄今有300余年历史。肴肉皮色洁白，光泽晶莹，卤冻透明，故有“水晶肴蹄”之称，具有香、酥、鲜、嫩四大特点。食用时，佐以镇江香醋、姜丝，则更感芳香鲜润，风味浓郁。

红烧（清蒸）刀鱼。初春时令名菜，肉质细嫩，味极鲜美。烹调方法多样，可红烧、清蒸，也可加工制成水晶鱼球、酿刀鱼、发菜刀鱼圆汤等，味美爽口，食用方便。

白汁鮰鱼。季节名菜，白汁鮰鱼烹制时不加酱油，配以春笋用旺火烧沸，移文火焖煮，汤汁浓厚，色白如奶，肉肥嫩，味鲜美。

拆烩鲢鱼头。镇江产鲢鱼素以头大、肉肥、味鲜著称。尤以小雪节令后出水者更为肥美，称为雪鲢。鲢鱼头肉肥嫩，皮若海参，糯黏腻滑，味极鲜美。清初镇江厨师创制“拆烩鲢鱼头”，拆尽骨头，配以蟹肉、火腿、香菇、鸡肉、肫肝、鲜笋等，用鸡汤烩制而成。色泽乳白，汤汁稠浓，鱼肉肥嫩黏糯，配菜鲜美可口，为冬令佳肴。

蟹黄汤包。以皮薄、汤多、馅饱、味鲜而成为传统名点。清嘉庆年间林兰痴诗句“到口难吞味易尝，团团一个最包藏”，写出蟹黄汤包内藏热汤，“到口难吞”的特点。

肴肉（卞婕 供稿）

白汁鮰鱼（卞婕 供稿）

清蒸刀鱼（卞婕 供稿）

蟹黄汤包（卞婕 供稿）

数说镇江

2021年、2022年镇江市地区生产总值

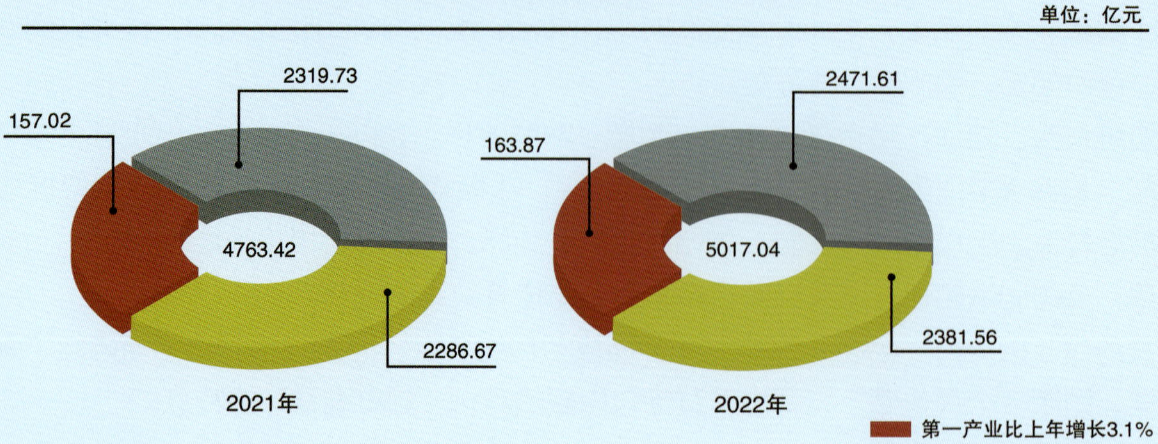

2022年年末镇江市金融机构人民币存贷款情况

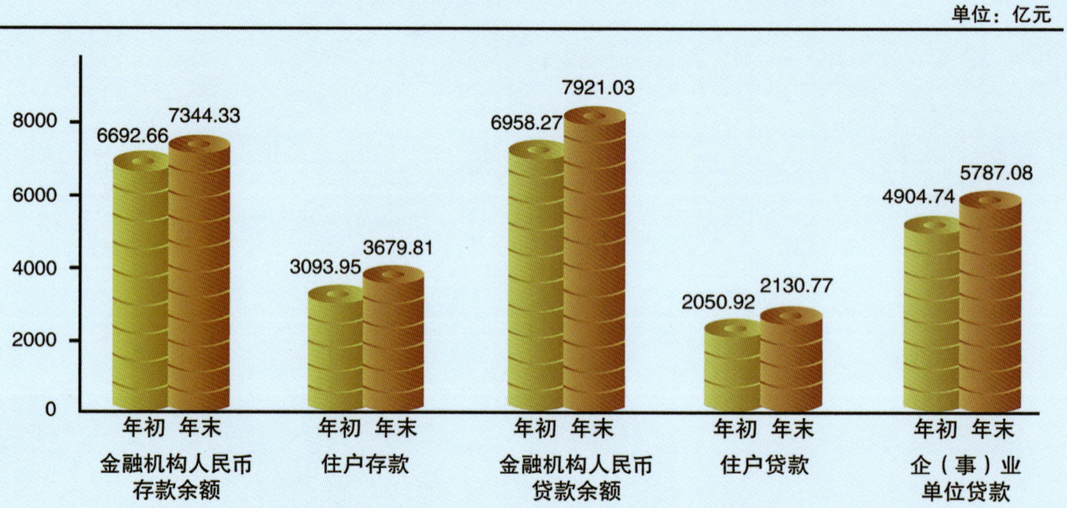

2022年镇江市规模以上工业高技术制造业增加值比上年增长率

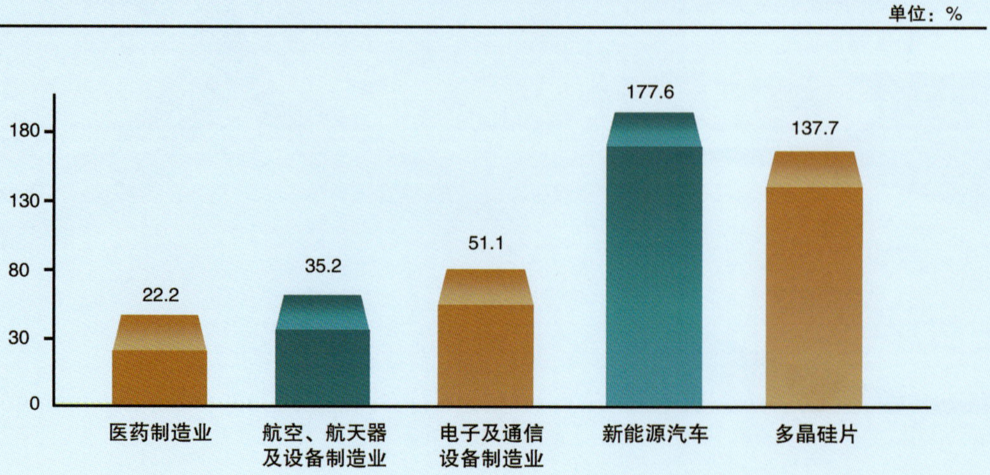

2022年镇江市对外经济比上年增长率

单位：%

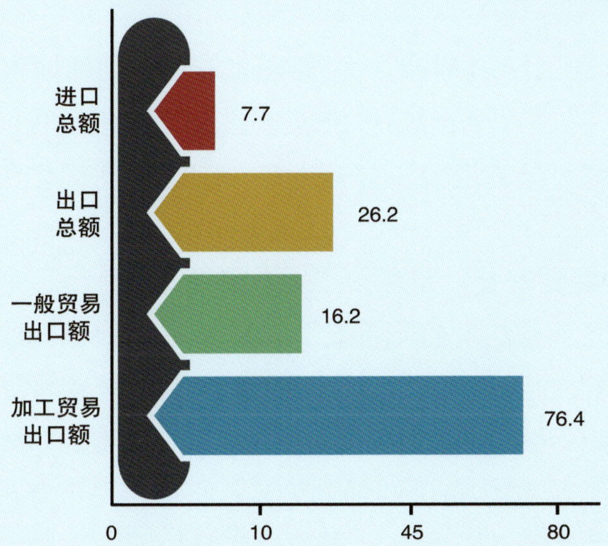

2022年镇江市居民收入支出增长率

单位：%

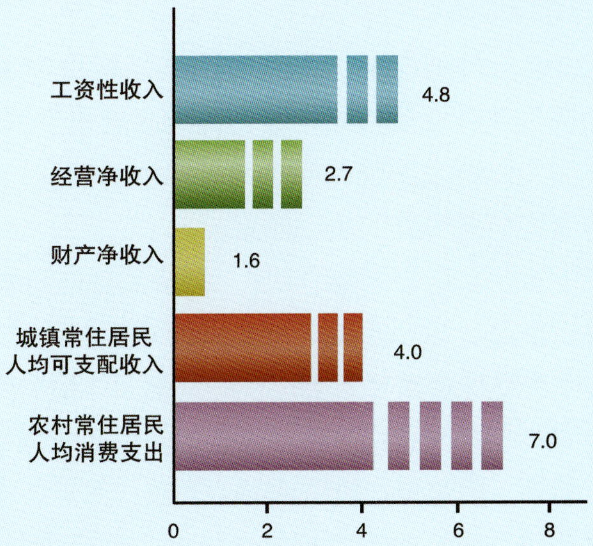

说明："数说镇江"数据均来自2022年镇江市国民经济和社会发展统计公报

城市荣誉

国家历史文化名城
中国优秀旅游城市
全国文明城市
国家生态市
国家园林城市
国家森林城市
国家卫生城市
全国社会治安综合治理优秀城市
国家知识产权工作示范城市
全国创业先进城市
国家创新型试点城市
全国双拥模范城
全国未成年人思想道德建设工作先进城市
全国文化体制改革工作先进地区
劳动关系和谐创建国家级示范区
全国慈善七星城市
中国人居环境奖
国家级综合运输服务示范城市
国家海绵城市试点城市
国家级工业绿色转型发展试点城市
国家节水型城市
国家服务外包示范城市
全国第二批全域旅游示范市
国家专利质押融资示范市及国家专利保险示范市
国家学前教育改革发展试验区
低碳计量试点城市
大气污染防治优秀城市
全国社会治安综合治理"长安杯"
国家知识产权强市创建市
消费品工业"三品"战略示范城市
全国第二批城市设计试点城市
综合运输服务示范城市
全国无偿献血先进城市
中国醋都·镇江
全国脱贫攻坚先进集体
第四批国家公共文化服务体系示范区
全国健康城市建设样板市

市（区）

•丹阳市•

2022年，丹阳市委、市政府始终坚持稳中求进工作总基调，完整准确全面贯彻新发展理念，加快构建新发展格局，着力推动高质量发展，以经营城市的思维理念建设“智造名城、运河明珠”，以奋发图强的昂扬斗志勇争“镇江一流、全省进位”，奋力推动中国式现代化在丹阳大地展现可观可感的生动图景。

全市全面落实“疫情要防住、经济要稳住、发展要安全”要求和“生态要提升”任务，全市人民坚定信心、攻坚克难，交出了厚重提气、来之不易的“丹阳答卷”。一年来，狠抓问题整改，在中央环保督察和省委巡视的“全面体检”中直面问题不回避、解决问题不畏难，展现了刀刃向内的决心勇气；稳住经济大盘，坚持产业强市不动摇，同口径一般公共预算收入增幅持续保持全省前列，固定资产投资增幅位列镇江第一，干出了稳中奋进的强劲势头；坚持人民至上，精心办好为民实事，重大工程加快推进，社会大救助体系不断完善，市镇村三级救助中心投入使用，书写了枝叶关情的温馨答卷；合力攻坚克难，特别是面对来势凶猛的突发疫情，全市上下同舟共济、共克时艰、事不过夜、连轴运转，铸就了敢打敢拼、能战能胜的强大精神力量。

2022年2月14日，总投资15亿元的开发区天冠高端模具零切标准件项目正式开工

2022年，首届“筑巢引凤 才聚丹阳”中国（丹阳）国际菁英创业大赛 （本版照片均由丹阳市供稿）

2022年10月14日，丹阳市税务局举办首届“最美税务人”颁奖典礼

2022年12月16日，中国（丹阳）生物制药与医疗器械创新国际高峰论坛暨国药领域产业链合作论坛举办

2022年，招才引智“镇江日”（丹阳—武汉）专场活动举办

2022年，T01新能源物流车整车“下线”，成为镇江市新兴产业领域的优秀典范

2022年，丹金溧漕河丹阳段新建312国道桥北半幅通车

2022年，延陵镇九里村列入2022年江苏省乡村旅游重点村名录

丹阳眼镜城展览馆外观实景

• 句容市 •

2022年，句容市始终坚定“融入南京、接力镇江”，保持战略定力，坚持系统观念，统筹抓好改革发展稳定各项工作，全市经济社会发展呈现稳中有进、稳中向好的良好态势。2022年，句容市实现地区生产总值754.62亿元，其中，第一产业增加值57.16亿元，第二产业增加值340.96亿元，第三产业增加值356.5亿元。全市人均地区生产总值达117542元。全年实现一般公共预算收入39.82亿元，实现一般公共预算支出80亿元。全年全市常住居民人均可支配收入46507.3元，城镇常住居民人均可支配收入59371.8元，农村常住居民人均可支配收入29982.5元。年内，石砀山抽水蓄能电站项目完成预可研，高光半导体、世泰诊断、澳博阳等一批项目加快建设。建华建材入选“2022中国民营企业500强”，北新建材、台泥水泥获评2022年度江苏省绿色发展领军企业。南沿江城际铁路句容段主体工程全部完成，立体综合交通枢纽相关工程加快建设，扬镇宁马城际铁路完成工程可行性研究编制，50个老旧小区全部改造完成。白兔镇唐庄村等7个村入选全国乡村特色产业超亿元村，下蜀镇空青村被评为国家级民主法治示范村，西冯村入选中国美丽休闲乡村。刘学平、沈春雷入选“中国好人榜”，赵亚夫、沈春雷当选为党的二十大代表。

2022年9月6日，句容市承办新时代江苏道德模范与身边好人事迹巡演活动（本版照片均由句容市供稿）

2022年，北新建材获评江苏省绿色发展领军企业

2022年10月，句容市第九届运动会篮球赛场掠影

2022年，南沿江城际铁路句容段工程

2022年，句容市实验小学福地校区交付使用

2022年，空青村范巷法治文化墙掠影

2022年，句容现代农业产业示范园鸟瞰图

• 扬中市 •

2022年，扬中市实现地区生产总值585.99亿元，同比增长5%；完成同口径一般公共预算收入40.6亿元，比上年增长4.5%；工业应税销售1116亿元，增长18%，城镇居民人均可支配收入6.79万元，增长4.1%；农村居民人均可支配收入3.79万元，增长5.9%。位列全国综合实力百强县市第27位、全国科技创新百强县市第36位、中国县级市基本现代化指数第23位。工业经济提档升级。智能电气、新能源、汽车零部件、船舶临港装备制造四大主导产业规模以上产值达714.2亿元，占全部规模工业的81.2%；大全集团、美科新能源销售突破百亿；全面启动“智改数转”三年行动，新增国家智能工厂1家、省智能工厂2家、两化融合贯标企业6家。创新实力持续增强。深入实施创新驱动发展战略，认定国家高新技术企业311家、科技型中小企业460余家，新增国家级专精特新“小巨人”企业6家、省独角兽企业1家、瞪羚企业3家；全社会研发经费支出占地区生产总值比重超3.1%，创成国家知识产权强县建设试点县，“帷幄创客空间”获批国家级众创空间，上迈新能源获第二十三届中国专利优秀奖。民生福祉稳步增进。创成镇江唯一“15分钟医保服务圈”省级示范市；建成2家标准化居家养老服务中心、1家农村标准化区域性养老服务中心；原创锡剧《太平洲上》获评省艺术基金资助剧目、紫金艺术节获奖剧目、优秀文艺成果奖励剧目，并入选省舞台艺术精品创作扶持工程；新建体育公园3个、健身步道5.05千米、健身路径12套；推进慈善事业高质量发展，成为全国首家“幸福家园”项目全覆盖县级市。

2022年3月9日，镇江市重大项目集中开工扬中分会场，乐仕电气5G移动通信能源柜项目开工 （本版照片均由扬中市融媒体中心供稿）

2022年2月14日，扬中市新时代文明实践活动——外国语小学开学仪式举行

2022年2月11日，扬中金秋项目集中签约大会举行

2022年5月15日，供销合作总社开启直播助农活动

2022年5月19日，2022年江苏省老年人体育节扬中分会场开幕

2022年2月11日，“双招双引”出征暨重点项目集中签约仪式举行

2022年8月4日，扬中市第十七届社区（农民）文化艺术节开幕

• 丹徒区 •

2022年，丹徒区坚持稳字当头、稳中求进，在攻坚克难中保持经济平稳健康发展。经济运行稳中有升，产业项目支撑有力，三次产业协同并进。全年地区生产总值480亿元，增长2.5%。一般公共预算收入23.15亿元，规上工业总产值525亿元，增长12%，工业应税销售628亿元，增长16.5%，进出口总额91.8亿元，增长35%。坚持齐抓共管、精准施策，在减污降碳中促进生态环境持续向好。大力攻坚突出问题，有效改善环境质量，扎实推进低碳发展。坚持顺时而动、应势而为，在改革创新中推动发展动能加速集聚。重点领域改革纵深推进，创新驱动战略深入实施，营商服务环境持续优化，资源要素支撑有力保障。坚持统筹推进、协调联动，在融合发展中实现城乡品质稳步提升。城乡功能日趋完善，城乡治理日益精细，乡村振兴日见成效。坚持民生优先、共建共治，在提优补短中维护社会大局和谐稳定。民生福祉持续增进，公共事业明显进步，社会治理全面加强。

2022年，丹徒区抓项目攻坚促产业发展暨深化作风建设大会召开

2022年，丹徒区重点产业投资项目集中签约仪式举行 （本版照片均由丹徒区供稿）

2022年，镇江市政商共建帮代办服务培训会暨丹徒区非公经济综合服务中心揭牌仪式举行

2022年，“金融强链，共促发展——金融惠企推进季”暨“金链行动”丹徒区专场活动举行

2022年，丹徒区“企业家沙龙”重点产业集群专场活动举行

2022年度市、区科技工作会商暨框架协议签约活动在丹徒区举行

2022年，云游美镜　大美丹徒——2022丹徒旅游文化节云上发布会暨《邂逅之城》开机仪式举行

2022年，江苏省无线电测向锦标赛在丹徒区举行

2022年，“云上供销　共享葡萄熟”行动开展，甄选江心洲农产好物进行直播销售

2022年，生态丹徒掠影

• 京口区 •

2022年，京口区认真学习宣传贯彻党的二十大精神，坚决落实“疫情要防住、经济要稳住、发展要安全”的重大要求，高效统筹疫情防控和经济社会发展，统筹发展和安全，全面做好改革发展稳定各项工作，经济社会发展取得了新的成效。这一年，京口区全力以赴稳经济、促发展，经济社会保持平稳健康运行。全年地区生产总值增长4%；规上工业总产值增长6%；社会消费品零售总额增长4%，增速全市领先；进出口总额增长20%，创历史新高；千方百计抓招引、攻项目，产业强区建设迈出坚实步伐。全年新签约项目数量和投资体量分别增长20.5%和37.9%，华为（镇江）数字联合创新中心正式启动运营，大禹智谷等74个项目开工建设，高端医疗设备及压力装备制造等70个项目顺利竣工，项目工作实现量质齐升；同时，京口区久久为功强治理、优生态，美丽京口底色更加鲜亮；多措并举抓城建、提品质，城市“颜值”“内涵”双提升；用心用情惠民生、增福祉，民生“答卷”有厚度更有温度；慎终如始保安全、守底线，本质安全水平不断提高。今后将以更加务实的工作作风和更加高效的行政效能，奋力推动中国式现代化在京口展现生动图景。

2022年3月9日，2022年镇江京口经济开发区产业项目集中签约活动举行（本版照片均由京口区供稿）

2022年，诺贝丽斯铝业（镇江）有限公司十周年暨累计25万吨发货启动仪式举行

2022年，新民洲现代种业项目研发加工基地开工仪式举行

2022年，镇江市首个水陆立体生态环境司法修复基地揭牌

2022年，京口区产业项目提速增效年动员大会召开

2022年，京口区“科创江苏”试点区会企对接活动举行

2022年，京口区美丽景色

• 润州区 •

2022年，润州区坚持以习近平新时代中国特色社会主义思想为指导，全面深入学习宣传贯彻党的二十大精神，坚决贯彻落实中央经济工作会议精神、省委十四届三次全会和市委八届四次全会部署要求，扛起第一责任，持之以恒推进全面从严治党；坚持稳中求进，奋力开创高质量发展新局面；坚定理想信念，尽职尽责守牢意识形态主阵地；夯实法治基础，奋力谱写法治润州建设新篇章。全年完成一般公共预算收入16亿元、同口径增长11.1%，社会消费品零售总额136亿元，同比增长1.5%，均位列全市第二；实际利用外资1580万美元，完成率居全市前列。和平路街道护渔队被农业农村部评为“长江流域禁捕水域渔政协助巡护优秀队伍”被央视《焦点访谈》栏目关注报道。创成江苏省全域旅游示范区、江苏省文化和旅游消费示范单位。西津渡古街入选首批“江苏省示范步行街”。官塘创新社区实体化运作，跻身全市10个保留园区，完成交通和供排水专项规划，镇江首个特许经营项目成功落户，总投资30亿元；镇江首块新型工业用地挂牌上市，总投资5亿元。认真落实“破冰计划”，在全市率先实现隐债清零。

2022年，润州区城市经济高质量发展暨优化营商环境大会召开（本版照片均由润州区供稿）

2022年，金融助力 赋能创新，金融机构官塘行暨政银企联盟成立仪式举行

2022年，江苏省海洋资源开发研究院—数智低碳院项目签约仪式在润州区举行

2022年9月5日，润州区网络安全宣传周启动仪式举行

2022年，“喜迎二十大·幸福在润州”润州区优秀节目巡演举行

2022年，西津渡古街获“江苏省示范步行街”称号

2022年，阿里云镇江创新中心开园仪式在润州区举行

2022年民生实事项目——黎明社区卫生服务中心改（扩）建工程完工

韦岗青山湖抽水蓄能项目设计图

·镇江新区·

2022年，在市委、市政府的坚强领导下，新区党工委深入学习贯彻习近平新时代中国特色社会主义思想和党的二十大精神，坚决有力夯实党工委主体责任，坚决走好统筹发展与安全之路，经济社会各项事业均取得较好进展。一年来，新区持续强基固本，全面从严治党向纵深发展；坚持实事求是，经济社会发展稳中有进；凝聚思想共识，理论武装水平不断深化；提升法治素养，依法治区取得新的进步。

持续深入打好“五大攻坚战”，全面推进中国式现代化新区新实践。一、持续深化项目招引攻坚战。在项目体量上实现新突破，在招引质量上实现新提升，在优化服务上取得新成效。二、持续深化防范金融风险攻坚战。全面汇聚攻坚合力，持续拓展融资渠道，全力挖潜可用资源。三、持续深化安全环保攻坚战。明确清单责权划分，排细清单管控内容，对照清单扎实整改。四、持续深化乡村振兴攻坚战。深入推进富民强村行动，做优多元融合乡村产业，建设宜居宜业和美乡村。五、持续深化社会治理攻坚战。全面推行末梢疏通工程，全力打造新区特色品牌，加快提升社会治理能力，不断提高公共服务水平。坚持党建引领，凝聚推动经济社会发展的更大合力，全面深化政治建设，驰而不息反腐肃贪，持续改进工作作风，激活干事创业热情。

2022年11月3日，江苏省委书记吴政隆（中）赴天奈科技调研

2022年8月30日，镇江市委主要领导到新区调研

2022年12月30日，航天海鹰（镇江）特种材料有限公司年产50架份C919大型客机批产项目开工典礼举行（本版照片均由镇江新区供稿）

2022年1月27日，镇江新区党工委全体（扩大）会议召开

2022年2月17日，镇江新区举办“政银企+”新春进园区活动

2022年3月9日，2022年全市重大项目集中开工活动暨金融支持重大项目建设授信签约仪式举行

2022年8月22日，镇江三维输送装备股份有限公司北交所上市仪式举行，股票简称“三维股份”，成为镇江首家北交所上市公司

2022年，圌山脚下的连镇铁路

• 镇江高新区 •

2022年，镇江高新区全面落实中央和省委、市委各项决策部署，坚持稳字当头、稳中求进，围绕“城市发展新空间、新兴产业承载地、创新驱动主引擎”的发展定位，一以贯之抓好规划引领、项目建设、功能配套、能力提升四项重点工作，现代化建设新征程迈出坚实步伐。地区生产总值同比增长4%，一般公共预算收入增长3.4%，实际使用外资增长11%，进出口总额增长9.5%。项目支撑不断强化。全年签约亿元以上产业项目22个，总投资124.4亿元，总投资1亿美元的鹰普集团液压研发生产基地项目、总投资20亿元的哈电储能技术创新产业基地项目签约落地，18个市级重点产业项目超序时完成年度投资计划，团山睿谷创新综合体项目总体进度达到86%，高端装备制造产业园、智能装备孵化产业园加快推进。创新能力不断增强。企业创新积分制工作正式启动，江苏省船舶与海洋工程设计研究院获批建设，镇江南京邮电大学研究院落地并加快建设，在地新型研发机构全年完成技术服务收入增长115%。人才引育质效不断提升。引进海内外各类高层次人才32人。孵化器运营质效持续提升，国家高创中心全年在孵企业增长30%，应税销售实现翻一番。

2022年3月9日，镇江高新区在高端装备科技产业园项目地块举办重大项目集中开工活动

2022年，镇江高新区景色（本版照片均由镇江高新区供稿）

2022年9月6日，科技人才进步报告（2017—2022）新闻发布会举办

2022年4月29日，镇江高新区第20期企业家沙龙活动“工业智能技术观摩交流会”举办

2022年5月20日，2022镇江首届青年人才交友文化节高新区“数字文化”专场活动在五洲创客服务中心举办

2022年7月18日，中国第一艘采用油电混动力推进方式的全回转拖船——“青港拖1”在镇江高新区下水

2022年 12月25日，镇江高新区“‘城市绿肺’绿地系统&高质量建设污水处理”入选全国“2022民生示范工程”案例

ZHENJIANG
TUJIAN
(2023)
JINGJI
JIANSHE
PIAN

镇江图鉴（2023）
经济建设篇

综 述

【**概况**】2022年，镇江市统筹新冠病毒感染疫情防控和经济社会发展，推进产业强市“一号战略”，经济运行呈现稳中有进、回升向好态势。全年地区生产总值5017亿元，突破5000亿元关口，比上年增长2.9%；一般公共预算收入同口径完成343.8亿元，增长2.1%；社会消费品零售总额增长1.3%；固定资产投资增长0.1%；规模以上工业增加值增长5.6%，“四群八链”主导产业应税销售增长12%。

2022年2月8日，镇江市产业强市暨优化营商环境大会举行 （王朋 柳放 供稿）

【产业项目建设】2022年，镇江市加快产业项目建设，强化产业支撑，构建项目评估、要素保障、调度督查、政银企合作“四项机制”，全年新签约项目273个、总投资993亿元；9个省重大项目完成投资44亿元，220个市重大产业项目完成投资451.7亿元。全年新认定省独角兽企业和瞪羚企业15家、国家高新技术企业533家，省“创新型领军企业”9家；新增国家级“单项冠军”和“专精特新”企业19家、国家级科技孵化载体4家、省级以上研发机构45家；组建的省船舶与海洋工程设计研究院获江苏省批复。落实资本市场“扬帆计划”和股权投资“云帆计划”，新增上市挂牌企业291家。培育数字产业，新增智能化改造、数字化转型企业133家，数字经济核心产业营业收入突破600亿元。

2022年2月14日，镇江市举行2022年重点产业项目新春“云签约”，签约24个项目，总投资211亿元（柳放 供稿）

镇江推进企业上市“扬帆计划”，成立上市服务中心，组建专家咨询委员会

2022年4月20日，镇江召开企业上市暨“扬帆计划”工作推进会。镇江市上市服务中心揭牌，上市专家咨询委员会成立。上市服务中心精准对接企业上市需求，为企业上市提供全过程、全方位优质服务。上市专家咨询委员会由上交所、深交所、北交所、全国股转公司、江苏证监局、知名券商等单位的20位专家组成。

2022年12月16日，镇江市企业上市暨“扬帆计划”工作推进会召开（王朋 供稿）

经济管理

【概况】2022年，镇江市统筹新冠病毒感染疫情防控和经济社会发展，推进产业强市“一号战略”，经济运行呈现稳中有进、回升向好态势。全年地区生产总值5017亿元，突破5000亿元关口，比上年增长2.9%；一般公共预算收入同口径完成343.8亿元，增长2.1%；社会消费品零售总额增长1.3%；固定资产投资增长0.1%；规模以上工业增加值增长5.6%，“四群八链”主导产业应税销售增长12%。

2022年，镇江市城乡居民人均可支配收入分别为61453元和32764元。发放稳岗返还和创业贷款担保资金6.1亿元，城镇新增就业5.7万人，零就业家庭保持动态清零。新建全国示范性老年友好型社区3个、普惠型托育机构21家，完善“一老一幼”配套服务。严守耕地保护红线，新建“吨粮田”4.4万亩（2933.3公顷），整改“非农化”田地4800余亩（320公顷），全年粮食总产量实现“三连增”。严格整改生态问题，巩固长江禁渔成果，拆除违法建设、江滩复绿面积超200万平方米，新增造林绿化近1.5万亩（1000公顷）。新建“绿岛”项目4个，$PM_{2.5}$ 年均浓度下降2.8%，国、省考断面水质优Ⅲ比例均为100%。

2022年8月26日，位于长江边的丹阳九曲河水利枢纽绿化景色（孙悦萌 供稿）

九曲河水利枢纽良好的森林生态景观

九曲河水利枢纽是国家“治太”十大工程之一“湖西引排工程”的重要组成部分，2007年8月通过竣工验收。经过多年造林，成功建设江苏省“最美水地标”的风景区，区内保持原貌的湿地和水生态环境，丰富的野生动植物品种，构建景区“桃李争春，绿荫护夏，枫叶染秋，腊梅暖冬”的美好风光。枢纽中间岛乔、灌、藤、草相映成趣，果树垂实如珠，形成良好的森林生态景观，春可踏青，夏可避暑，秋可采果，冬可赏雪。

2022年度镇江市产业强市十件大事名单

一、推进园区整合优化，建强产业发展载体

牵头单位：市发改委

配合单位：市自然资源和规划局、市委编办

二、部门联动“育动能、扩市场、强服务”，助推镇江外贸加速跑进“千亿元俱乐部”

牵头单位：市商务局

配合单位：镇江海关、市税务局、市外管局、市财政局

三、上线重大项目审批服务平台，完善全生命周期服务机制，助力产业项目建设提速增效

牵头单位：市政务办、市发改委（重大办）

配合单位：市生态环境局、市住建局、市自然资源和规划局、市应急管理局、市文广旅局

四、举办金融赋能镇江高质量发展大会，北交所上市企业实现“零突破”，以“白名单”制度、“金链行动”等助力产业强市

实施单位：市地方金融监管局、人行镇江市中心支行、镇江银保监分局、市发改委、市工信局

五、数智赋能，以“四群八链”为主攻点驱动制造业提质增效

牵头单位：市工信局

配合单位：市发改委、市国资委、市商务局、市科技局、市农业农村局、市大数据管理局

六、以百所高校大学生集中云招引和中国创新挑战赛（镇江）活动为抓手，加大招才引智力度，加速集聚创新资源，为产业高质量发展聚智赋能

实施单位：市人社局、市科技局、市人才办

七、创新信用修复机制，优化法治化营商环境

牵头单位：市发改委（信用办）

配合单位：市中级人民法院、市市场监管局

八、产业链上党旗红——实施“链上先锋”行动

牵头单位：市委组织部

配合单位：市工信局

九、减税降费提“镇”市场主体活力　精细服务打造更优营商环境

牵头单位：市税务局

配合单位：市财政局

十、聚焦聚力聚势一二三产业融合　全面推进乡村产业高质量发展

实施单位：市农业农村局、市发改委

金融赋能镇江高质量发展大会举行

2022年2月25日，由镇江市人民政府、江苏省地方金融监管局、新华日报社主办的“金融赋能镇江高质量发展大会”在镇江拉开帷幕。会上，镇江市与24家金融机构签署战略合作协议，部分镇江企业与8家金融机构签订合作协议，预计“十四五”末合计有超1.4万亿元的融资支持，为镇江"四群八链"产业体系高质量发展贡献金融力量。

2022年2月25日，金融赋能镇江高质量发展大会现场（王朋 供稿）

【**自然资源管理**】2022年，镇江市自然资源和规划部门落实严格耕地保护、节约集约利用两个责任，突出规划支撑、要素保障、生态保护三个抓手，聚焦推进依法行政、落实安全责任、优化营商环境、夯实基层基础等四个关键。市资规局获2022年度镇江市优化营商环境“甘露奖”和“全国绿化先进集体”称号，句容市被自然资源部评为“全国自然资源节约集约示范市”。

【国有资产管理】2022年，镇江市国有资产监督管理部门企业整体运营较为稳定，实现营业收入416.25亿元，利润总额23.53亿元，上缴税费15.7亿元。为服务业小微企业和个体户减免租金，全年累计减租超过3000万元，惠及小微企业1000多家。全年招录优秀人才164人，比上年增长16.31%。出台关于服务保障疫情防控阻击战的9条措施，国资系统志愿服务团队近2万人次参与京口健康驿站建设等，在应急保供、复工复产等方面发挥作用。市属国企与37个经济薄弱村结对，助农销售农产品，助力乡村振兴。重点加强基层中共党组织建设，完成238个基层党组织集中统一换届。

2022年8月31日，市国资系统“党旗‘镇’红、国企建功”培训会暨廉政讲座举行（《镇江壹周》供稿）

2022年10月19日，镇江市央企国企发展促进会和镇江市扶贫“三会”战略合作签约仪式举行（《镇江壹周》供稿）

【财政】2022年，镇江市完成一般公共预算收入304亿元，还原增值税留抵退税39.9亿元后，同口径比上年增长2.1%。全年安排专项资金2292.3万元用于“智改数转”项目，增强镇江市产业发展新优势、新动能。统筹“金山英才”专项资金5389.45万元，开展领军人才引进、大学生“聚镇”计划、校地科技人才合作。全年办理各项退税、减税、缓税127亿元。落实国有房屋租金减免政策，为912家服务业小微企业和1554家个体工商户减免租金1.5亿元。扩大小微贷、苏科贷、助力贷等财政金融产品融资规模。民生保障工作。保障公共卫生服务领域支出，将基本公共卫生服务财政补助标准、城乡居民基本医疗保险财政补助标准分别提高至每人每年93元和720元。减免灵活就业人员医保缴费超过6700万元。

2022年8月12日，全市财政系统“喜迎二十大 奋进新征程”主题演讲比赛现场（卞婕 供稿）

【税务】2022年，镇江市税务系统组织各项税费收入709.34亿元，比上年增长7.32%。其中，税收收入355.77亿元，下降23.64%；社会保险费收入199.64亿元，增长11.04%；其他非税收入153.93亿元，增长908.1%。完成地方一般公共预算税收200.62亿元，下降21.73%。

【审计】2022年，镇江市审计机关完成审计项目159个，查出主要问题金额181.25亿元，审计处理处罚金额4.61亿元，促进整改落实问题金额16.96亿元，审计建议被采纳322条。1个项目分别获审计署优秀审计项目一等奖和江苏省审计厅优秀审计项目一等奖；2名参与审计署联合国审计工作人员获审计署通报表扬。

【**价格监管**】2022年，镇江市发改委价格处获评“2019—2021年度全国农产品成本调查先进集体”。开展管道天然气价格疏导工作，保障市管道燃气价格在全省和苏南的较低水平。落实国家、省关于清理规范水电气暖行业收费的有关政策要求，市区清理水气行业收费8类，每年可为用户节约100万元。

【**市场监管**】2022年，镇江市入选全国首批国家知识产权强市试点城市，相关专利获第二十三届中国专利金奖1项、优秀奖5项；市市场监管局连续3年获市优化营商环境“甘露奖”。市场主体帮扶工作。走访市场主体4375家，解决各类问题840个。降本、减负、护企，免收5万余件设备强检费675.2万元，减免小微企业产品质量委托检测、特种设备检验等费用270余万元。开展涉企违规收费专项整治，减轻市场主体不合理负担，责令退还多收企业费用1602万元。制定《镇江市市场监管领域轻微违法行为不予处罚和从轻减轻处罚规定》，办理不予处罚和减轻处罚案件762件，免罚减罚金额5084万元。截至2022年年底，镇江市实有各类市场主体57.45万户，比上年增长6.05%。企业年报率99.1%，列全省第二名。制定出台《镇江市公平竞争审查抽查工作办法》等制度。

2022年，镇江市推行线下实体店无理由退货承诺，共有1500多家市场主体参与。市市场监管局和市消费者协会建立健全无理由退货承诺单位日常监管和回访机制，把动态监管落到实处（市消协 供稿）

2022年3月15日，在“3·15”放心消费创建先进示范单位广场宣传咨询服务活动中，10家企业单位现场做“共促消费公平　共建消费环境”承诺宣誓（市消协 供稿）

镇江举行2022年“3·15”放心消费创建先进示范单位广场宣传咨询服务活动

2022年3月15日，镇江市举行2022年“3·15”放心消费创建先进示范单位广场宣传咨询服务活动。金融保险、公用服务企业等单位现场设置咨询台，工作人员给过往行人派发宣传资料，讲解相关知识。市消费者协会为2021年度市级放心消费创建示范单位和“名城福地镇江好礼”入选产品颁发牌匾。10家企业单位现场做“共促消费公平　共建消费环境”承诺宣誓。

2022年3月15日，“3·15”放心消费创建先进示范单位广场宣传咨询服务活动现场（市消协 供稿）

2022年3月29日，镇江市法律援助中心镇江市消费者协会法律援助工作站揭牌仪式举行（《镇江壹周》供稿）

2022年3月29日，润州法院消费者权益保护典型案例发布会召开（《镇江壹周》供稿）

守护“舌尖上的安全”，镇江启动“你点我检”民生行活动

2022年3月10日，“镇在检”你点我检民生行活动新闻发布会举行，活动旨在进一步提升食品抽检质量，积极回应群众最关心、最关注的食品安全问题。市民登录“镇江市场监管”“镇江消费”“镇江智慧315”微信公众号，点击投票小程序，选出自己最关注的抽检品种。确定抽检品种后，市场监督管理局在4月和10月组织“你点我检”现场抽样，全市“你点我检”专项抽检不少于1800批次，并对外公布抽检结果。对专项活动抽检不合格食品，依法快速开展核查处置，严厉查处违法行为，督促食品生产经营者及时采取下架召回等风险控制措施。

2022年3月10日，“镇在检”你点我检民生行活动新闻发布会现场（市消协 供稿）

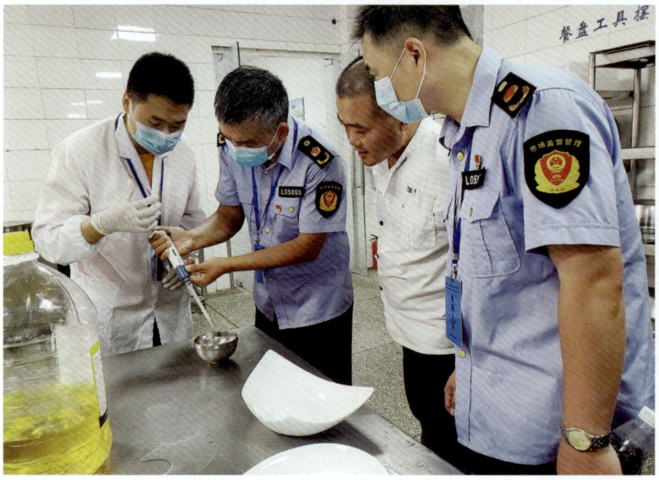

2022年3月10日，“镇在检”你点我检民生行活动广场宣传及检测现场（市消协 供稿）

2022年6月9日，江苏省化妆品不良反应监测示范单位签约仪式在镇江举行（市消协 供稿）

2022年9月8日，镇江启动2022年食品安全宣传周活动（市消协 供稿）

【知识产权管理】2022年，镇江市知识产权工作助推地方经济高质量发展。组织企业参与国家专利奖申报等工作，在第二十三届中国专利奖评选中，镇江市获1个金奖、5个优秀奖；注重高价值专利培育载体建设，新增省级“高价值专利培育示范中心”2个、市级“高价值专利培育示范中心”2个。截至11月底，万人发明专利拥有量57.73件，列全省第四名。制定《镇江市重点商标保护名录工作指引》。市市场监管局、商务局、海关等共同发放

《海外知识产权风险预警建议书》《知识产权海外维权指南》。推进知识产权质押融资工作，全年完成19.43亿元、114笔知识产权质押融资，为上年金额的2.7倍、笔数的1.8倍。4月25日，作为全国首单茶叶类地理标志保险的“金山翠芽”获得地理标志保险赔付6万余元。

镇江知识产权审判工作暨知识产权保护典型案例发布

2022年4月25日，镇江法院知识产权审判工作暨知识产权保护典型案例新闻发布会在镇江市中级人民法院召开。会上发布2021年度全市法院知识产权审判工作概况和镇江市知识产权保护十大典型案例。2021年以来，全市法院审结知识产权案件776件，比上年增长48.37%。发挥司法保护主导作用，严厉打击恶意诉讼、虚假诉讼行为，对于恶意侵权、重复侵权等情形运用惩罚性赔偿制度，提高被告的违法成本，抑制知识产权违法犯罪。“假冒3M口罩案”入选最高法院年度知识产权五十件典型案件。同时，加强知识产权民事纠纷诉前调解工作，联合市市场监督管理局举行商标疑难案例研讨会暨商标保护知识培训，并及时公布典型案例，开展法治宣传，增强群众知识产权保护意识。注重地理标志产品保护，为全面推进乡村振兴提供有力司法服务和保障。

2022年4月25日，镇江法院知识产权审判工作暨知识产权保护典型案例新闻发布会召开（柳放 供稿）

【信用体系管理】2022年，镇江市政府印发《2022年镇江市社会信用体系建设工作要点》，明确责任主体，明确目标任务。将严重失信治理、政府机构失信作为高质量考核扣分项目，将信用考核纳入优化营商环境考核内容。当年，镇江市城市信用监测排名首次进入全国前20名，比上年上升40名。“创新信用修复机制”获评江苏省法治政府示范项目。

农　业

【概况】2022年，镇江市粮食种植面积203.55万亩（13.57万公顷），比上年增长0.88%；粮食平均单产473.13公斤/亩（7096.91千克/公顷）；实现粮食总产96.3万吨，增长0.3%。能繁母猪存栏量2.85万头，完成省下达任务的114%；蔬菜总面积42.23万亩（2.82万公顷）、总产量100.61万吨，增幅分别为2.25%和3.95%。

实施农业龙头企业“金凤行动”，全市招引项目协议资金94.66亿元，其中总投资0.1亿元及以上项目96个。全年实施农业农村重大项目80个，总投资104.03亿元。丁庄万亩葡萄专业合作联社、江苏江南生物科技有限公司获评首批江苏省现代农业全产业链标准化基地。采取“六个一”挂钩模式，对全市98个村集体稳定性收入120万元以下的经济相对薄弱村开展帮促。全市有“两品一标”（绿色食品、有机农产品和农产品地理标志）357个，茅山长青品牌价值16.24亿元，金山翠芽第三次成为中国最具品牌溢价力三大茶叶品牌之一，句容市“丁庄葡萄”在疫情之下逆势而行，出口新加坡、马来西亚，成为全省首家葡萄类出境农产品，句容市白兔镇唐庄村等7个村入选2022年全国乡村特色产业超亿元村。全市核对农村集体经济组织597个，成员数169.13万人，农户数56.37万户，全市村级集体经济组织累计股份分红3709万元。农村产权交易进场交易项目10674个，成交10423个；土地规模流转12.56万亩（8373.3公顷），成交9.19亿元，溢价2425万元。成功新创成国家级示范社7家、省级示范社19家。

2022年12月12日，镇江市乡村建设行动推进会举行　（柳放 供稿）

2022年7月31日，市委农村工作领导小组（扩大）会暨乡村振兴项目现场观摩推进会举行 （《镇江壹周》供稿）

2022年5月23日，镇江市现代农业产业“云招商”推介活动举行，发布26个项目，计划总投资100.78亿元 （《镇江壹周》供稿）

2022江苏·句容农民丰收节在天王镇戴庄村开幕

2022年10月29日，2022江苏·句容农民丰收节在天王镇戴庄村白沙自然村拉开序幕。风吹稻浪，瓜果飘香，一首首“丰收民歌”在田头唱响，一场场“特色展销”在田野上演，山水间，农民与游客共赏美丽乡村、分享金秋喜悦。在白沙会场稻田舞台，《风吹麦浪》《九九艳阳天》《在希望的田野上》《沃野欢歌》等欢快的歌声传遍山野，映衬出丰收的热情；舞台周边的展示区，戴庄特产猕猴桃、茅山稻香老鹅、后白茅西羊肉、天王白斩鸡等各色农产品装点着节日现场，农民们穿上节日的盛装，欢庆丰收的喜悦。在“幸福之水”浇灌仪式中，伴着喜气洋洋的锣鼓声，句容晚稻迎来开镰。活动当天，边城、白兔、后白和郭庄镇四个分会场也精心准备了直播带货、文艺演出、农事体验等系列活动。

2022年10月29日，2022江苏·句容农民丰收节开幕现场（镇江电台 供稿）

2022年11月12日，2022年镇江·丹阳农民丰收节在皇塘镇举行（《镇江壹周》供稿）

2022年8月18日，第五届全国农产品质量安全检测技能竞赛江苏选拔赛在句容市举行（《镇江壹周》供稿）

2022年6月27日，镇江市首届农业嘉年华开幕式举行（柳放 供稿）

镇江市首届农业嘉年华开幕，数字引擎升维现代农业，镇江“三农”工作“云”上开花

2022年6月27日，镇江市首届农业嘉年华开幕式暨“镇江市数字农业农村实践基地”揭牌仪式在西津渡音乐厅广场举行。现场，镇江市农业农村局与阿里巴巴华东公司发布合作倡议书，并推出“镇兴浓”服务企业（涉农）品牌，句容市戴庄村与南京盒马网络科技有限公司合作，打造南京盒马鲜生门店“盒马村”，销售戴庄村新鲜农产品。

首届农业嘉年华活动现场

“盒马村”牌匾（柳放 供稿）

“镇兴浓”云营销品牌小程序二维码（柳放 供稿）

2022年10月25日，镇江市第三届“十佳”农民评选活动举行，熊国云、常国培、吴琼、舒锦博、胡敏、卢国强、耿昌明、谢旭东、胡杰、刘永新被评为镇江市第三届“十佳”农民。此外，王孝飞、田成翔等10名农民获镇江市第三届“十佳”农民入围奖（《镇江壹周》供稿）

全市放心农资下乡进村活动举行

2022年5月30日，由市委农村工作领导小组主办的2022年镇江市放心农资下乡进村活动在丹徒区三山集镇举行。市农业农村部门和多家农资生产企业设置展台和展板，向农民宣传农业法律法规，介绍识假辨假和科学使用农资知识，推介优质农资产品；同时，还展示农资打假成果。农业农村部门逐步完善农业投入品、农产品生产领域诚信体系建设，建立完善农业生产信用档案和守信激励、失信惩戒机制，使信用状况成为农资经营主体准入门槛的基本内容。

2022年5月30日，放心农资下乡进村活动现场（《镇江壹周》供稿）

2022年6月6日，镇江市农业农村局与中行镇江分行举行战略合作签约活动，推动“苏农贷”等金融产品的有效落实，在服务乡村产业发展、农业农村重大项目等方面加大金融支持力度（《镇江壹周》供稿）

“镇兴浓”服务企业（涉农）品牌发布会举行

2022年6月20日，镇江举行“镇兴浓”服务企业（涉农）品牌发布会。镇江市农业农村局建立涉农主体问题交办机制，集中发放“涉农主体诉求绿色直达交办单”，为企业纾困解难。活动现场，《2022年镇江支农惠农强农政策汇编》和《2022年国务院、省、市稳经济助企纾困涉农政策汇编》发布，梳理补贴政策类、金融保险类等各项惠农政策，为企业群众提供操作性强、实用性好的服务指引。解忧纾困走访服务活动当天同步启动。

2022年6月20日，“镇兴浓”服务企业（涉农）品牌发布会现场（《镇江壹周》供稿）

2022年6月8日，镇江市农业农村局与中国银行镇江分行举行战略合作签约，双方携手，丰富支持乡村振兴的金融产品和服务体系，加大乡村振兴的金融支持力度（《镇江壹周》供稿）

2022年8月25日，网络直播在丁庄葡萄小镇进行（孙悦萌 供稿）

丁庄万亩葡萄专业合作联社获评首批江苏省现代农业全产业链标准化基地

2022年，句容市“丁庄葡萄”在疫情之下逆势而行，出口新加坡、马来西亚，成为全省首家葡萄类出境农产品。丁庄万亩葡萄专业合作联社获评首批江苏省现代农业全产业链标准化基地。2022年，茅山镇丁庄村有葡萄品种51个，年产葡萄2万吨，实现葡萄年销售额4亿元；人均收入5.05万元，带动近2000户果农走上致富路。

2022年8月，丁庄葡萄小镇掠影（孙悦萌 供稿）

·种植业·

【概况】2022年，镇江市种植粮食135697公顷，比上年增长0.88%；粮食平均单产7096.91千克/公顷；实现粮食总产963030吨，增长0.3%。播种夏粮49030公顷，增长1.87%；单产5106.53千克/公顷，增长1.05%；总产250373吨，增长2.94%。其中：种植小麦47330公顷，增长1.92%；单产5183.44千克/公顷，增长1.06%；总产245332吨，增长3%。播种秋粮86667公顷，增长0.32%；单产8222.92千克/公顷，下降0.92%；总产712657吨，下降0.6%。其中：种植水稻72634公顷，增长0.3%；单产9045.81千克/公顷，下降0.66%；总产657037吨，下降0.36%。播栽油菜13371公顷，下降8.48%；油菜籽单产2757.76千克/公顷，增长1.02%；总产36874吨，下降7.55%。

全市"三夏"农业机械化生产现场会暨小麦开镰启动仪式举行

2022年5月26日，全市“三夏”农业机械化生产现场会暨小麦开镰启动仪式在江苏年丰现代农业科技有限公司举行。为确保夏粮颗粒归仓、秋粮种足种满，市农业农村部门积极协调，落实道路通行、油料供应、气象服务等保障，动员各类机具参与抢收抢种。近年来，镇江市加强对智能农机装备应用的扶持力度、对多功能复式播种机、水稻侧深施肥装置、绿色烘干热源等给予财政资金补贴。新购无人驾驶拖拉机、收割机、插秧机每台补贴3万元，新购植保无人飞机每台补贴0.5万元。全市拥有3台无人驾驶拖拉机、3台无人驾驶收割机、20台无人驾驶插秧机、600余台植保无人飞机。

2022年5月26日，全市“三夏”农业机械化生产现场会暨小麦开镰启动仪式现场（《镇江壹周》供稿）

句容市天王镇天王有机稻米专业合作社成立

2022年1月19日，句容市天王镇天王有机稻米专业合作社成立，句容市组织一批“戴庄经验”推广示范村。赵亚夫介绍，5个村有3家正式成立有机大米合作社，学习戴庄做法，村党支部书记兼任村有机大米合作社理事长。这样加上戴庄村就有4个合作社，4个合作社发起成立大米合作联社，统一种植技术、操作规程，统一品牌销售，统一提供技术指导，统一提供有机农业生产资料，确保5个村和戴庄村一样种出好吃、优质、安全放心的有机越光大米，效益高出原来水稻种植3～5倍，让更多农民走上共同富裕的道路。

2022年1月19日，句容市天王镇天王有机稻米专业合作社成立活动现场（《镇江壹周》供稿）

2022年12月29日，省农村经济研究中心与市农业农村局举办放大“戴庄经验”示范效应专题研讨会（《镇江壹周》供稿）

2022年5月，丹徒区世业洲收割麦子（朱武江 供稿）

2022年10月，镇江新区水稻进入成熟期（卞婕 供稿）

【园艺业】2022年，镇江市果品总面积11420公顷；总产量19.28万吨，比上年增长5.18%；总产值26.09亿元，增长20.95%。茶园总面积5169公顷，其中开采茶园面积4505公顷；总产量1667.26吨，增长4.4%；总产值5.7亿元，增长6.99%。中药材总面积406公顷，增长5.18%；产量1462.8吨，增长0.46%；产值3897.02万元，增长0.57%。花卉及其他园艺作物销售总额11.9亿元，增加5.29%，其中鲜切花类65.01万元，盆景0.1亿元，观赏苗木4.25亿元，草坪草皮5.3亿元，盆栽植物类2.2亿元。

杏虎村的水蜜桃熟了。政府搭台，果农唱戏，促销会签署10余份购销帮扶协定

2022年7月10日，2022“苏韵乡情”乡村休闲旅游农业（镇江）专场推介暨第四届丹阳“杏虎仙桃”采摘旅游节·2022年镇江市名特优农产品展示展销活动，在丹阳市司徒镇杏虎村举行。京东恒源祥爱伦专卖店、江苏赛我文化传媒公司等9家企业与丹阳现代农业产业示范园管委会签订助农购销协议。活动还为在镇江市优质桃评比中取得金奖的7家单位颁奖。杏虎村是革命烈士许杏虎的故乡，全村70%以上土地属于微丘陵和岗坡地。20多年前，在农业专家赵亚夫的帮助下，杏虎村先后种下1500亩（100公顷）水蜜桃，成立1家国家级合作社、19家省市级果品合作社和家庭农场，打响“杏虎水蜜桃”品牌，有效带动农民经济收入增长，增加村集体经济收入。

2022年7月10日，第四届丹阳“杏虎仙桃”采摘旅游节·2022年镇江市名特优农产品展示展销活动现场（陈法兰 供稿）

江苏省级示范家庭农场——司徒谷田家庭农场

2013年，大学毕业的毛丹回到丹阳司徒镇屯甸村办起谷田家庭农场，成为返乡创业“新农人”。农场内的恒青生态园经9年发展，总面积150亩（10公顷），12座连栋温室大棚内种植“金贝贝”番茄、“红颜”草莓、“早春”樱桃等高档水果，年销售额超200万元。毛丹还将林果种植与乡村体验游结合，农场成为集林果采摘、农事体验、休闲垂钓为一体的丹阳重点休闲观光农业企业。农场追求产品高质量，诚信经营，获2022年度丹阳市“诚信之星”称号。

2022年，谷田家庭农场运用物联网技术管理种植高档水果的大棚 （夏景顺 供稿）

·林　业·

【概况】2022年，镇江市深化林长制改革，健全制度体系，市级林长开展巡林调研11人次，句容市在全省率先建成林长制综合管理平台。一体化推进林地用途管制和林木采伐、重点公益林管理，镇江市林业局获评2022年度全国绿化先进集体。科学开展国土绿化行动，落实耕地“非农化”“非粮化”工作要求，林木覆盖率提升至25.59%。

【国土绿化】2022年，镇江市累计完成造林面积1.45万亩（966.67公顷），林木覆盖率25.59%。创建完成省级绿美村庄21个。完成森林抚育3.04万亩（2026.67公顷）。因地制宜发展林果、林药、林菌、林苗等林下种植业，发展林下经济面积44.54万亩（296.93平方千米），林木种苗面积24.29万亩（161.93平方千米）。

2022年6月，俯瞰镇江市区长江边绿化造林（张富强 供稿）

·畜牧业·

【概况】2022年，镇江市出栏生猪28.1万头、家禽3695.6万羽、羊4.24万只；年末存栏生猪29.16万头、家禽1039.3万羽、奶牛2302头、羊3.55万只；肉、蛋、奶产量分别为8.24万吨、3.32万吨、1.02万吨。生猪产能调控成效明显，设立国家级生猪调控基地6个，全市能繁母猪存栏2.85万头，规模猪场130家，为省下达保有量的114%和173.33%。畜禽养殖集约化水平大幅提升，7家万头猪场设计产能达产率80%，能繁母猪存栏量占全市总量的75.3%；3家大型蛋鸡养殖企业、2家肉鸡立式笼养企业实现投产。

·渔　业·

【**概况**】2022年，镇江市水产养殖面积1.27万公顷，实现水产品总产量9.89万吨，比上年增长2.19%，全市特种水产品养殖面积占比80.14%，实现渔业总产值64.99亿元，增长4.05%。

·生态农业和农业机械化·

【**生态农业**】2022年，镇江市新增产业研究院（共建试验示范基地）5家，推进2个省级、13个第二批市级试点村提升项目，《从历史实践中把握核心要义持续放大“戴庄经验”示范效应》在江苏省《农业农村调查与研究》上推广。句容市白兔镇柏生草莓专业合作社和镇江市水木年华现代农业科技有限公司入选2022年国家级生态农场；全市受污染耕地安全利用率98.6%，秸秆综合利用率97.30%，其中秸秆还田率74.51%。年末拥有省级以上农业产业化龙头企业47家、省级示范家庭农场188家，全市建成省级特色田园乡村6个，市级特色田园乡村10个、绿美村庄21个。全市有农产品地理标志4个，绿色食品302个，有机农产品54个。句容市白兔镇唐庄村等7个村入选2022年全国乡村特色产业超亿元村。

2022年6月23日，句容戴庄俯瞰（孙悦萌 供稿）

人民日报

13 记者调查

一家生态农场的绿色发展探索

2022年8月5日，《人民日报》发表记者调查《一家生态农场的绿色发展探索》，介绍“戴庄经验”

句容市后白镇西冯村入选2022年全国乡村特色产业超亿元村

西冯村位于国家AAAAA级风景名胜区、道教圣地——茅山西麓，紧靠茅山湖，面积12.8平方公里，下辖5个自然村，农户563户，常驻人口2100多人。近年来，西冯村以“富裕、文明、生态、平安”为总体目标，以花草木种植为特色，大力发展外向型休闲旅游，获得“2022年全国乡村特色产业超亿元村”称号。近年来，西冯村先后获“全国一村一品示范村”“中国美丽乡村示范村”“长三角最美乡村”“江苏省最具魅力休闲乡村”等称号。

2022年8月，西冯村草坪种植基地收割草坪现场（孙悦萌 供稿）

水稻病虫害绿色防控示范区——丹徒区天丰稻米专业合作社

2022年10月19日，丹徒区在辛丰镇黄墟村天丰稻米专业合作社举行水稻绿色防控技术培训观摩会，向农户推广传授水稻实用生态绿色防控技术，来自辛丰镇的种植大户和普通农民50余人参加培训。

天丰稻米专业合作社在镇江市和丹徒区植保植检站的指导下，在辛丰镇黄墟村建立丹徒区水稻病虫害防控示范区，核心面积1000亩（66.7公顷），辐射面积10000亩（666.7公顷）。农业专家利用性诱技术、色诱技术、灯诱技术和生物导弹防虫技术等方法，对水稻开展病虫害绿色防控，使得化学农药使用量减少20%以上，保护周边生态环境，生产出绿色安全的优质大米，提升大米产品的竞争力，提高种植户的收入。

2022年10月19日，丹徒区水稻绿色防控技术培训观摩会现场 （镇江摄协 供稿）

【农业机械化】2022年，镇江市有大中型拖拉机4632台、谷物联合收割机2427台、水稻插秧机4994台、粮食烘干机1413台、自走式植保机917台、植保无人机503架、秸秆还田机5516台。全市农作物耕种收综合机械化率89.5%，设施农业、畜牧业、渔业、林果业、农产品初加工综合机械化率68.5%。

镇江市草莓种植机械化装备与技术集成应用现场观摩培训举行

2022年9月9日，市农业机械技术推广站在句容市笪小华家庭农场举办全市草莓种植机械化装备与技术集成应用现场观摩培训，推广新装备新技术，助推草莓种植生产机械化。江苏省农机具开发应用中心、江苏大学、江苏农林职业技术学院、镇江市农科院的农机和农艺专家，各市（区）农机推广站技术人员及全市草莓种植大户近60人参加观摩培训。省农机具开发应用中心专家认为，这些设备的使用能够节省80%的劳动力，节约成本50%以上，机械化推广将对草莓产业的可持续发展、草莓种植者的节本增效发挥很大的作用。

2022年9月9日，全市草莓种植机械化装备与技术集成应用现场观摩培训活动现场（《镇江壹周》供稿）

2022年9月23日，镇江市植保无人机驾驶员职业技能竞赛举行（《镇江壹周》供稿）

2022年6月11日，丹徒区荣炳盐资源区沈填证家庭农场机械化插秧（卞婕 供稿）

“e起致富”苏货直播新农人培训班开班

2022年8月22日，镇江市（丹徒）高素质农民培育暨“e起致富”苏货直播新农人培训班开班。培训班由省委网信办、省农业农村厅等主办，阿里巴巴认证数字经济人才孵化中心等承办。培训班围绕数字农业、视频剪辑使用方法、直播带货SOP、直播电商选品策略、农业云案例分享等进行针对性培训，提升镇江农业经营主体在智慧农业、农产品电商销售、直播带货等方面的专业技能水平。

2022年8月22日，“e起致富”苏货直播新农人培训班现场 （《镇江壹周》供稿）

2022年6月8日，镇江市最大的智能温室及现代农业综合示范基地江苏新港农业科技有限公司智能温室 （赵文良 供稿）

工 业

·综 述·

【概况】2022年，镇江市实施产业强市“一号战略”，转变发展方式，推动质量变革、效率变革、动力变革，提升发展质量和效益。全市工业经济稳中有进、稳中向好。镇江市获评“全省制造业转型升级成效明显地区”，入选“全国先进制造业百强市”“全国制造业高质量发展50强城市”。市工信局获评省委、省政府“江苏制造突出贡献奖”先进单位。

2022年度十佳企业家名单

（贡献类）

大全集团有限公司总裁　徐 翔

镇江奇美化工有限公司总经理　洪良义

江苏鱼跃医疗设备股份有限公司董事长　吴 群

大亚集团董事长　陈建军

江苏美科太阳能科技股份有限公司董事长　王禄宝

江苏索普（集团）有限公司董事长　胡宗贵

天工集团董事长　朱小坤

沃得集团董事长　王伟耀

江苏恒顺集团有限公司董事长　杭祝鸿

大赛璐安全技术（江苏）有限公司总经理　吴建州

（投资类）

江苏鼎胜新能源材料股份有限公司董事长　王 诚

江苏吉贝尔药业股份有限公司董事长　耿仲毅

建华建材（中国）有限公司董事长　王 刚

香江科技股份有限公司董事长　沙正勇

孚能科技（镇江）有限公司董事长　王 瑀

江苏天奈科技股份有限公司董事长　郑 涛

中船动力镇江有限公司董事长　潘海飞

优利德（江苏）化工有限公司总经理　尹锺天

江苏省镇江船厂（集团）有限公司董事长　郭 琰

江苏鹤林水泥有限公司总经理　徐 斌

·制造业·

【**概况**】2022年，镇江市完成制造业投资492亿元，增长4.7%，占固定资产投资比重为44.2%，较上年提高2个百分点；制造业增加值约占地区生产总值的41%，占比全省前4名。191个市级制造业重点项目建设完成投资394.8亿元，孚能动力电池、同力电梯驱动、美科多晶硅电池切片等一批项目竣工投产。全市工业“百强企业”完成应税销售3520.8亿元，占全市规模以上工业比重为65.8%，增长8.3%。沃得集团、鼎胜新材、奇美化工、美科太阳能、天工国际、鑫海高导、金东纸业、中储粮、大亚集团、大全集团、建华建材、飞达集团12家企业应税销售规模超100亿元。孚能科技（增长613%）、北汽麦格纳（增长145.9%）、中节能（增长94.3%）、东方电热（增长69.5%）、亿能电气（增长67.3%）、天奈科技（增长59%）、新泉汽车（增长58.9%）等企业增幅超50%。

2022年，应税销售规模超100亿元的北汽麦格纳掠影，该企业应税增幅145.9%（吴呈昱 供稿）

2022年应税销售规模超100亿企业——中储粮镇江粮油有限公司

中储粮镇江粮油有限公司地处镇江市京口区，位于万里长江与京杭大运河交汇处，是中储粮油脂有限公司长三角产业圈的核心企业、中储粮集团的一张名片。中储粮镇江公司主要以服务中央储备油脂油料轮换为中心，同时利用资源开展市场化经营，确保国有资产保值增值。经十余年发展，建设成集加工和贸易为一体的综合性油脂油料产业基地。油脂油料年加工能力413万吨，主要产品在华东市场得到广泛认同。先后获“全国农产品加工业百强企业”“全国放心粮油示范工程示范加工企业”“江苏省模范职工之家”“镇江市绿色发展领军企业”等称号。

2022年，中粮集团领导到镇江公司调研指导（本版照片均由中储粮镇江公司和谢红星供稿）

2022年，公司获“名城福地 镇江好礼”奖牌

2022年，中储粮镇江粮油有限公司掠影

2022年，展销中心向附近居民介绍产品

2022年，公司包装油生产车间现场

2022年，迎“七一”第一期快乐会议举行

2022年11月18日，第二届健身趣味大赛职工拔河联赛举行

【产业链群培育情况】2022年，镇江市统筹推进产业链、金融链、人才链、创新链、服务链融合融通发展。组织实施“金链”行动，建立产业链“主办行”制度，为253家企业提供授信385亿元。开展“金山英才”领军人才引进、百企联动专场云招聘等活动近20场。建成全省唯一的船舶与海洋工程设计研究院。全年新增省“首台（套）重大装备”3个，4个项目中标省级关键核心技术攻关专项；新增省级中小企业公共服务示范平台10家、企业技术中心（工业设计中心）25家。实施“百企引航”“千企升级”行动，壮大“链主”骨干企业、“专精特新”企业、初创企业等优质企业阵容。全年新增百亿企业2家，累计12家；5家企业入选全省“百企引航”名单；新增工业“小进规”企业350家；新增国家级“单项冠军”和“专精特新‘小巨人’企业”19家，省级122家。全年推进191个市级制造业重点项目和61个新增长点项目建设，孚能动力电池、同力电梯驱动、美科多晶硅电池切片等一批重大项目投产见效。

2022年1月25日，2022年扬中市重点产业项目集中开工仪式暨万洋众创城项目开工典礼举行（扬中融媒体中心 供稿）

2022年年底，扬中市万洋众创城项目建设初具规模（孙悦萌 供稿）

2022年，立邦新型材料华东区域生产基地项目掠影（孙薇 供稿）

2022年，句容新一代人造石及卫浴新材项目掠影（张闻 供稿）

2022年镇江市工业应税销售百强企业名单

地 区	企业名称
丹阳市	江苏沃得集团有限公司
镇江新区	镇江奇美化工有限公司
京口区	江苏鼎胜新能源材料股份有限公司
丹阳市	天工国际有限公司
丹阳市	江苏鑫海高导新材料有限公司
镇江新区	金东纸业（江苏）股份有限公司
京口区	江苏索普（集团）有限公司
京口区	中储粮镇江粮油有限公司
句容市	建华建材（中国）有限公司
扬中市	大全集团有限公司
京口区	江苏鸿泰钢铁有限公司
丹阳市	江苏飞达集团
丹阳市	江苏鱼跃医疗设备股份有限公司
句容市	华电江苏能源有限公司
丹阳市	丹阳龙江钢铁有限公司
丹阳市	大亚科技集团有限公司
京口区	国家能源集团谏壁发电厂
扬中市	蜂巢动力系统（江苏）有限公司
镇江新区	镇江江南化工有限公司
扬中市	江苏环太集团有限公司
镇江新区	镇江联成化学工业有限公司
镇江新区	江苏通达铜材有限公司
镇江新区	镇江均和重工有限公司
润州区	江苏船山集团有限公司
扬中市	江苏中海粮油工业有限公司
丹徒区	镇江焦化煤气集团有限公司
句容市	句容宁武新材料股份有限公司
句容市	句容毅马五金制品有限公司

续表

地 区	企业名称
镇江新区	中节能太阳能科技（镇江）有限公司
丹徒区	江苏镇江发电有限公司
丹阳市	大力神科技集团有限公司
镇江新区	镇江东方电热科技股份有限公司
扬中市	香江科技股份有限公司
扬中市	江苏新韩通船舶重工有限公司
丹徒区	江苏恒顺集团有限公司
镇江新区	道达尔润滑油（中国）有限公司
扬中市	江苏天舜金属材料集团有限公司
镇江新区	索尔维（镇江）化学品有限公司
丹阳市	江苏同力日升机械股份有限公司
句容市	巨宝精密加工（江苏）有限公司
镇江新区	镇江南帝化工有限公司
丹阳市	江苏新泉汽车饰件股份有限公司
丹阳市	江苏长丰纸业有限公司
句容市	句容协鑫光伏科技有限公司
丹徒区	北汽蓝谷麦格纳汽车有限公司
镇江新区	凯迩必机械工业（镇江）有限公司
润州区	镇江华润燃气有限公司
句容市	句容台泥水泥有限公司
丹徒区	金海宏业（镇江）沥青有限公司
丹阳市	大赛璐安全系统（江苏）有限公司
镇江新区	江苏正丹化学工业股份有限公司
丹徒区	帝高力装饰材料（江苏）有限公司
丹徒区	镇江李长荣高性能材料有限公司
镇江新区	优利德（江苏）化工有限公司
扬中市	江苏威腾电气集团
丹阳市	江苏肯帝亚木业有限公司
镇江新区	江苏天奈科技股份有限公司

续表

地 区	企业名称
丹徒区	江苏捷诚车载电子信息工程有限公司
镇江新区	江苏超跃化学有限公司
镇江新区	孚能科技（镇江）有限公司
镇江高新区	江苏省镇江船厂（集团）有限公司
扬中市	江苏通灵电器股份有限公司
丹阳市	江苏锐升新材料有限公司
丹阳市	海昌隐形眼镜有限公司
丹徒区	江苏镇江燃气热电有限公司
镇江新区	巴斯夫造纸化学品（江苏）有限公司
丹阳市	江苏辰阳电子有限公司
扬中市	江苏利民纸品包装股份有限公司
丹徒区	二重（镇江）重型装备有限责任公司
丹阳市	江苏彤明高科汽车电器有限公司
镇江新区	太白集团有限公司
丹徒区	江苏振光电力设备制造有限公司
丹阳市	恒宝股份有限公司
丹阳市	常诚车业江苏有限公司
丹阳市	江苏恒神股份有限公司
京口区	镇江强凌电子有限公司
丹阳市	万新光学集团有限公司
镇江新区	镇江大东纸业有限公司
丹阳市	江苏华凯比克希线束有限公司
丹阳市	迅驰车业江苏有限公司
丹阳市	冈田精机丹阳有限公司
镇江高新区	中船动力镇江有限公司
丹阳市	江苏申阳集团
扬中市	江苏亿能电气有限公司
丹阳市	江苏超力电器有限公司
京口区	诺贝丽斯铝业（镇江）有限公司

续表

地 区	企业名称
扬中市	江苏天辰新材料股份有限公司
镇江新区	江苏常青树新材料科技股份有限公司
镇江新区	恩坦华汽车零部件（镇江）有限公司
丹阳市	丹阳港华燃气有限公司
丹阳市	江苏巨贸康万家医疗设备有限公司
丹阳市	江苏文光集团有限公司
丹阳市	丹阳荣嘉精密机械有限公司
扬中市	江苏大津重工有限公司
丹阳市	江苏图南合金股份有限公司
镇江新区	瑞肯耐特流体控制系统（镇江）有限公司
丹阳市	丹阳市华一医疗器械有限公司
扬中市	中电电气集团有限公司
扬中市	扬中市大地水泥有限公司
丹阳市	江苏仅一联合智造有限公司

2022年，镇江市工业应税销售百强企业江苏恒神股份有限公司掠影（张弛 供稿）

2022年，镇江市工业应税销售百强企业镇江南帝化工有限公司掠影（张闻 供稿）

2022年，镇江市工业应税销售百强企业金海宏业（镇江）沥青有限公司掠影（张闻 供稿）

2022年，镇江市工业应税销售百强企业金东纸业（江苏）股份有限公司生产车间掠影（聂建富 供稿）

2022年，镇江市工业应税销售百强企业万新光学集团有限公司生产车间掠影（马新生 供稿）

2022年，镇江市工业应税销售百强企业镇江大东纸业有限公司掠影（张闻 供稿）

2022年，镇江市工业应税销售百强企业江苏索普（集团）有限公司掠影（张闻 供稿）

2022年，镇江市工业应税销售百强企业江苏鱼跃医疗设备股份有限公司掠影（张闻 供稿）

2022年，镇江市工业应税销售百强企业江苏捷诚车载电子信息工程有限公司生产车间掠影（鲍育瑞 供稿）

2022年，镇江市工业应税销售百强企业江苏鸿泰钢铁有限公司生产车间掠影（高义连 供稿）

2022年，镇江市工业应税销售百强企业镇江强凌电子有限公司生产车间掠影（罗秀龙 供稿）

2022年镇江市工业应税销售百强企业——江苏飞达集团

江苏飞达集团始创于1992年，经多年发展，成为涉足五金工具、冶金重工、港口物流、电子商务等领域的大型跨国企业集团，是国家高新技术企业、“重合同守信用”企业、全国出口创汇先进企业。2022年，飞达集团不仅是镇江市工业应税销售百强企业，还进入“2022中国制造业民营企业500强”“2022江苏民营企业200强”名单。

2022年，江苏飞达集团生产车间掠影（叶金华 汪露 供稿）

2022年，镇江市工业应税销售百强企业镇江联成化学工业有限公司生产车间掠影（张元景 供稿）

2022年镇江市新增国家、省中小企业公共服务示范平台和省小型微型企业创业创新示范基地

地 区	企业名称	所获称号
京口区	江苏科技大学海洋装备研究院	国家中小企业公共服务示范平台
镇江新区	镇江市产品质量监督检验中心	国家中小企业公共服务示范平台
丹阳市	丹阳市检验检测中心	江苏省中小企业公共服务示范平台
丹阳市	丹阳市精通眼镜技术创新服务中心有限公司	江苏省中小企业公共服务示范平台
丹徒区	江苏鸿剑网络科技有限公司	江苏省中小企业公共服务示范平台
京口区	江苏现代造船技术有限公司	江苏省中小企业公共服务示范平台
京口区	江苏星诺信息技术有限公司	江苏省中小企业公共服务示范平台
镇江新区	镇江优创信息技术有限公司	江苏省中小企业公共服务示范平台
镇江新区	江苏银山宜创运营管理有限公司	江苏省中小企业公共服务示范平台
镇江新区	江苏金智数软科技有限公司	江苏省中小企业公共服务示范平台
镇江高新区	镇江哈工大高端装备研究院	江苏省中小企业公共服务示范平台
镇江高新区	镇江智能制造创新研究院	江苏省中小企业公共服务示范平台

2022年镇江市新增国家级制造业“单项冠军”企业（产品）

地 区	企业名称	所获称号
丹徒区	江苏希西维轴承有限公司	国家级制造业单项冠军示范企业

2022年，镇江市新增“专新精特”中小企业江苏美科太阳能股份有限公司掠影（孙薇 供稿）

2022年，镇江市新增“专精特新”中小企业江苏宝亨新电气有限公司生产车间掠影（李柱保 供稿）

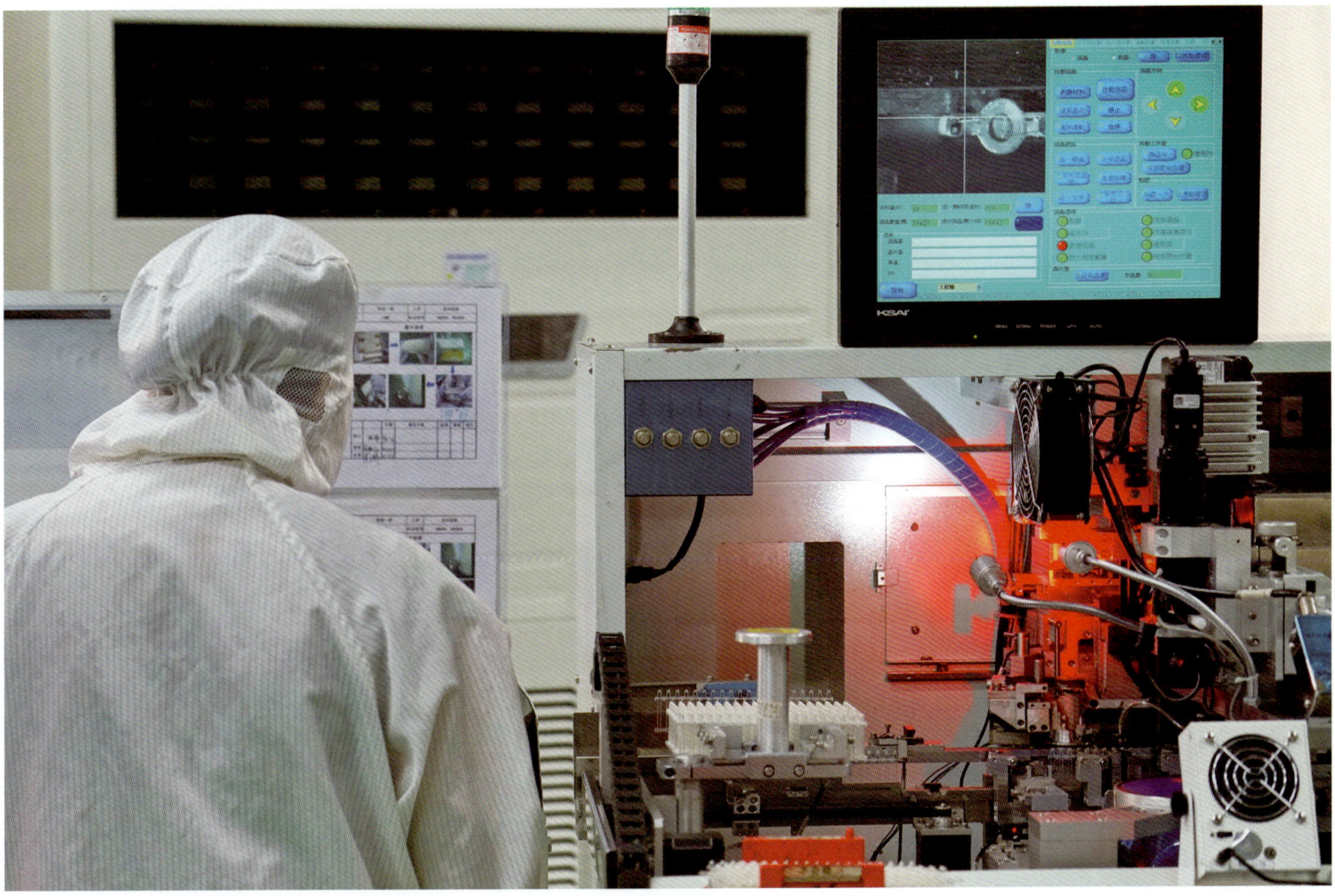

2022年，镇江市新增“专精特新”中小企业江苏稳润光电有限公司生产车间掠影（周社 供稿）

2022年，镇江市新增“专精特新”中小企业江苏明月镜片股份有限公司掠影（张弛 供稿）

2022年镇江市新增国家级“绿色工厂”名单

句容市：句容台泥水泥有限公司

2022年镇江市新增省级“绿色工厂”名单

丹阳市：江苏大力神科技股份有限公司

丹阳市：江苏全真光学科技股份有限公司

丹阳市：江苏超力电器有限公司

句容市：建华建材（中国）有限公司

扬中市：威腾电气集团股份有限公司

扬中市：江苏亿阀股份有限公司

丹徒区：江苏振光电力设备制造有限公司

京口区：江苏索普化工股份有限公司

镇江新区：镇江香江云动力科技有限公司

镇江新区：合瑞迈材料科技（江苏）有限公司

2022年，镇江市新增国家级“绿色工厂”句容台泥水泥有限公司掠影（孙晓光 供稿）

2022年，镇江市新增省级“绿色工厂”威腾电气集团股份有限公司掠影（孙悦萌 罗秀龙 供稿）

·“四群八链”建设·

【概况】2022年，镇江市的高端装备制造、新材料、数字经济和生命健康四大主导产业集群实现应税销售3969.2亿元，比上年增长12.8%，高于规模以上工业平均增幅4.9个百分点，占全市比重74%，较上年提高1个百分点，其中，高端装备制造、新材料集群超千亿元，分别为1756亿元和1276亿元。智能农机装备、航空航天、医疗器械和生物医药、船舶海工装备、高性能材料、新一代信息技术、新型电力（新能源）装备、汽车及零部件（新能源汽车）等8条重点产业链实现应税销售3245.8亿元，增长14%，高于规模以上工业平均增幅6.1个百分点，拉动全市规模以上工业增长8个百分点，对全市规模以上工业增长贡献率为102.4%；占全市比重的60.6%，较上年提高1.2个百分点。173个“四群八链”市级重点制造业项目完成投资343.7亿元，占制造业项目数量的90.5%、投资量的88.9%。新签约亿元以上制造业项目217个，其中“四群八链”项目165个，占比76%。

【“数智赋能”情况】2022年，镇江市推动制造业转型升级。全市两化融合发展水平指数为65.7，比上年提高1.8个百分点，列全省第七名。全年数字经济核心产业主营业务收入突破600亿元，增长19.5%。以微视频推广数字化场景应用典型案例20个。发布首批项目建设服务商企业目录，滚动推进568个新上项目建设。全年新增国家智能制造示范工厂和优秀场景应用项目2个，累计4个，列全省第四名；省级“星级上云企业”113家、两化融合贯标示范企业19家、重点工业互联网平台（工厂）2家、智能制造示范（车间）工厂12家。创成全国“双千兆”示范城市。打造“5G+工业互联网”融合应用项目7个。2项应用成果包揽全省在世界5G大会揭榜赛所有奖项。中节能公司入选省级首批“5G全连接工厂”。新增省级工业领域数据安全管理试点企业6家、工业电子商务应用创新示范企业4家。华为（镇江）数字联合创新中心正式运营。

华为（镇江）数字联合创新中心正式运营

2022年7月22日，华为（镇江）数字联合创新中心启动运营，首批8家创新型企业签约入驻，华为技术有限公司与镇江市4家重点企业，以及市工信局、市人社局、市大数据管理局签订了数字经济合作协议，标志着镇江与华为合作项目实质性落地。

2022年7月22日，华为（镇江）数字联合创新中心启动仪式举行（巩新 供稿）

2022年6月27日，镇江市重点产业链融资服务对接会暨“金链行动”启动仪式举行（王朋 供稿）

中节能太阳能科技（镇江）有限公司入选省级首批“5G全连接工厂”

2022年11月，省工信厅公布5G全连接工厂名单，中节能太阳能科技（镇江）有限公司名列其中。中节能公司从2019年开始基于5G+工业互联网的融合创新的探索与应用，建设5G+工业互联网云平台，打造5G+AR远程运维、5G+AGV应用等20个应用场景，产能提升50%。

2022年，中节能公司“5G全连接车间”掠影（孙悦萌 供稿）

【智能农机装备产业链】2022年，镇江市智能农机装备产业链企业实现应税销售超220亿元，三维股份公司成为镇江市第一家在北交所成功上市企业。当年，镇江市智能农机装备产业链27家规模以上企业实现应税销售224.7亿元，比上年增长2.9%；增长面为55.6%，列8条重点产业链第三名。实现税收6.7亿元，增长22.8%，占8条产业链的比重为19.2%，较2021年度提高9.1个百分点。“链主”企业沃得集团8家农机企业实现应税销售177.3亿元，增长5%，占产业链应税销售总额的78.9%，占比较2021年提高1.5个百分点。其中，沃得高新农装公司增幅超80%。产业链重点企业应税销售超10亿元企业7家，较2021年新增2家。江苏希西维轴承有限公司总投资1.5亿元的“高可靠、长寿命特种精密轴承研发和生产项目”完成厂房建设；威特设备公司全自动龙门式洗消设备获镇江市首台（套）重大装备认定。

2022年，智能农机装备产业链“链主”企业沃得集团掠影（叶金华 供稿）

【**航空航天产业链**】2022年，镇江市航空航天产业链初步形成通用飞机整机、航空新材料、部件总装、机载设备和航空服务保障等五大特色板块。全年航空航天产业链企业规模以上29家企业实现应税销售88.72亿元，比上年增长11.7%；实现税收2.95亿元，增长23.1%。全年推进航天海鹰二期、普勘、奥音科技技改、中航通飞、黎阳国际等5个在手推进项目，在建高温合金粉末盘等温锻造、逸飞激光二期、威翔航空等3个工业项目和航空教育小镇1个科教项目。加快推进航天九院无人机等通航项目落户、瀚星航空美国工厂的设备搬迁，发挥镇江央（国）企合作联盟优势资源，帮助板块引进优质运营和有实力的央企盘活闲置厂房和资产。

2022年，镇江大路通用机场掠影 （龚树林 供稿）

2022年，镇江航天航空产业园内的美龙航空公司掠影 （虞洋 供稿）

【**医疗器械和生物医药产业链**】2022年，镇江市医疗器械产业链主要集中在诊疗设备、康复护理器械、医用辅耗材等中游产品制造领域，医药产业链产品集中在中药（药材）生产、化药生产、生物医药、药用辅材等领域。2022年，医疗器械和生物医药规模以上企业55家，实现应税销售收入122.7亿元。其中，40家医疗器械企业实现应税销售收入88.8亿元，下降14.1%；15家生物医药企业实现应税销售收入33.9亿元，增长43.6%。2022年，镇江市有22个医疗器械和生物医药产业链项目，占市级重点产业项目的10%，完成投资56.6亿元。

【船舶海工装备产业链】2022年，镇江市有船舶与海工装备企业76家，其中船企11家、配套企业65家。全市38家船舶海工规模以上企业完成应税销售收入126.9亿元，比上年增长8.1%。船舶海工装备产业有6个项目入选2022年市级重点项目，实际完成投资7.858亿元。江苏福麟智能装备制造有限公司投资6亿元，用于智能化制造，建设6栋计17万平方米标准化厂房、2栋计7400平方米库房，并添置各类设备1000台（套），项目已竣工投产；某公司投资1.5亿元，用于新建某配件制造生产厂房、检测中心及配套用房；江苏互盛智能科技有限公司投资1亿元，用于研发生产车船齿轮箱、风电驱动座、交通轨道轮边机齿轮等精密零部件。

2022年，中船动力镇江有限公司生产车间掠影（田冰 供稿）

2022年，中国传动同舟螺旋桨有限公司生产车间掠影（田金生 供稿）

【高性能材料产业链】2022年，镇江市有高性能材料产业链企业102家，占全市8条产业链企业的10.7%，实现应税销售925.2亿元，比上年增长0.9%，高性能合金产业链实现应税销售476.2亿元，增长12.7%；高分子材料产业链实现应税销售386.3亿元，下降9.9%；高性能复合材料产业链实现应税销售39.4亿元，增长28.7%；其他（主要建材）实现应税销售23.3亿元，下降33.3%。15家产业链重点企业入围“全市工业百强企业”，完成应税销售757.7亿元，占全市工业百强企业的25.3%；鼎胜新材、奇美化工、鑫海高导等企业应税销售分别为172.1亿元、145.0亿元和129.7亿元，分别列全市工业百强企业第一名、第二名和第四名，3家企业占全市工业应税销售的8.3%。泰塑新材料铜丝线缆、兄弟合金高性能新材料、中圣精密硅钢卷板等一批重大项目竣工投产。天奈科技、苏博特新材料、贝斯特新材料等企业项目获2022年省战略性新兴产业发展专项资金，天工国际公司获评“2022钢铁行业全球影响力品牌”。2022年，镇江市在全省设区市层面率先出台《镇江市新材料推广应用示范项目认定（试行）办法》。

2022年，天工国际有限公司及自动化生产车间掠影（夏景苏 卞婕 供稿）

【新一代信息技术产业链】2022年，镇江市拥有规模以上新一代信息技术企业205家，产业链主营业务收入603.7亿元，比上年增长19.5%，营业收入占8条产业链的18.8%。香江科技公司与华为数字能源公司签署战略合作协议，共建下一代绿色智能数据中心；恒宝股份携数字人民币产品参展中国国际服贸会、丝绸之路国际博览会，并助力全国首张高校数字人民币校园卡硬钱包落地；骏成科技公司车载液晶显示屏在部分热销新能源汽车车型中量产使用。奥音科技公司成为富士康科技集团旗下鸿腾精密下属全资子公司，运营管理和生产制造能力大幅提升；矽佳测试公司新增测试设备，提升半导体封装测试服务能力；瑞祥科技公司入选2022年中国互联网综合实力前百家企业，巨麦信息公司等2家企业入选省“专精特新”软件企业。

【新型电力（新能源）装备产业链】2022年，镇江市新型电力（新能源）装备主要涵盖智能电气及光伏领域，有规模以上企业255家。受光伏行业拉动，镇江市新型电力（新能源）装备产业链企业完成应税销售614亿元，比上年增长33%，在8条重点产业链中增幅最大，高于全市规模以上工业25.1个百分点；完成税收14.8亿元，在8条重点产业链中列第二名。江苏美科公司投资35.9亿元建设绿色高效超薄硅片生产线，实现一期12GW、二期10GW产能。协鑫集团投资19.3亿元建设占地400亩（26.7公顷）的12条全自动光伏组件生产线。镇江句容星郭产业园开发有限公司投资12亿元布局“第一工园·句容氢能源主题产业园”，规划占地283亩（18.87公顷）。

2022年7月18日，第一工园·句容氢能源主题产业园开工仪式举行（第一工园 供稿）

【汽车及零部件（新能源汽车）产业链】2022年，镇江市汽车及零部件（新能源汽车）产业链的246家规模以上涉车企业实现应税销售529.5亿元，比上年增长30.6%，较8条重点产业链平均14.0%的增幅高出16.6个百分点。应税销售额10亿元以上企业从6家增长至9家。孚能科技二期产能释放，实现销售84.4亿元，增长613%，北汽蓝谷麦格纳公司、蜂巢传动公司销售额分别增长146%和102%。全年新签约亿元以上涉车项目43个，总投资144.8亿元。

2022年，孚能科技（镇江）有限公司掠影（文广记者站 供稿）

·高端装备制造业·

【概况】2022年，镇江市高端装备制造产业集群702家规模以上企业实现应税销售1756.2亿元，比上年增长22.7%，增幅高于全市规模以上工业平均14.8个百分点；占全市规模以上工业比重的32.8%，占比较2021年提高3.9个百分点。全年新增市首台（套）重大装备12个、省首台（套）重大装备3个，累计分别为27个和85个。全年新增国家级“智能工厂”1家（全省3家），累计2家，列全省第三名。新增国家“智能制造优秀场景”1个，累计2个，其中索普化工是全省化工行业中唯一入选企业。新增省级“智能工厂”4家，累计8家。4月，江苏省工业和信息化厅公布2022年江苏省“智能制造示范工厂”名单，86家工厂入选，其中，镇江市中节能太阳能科技（镇江）有限公司、孚能科技（镇江）有限公司、江苏大全凯帆开关股份有限公司、江苏美科太阳能科技股份有限公司等4家企业入选。

2022年镇江市高端装备制造集群应税销售“50强企业”名单

江苏美科太阳能科技股份有限公司
江苏沃得农业机械股份有限公司
孚能科技（镇江）有限公司
中节能太阳能科技（镇江）有限公司
北汽蓝谷麦格纳汽车有限公司
镇江均和重工有限公司
蜂巢动力系统（江苏）有限公司
江苏沃得高新农业装备有限公司
江苏新泉汽车饰件股份有限公司
句容协鑫光伏科技有限公司
蜂巢传动系统（江苏）有限公司
镇江西门子母线有限公司
江苏新韩通船舶重工有限公司
江苏东方瑞吉能源装备有限公司
大赛璐安全系统（江苏）有限公司
镇江东方电热科技股份有限公司
江苏大津重工有限公司
江苏省镇江船厂（集团）有限公司
江苏大全长江电器股份有限公司
凯迩必机械工业（镇江）有限公司
镇江默勒电器有限公司
江苏大力神科技股份有限公司
二重（镇江）重型装备有限责任公司
江苏通灵电器股份有限公司
诺贝丽斯铝业（镇江）有限公司
沃得精机（中国）有限公司
江苏沃得机电集团有限公司
江苏超力电器有限公司
沃得重工(中国)有限公司
常诚车业江苏有限公司
江苏亿能电气有限公司
大力神铝业股份有限公司
江苏振光电力设备制造有限公司
江苏沃得植保机械有限公司
恩坦华汽车零部件（镇江）有限公司
迅驰车业江苏有限公司
爱士惟新能源技术（扬中）有限公司
中电电气（江苏）变压器制造有限公司
江苏天工精密工具有限公司
江苏沃得农业机械配件制造有限公司
冈田精机丹阳有限公司
江苏同力日升机械股份有限公司
金海新源电气江苏有限公司
江苏林泉汽车装饰件有限公司
瑞肯耐特流体控制系统（镇江）有限公司
丹阳荣嘉精密机械有限公司
江苏联博精密科技有限公司
威腾电气集团股份有限公司
大亚车轮制造有限公司
江苏火蓝电气有限公司

2022年，镇江市高端装备制造集群应税销售“50强企业”二重（镇江）重型装备有限责任公司生产车间掠影（贾骏 供稿）

2022年，镇江市高端装备制造集群应税销售“50强企业”镇江东方电热科技股份有限公司生产车间掠影（柳祖停 供稿）

2022年，镇江市高端装备制造集群应税销售“50强企业”江苏新韩通船舶重工有限公司掠影（孙薇 供稿）

2022年，镇江市高端装备制造集群应税销售“50强企业”江苏省镇江船厂（集团）有限公司生产车间掠影（卞婕 供稿）

【2家企业入选“中国机械工业百强”】2022年12月底，2022年“中国机械工业百强企业”名单发布，镇江大全集团、沃得农机公司2家企业入选，其中，大全集团列“全国机械工业百强”第25名，沃得农机公司首次入选。

【大全集团入选“智能制造试点示范工厂”】2022年12月2日，工业和信息化部公示2022年度“智能制造试点示范工厂”揭榜单位和优秀场景名单。大全集团有限公司入选“2022年智能制造试点示范工厂”，揭榜“电力装备智能制造工厂”任务。项目自2019年实施，2022年结束。

2022年，大全集团低压成套开关设备数字化生产线（冯雪晴 供稿）

2022年，大全集团掠影（大全集团 供稿）

【3家企业入选“全国百家优秀汽车零部件供应商”】2022年12月，第19届“全国百家优秀汽车零部件供应商”名单发布。镇江市的新泉股份、超力电器、新通达电子等3家企业入选，其中，超力电器公司和新通达电子公司获评“优秀汽车电子电器供应商”，新泉汽车公司获评“优秀通用件、车身附件供应商”。

2022年，入选“全国百家优秀汽车零部件供应商”江苏新泉汽车饰件股份有限公司掠影 （新泉 供稿）

·新材料业·

【概况】2022年，镇江市推动高性能材料产业链实施“智改数转”，壮大“链主”骨干企业、“专精特新”企业。全市新材料产业规模以上工业企业202家，应税销售1276.9亿元，比上年增长1.4%。全年组织实施新材料重点项目44个，总投资330.9亿元，占全市制造业重点项目总投资的19.6%；当年完成投资78.4亿元。泰塑新材料铜丝线缆、兄弟合金高性能新材料、中圣精密硅钢卷板等一批重大项目竣工投产。在全省率先出台《镇江市新材料推广应用示范项目认定（试行）办法》，完成首批6个项目认定。举办高分子材料“智能化改造数字化转型”专场活动、化工产业安全发展交流会，引导新材料产业高端化、数字化、智能化、绿色化发展。天奈科技、苏博特新材料、贝斯特新材料等企业项目获省战略性新兴产业发展专项资金，鼎胜新材、伟建工具等企业项目分别获省科技成果转化专项资金、省产业前瞻与关键核心技术攻关项目立项，22个新材料项目入选市“金山英才”计划。全年新材料行业新增国家级“专精特新‘小巨人’企业”5家、省级以上企业技术中心8家、省级以上“绿色工厂”4家、省级“示范智能车间”7个。5月，天工国际有限公司获评“2022钢铁行业全球影响力品牌”。11月，2022石油和化工企业销售收入前500家发布会暨加快建设世界一流企业高峰论坛召开，索普股份公司排名石油和化工企业销售收入排行榜（综合类）第179名，较上年提高73名；排名石油和化工上市公司销售收入排行榜第105名，较上年提高39名。

2022年镇江市新材料集群应税销售“50强企业”名单

江苏鼎胜新能源材料股份有限公司
镇江奇美化工有限公司
江苏鑫海高导新材料有限公司
江苏索普化工股份有限公司
镇江江南化工有限公司
江苏通达铜材有限公司
江苏天工工具新材料股份有限公司
镇江联成化学工业有限公司
天工爱和特钢有限公司
索尔维（镇江）化学品有限公司
镇江源龙铝业有限责任公司
建华建材（中国）有限公司
江苏正丹化学工业股份有限公司
江苏苏亚迪炭材有限公司
道达尔润滑油(中国)有限公司
句容宁武新材料股份有限公司
江苏天奈科技股份有限公司
优利德（江苏）化工有限公司
江苏超跃化学有限公司
帝高力装饰材料(江苏)有限公司
镇江李长荣高性能材料有限公司
江苏森林建筑新材料股份有限公司
镇江南帝化工有限公司
江苏恒神股份有限公司
江苏图南合金股份有限公司
镇江龙源铝业有限公司
江苏常青树新材料科技股份有限公司
江苏华力金属材料有限公司
江苏天舜金属材料集团有限公司
江苏新越高新技术（集团）股份有限公司
镇江原轼新型材料有限公司
江苏三鑫铝业有限公司
丹阳市永达模塑有限公司
山特维克材料科技(中国)有限公司
江苏大亚铝业有限公司
托尔专用化学品（镇江）有限公司
丹阳市助剂化工厂有限公司
江苏凯伦铝业有限公司
江苏飞亚金属制品有限公司
江苏四达特材科技有限公司
江苏锋芒复合材料科技集团有限公司
江苏金天辰新材料有限公司
壳牌（镇江）沥青有限公司
江苏兆鋆新材料股份有限公司
镇江市润发铝业有限公司
镇江金得顺新型碳材料有限公司
江苏三超金刚石工具有限公司
镇江北新建材有限公司
镇江润晶高纯化工科技股份有限公司
江苏瑞美福实业有限公司

【镇江新区新材料产业园入选“2022年中国化工园区30强”】在2022中国化工园区与产业发展论坛上，中国石油和化学工业联合会公布2022年“中国化工园区30强”和“中国化工园区潜力10强”名单。镇江新区新材料产业园列2022年“中国化工园区30强”第21名。

2022年，镇江市新材料集群应税销售“50强企业”江苏恒神股份有限公司掠影（孙悦萌 供稿）

2022年，镇江市新材料集群应税销售“50强企业”优利德（江苏）化工有限公司掠影（文广记者站 供稿）

·电力产业·

【概况】截至2022年年底，镇江市各类发电总装机容量1064.9万千瓦，其中：统调燃煤发电企业3家，装机容量820万千瓦；统调燃气热电企业1家，装机容量92万千瓦；公用热电企业4家，装机容量9.6万千瓦；生物质发电企业1家，装机容量3万千瓦；垃圾发电企业3家，装机容量6.1万千瓦；风力发电企业1家，装机容量2万千瓦；各类光伏发电总装机容量132.2万千瓦，较2021年增长20.1%，其中：地面光伏电站装机容量38.4万千瓦；屋顶分布式光伏发电装机容量93.8万千瓦，较2021年增长30.8%。新型电力（新能源）装备产业链规模以上企业254家，占全市规模以上工业企业的10.6%。完成应税销售614亿元，占全市规模以上工业的11.5%，规模在8条重点打造的产业链中列第二名；增长幅度为33%，高于全市规模以上工业25.1个百分点，增幅在8条重点打造的产业链中列第一名；完成税收14.8亿元，增长9.6%，总量在8条重点打造的产业链中列第二名。能源结构加速调整，光伏新能源企业快速增长，重点企业中，江苏美科太阳能科技有限公司完成应税销售132.4亿元，增长208.9%；中节能太阳能科技（镇江）有限公司完成应税销售52.6亿元，增长94.3%；句容协鑫光伏科技有限公司完成应税销售28.6亿元，增长64.1%。

【国能江苏谏壁发电有限公司】2022年，国能江苏谏壁发电有限公司完成发电量158.69亿千瓦时（含光伏发电）；百万机组市场占有率118%，利用小时为6116小时，列全省第一名；年供热量222.33万吨，创该厂历史新高；年上缴税费3.79亿元。

【国网镇江供电公司】2022年，镇江市全社会用电量298.47亿千瓦时，比上年增长1.16%；供、售电量分别为275.46亿和269.43亿千瓦时，分别增长1.15%和1.44%；调度最高用电负荷504.69万千瓦，增长1.39%。全市有35千伏及以上变电站151座，其中，500千伏4座、220千伏31座、110千伏94座、35千伏22座；变压器288台，主变容量2680.51万千伏安；35千伏及以上输电线路长度5316千米，其中，500千伏666千米、220千伏1720千米、110千伏2041千米、35千伏889千米。截至2022年年底，公司连续安全生产6485天，服务电力客户213.6万户。全市累计申请业扩报装容量2346兆伏安。

2022年2月7日，国网镇江供电公司员工雪夜保电巡视（供电公司 供稿）

2022年12月15日，国内第一个“交流改直流”输电工程——扬镇直流输电工程开工动员大会举行（供电公司 供稿）

国网镇江供电公司获2022年度镇江市优化营商环境“甘露奖”

2022年，国网镇江供电公司以服务地方经济发展大局和提升人民群众办电用电满意度为落脚点，打造高效率办电、高品质服务、高质量供电的电力营商环境。公司党委深化党员服务队建设，构建“队伍有信念、管理有制度、业务有考核、训练有阵地、服务有窗口、品牌有影响”的“六有”党员服务队工作体系，揭牌成立党员服务队实训中心，推动“我为群众办实事”活动走深走实。依托“水电气路”党建联盟，开展“飞线整治”和老旧小区线路改造，推进“一窗联办”、联合抢修等便民利民举措。塑造“丹阳小芳”“镇江三每”“金牌电管家”等示范品牌，使公司党员服务队成为服务地方发展的先锋队、解决群众问题的突击队、建设低碳城市的先导队。

2022年6月1日，供电公司“安全生产月”活动启动仪式举行（本版照片均由供电公司供稿）

2022年10月26日，供电公司“聚能先锋 连心党建”党建品牌发布会举行

2022年，供电公司党员服务队在恒顺醋业进行安全用电检查

2022年，供电公司与东南大学签订科技创新合作协议

2022年，供电公司员工利用激光炮清除塔上异物

2022年元宵节，供电公司员工在西津渡进行保电及安全检查

【中国能源建设集团江苏省电力建设第三工程有限公司】2022年，中国能源建设集团江苏省电力建设第三工程有限公司完成营业收入53.6亿元。全年在建项目174个，分布于国内28个省、市、自治区，以及马尔代夫、纳米比亚和孟加拉3国。移交卡拉奇K3百万千瓦核电机组、国能北海百万千瓦燃煤机组、重钢1号和2号煤气机组，合计2225兆瓦；投产风电机组27台，合计95.15兆瓦；投产光伏项目11.1兆瓦；投产变电站11座，输电线路16条，合计180.885千米；竣工年产500万件智能终端硬件及配套产品的研发项目等基础设施项目4个。当年，公司获评镇江市建筑业“最佳企业”、2022年度电力建设领域诚信典型企业、2021年度财税贡献“十强企业”、江苏省建筑业“百强企业”等，同时，获镇江市建筑业发展专项引导资金。

江苏华电句容发电有限公司获江苏省“扬子杯”优质工程奖、中国电力行业信用体系建设示范企业等荣誉

2022年，江苏华电全力打造“强富美高优”新句电，累计完成发电量202.32亿千瓦时，先后获江苏省“扬子杯”优质工程奖、江苏省节水型企业、中国电力行业信用体系建设示范企业等荣誉，继续保持“全国文明单位”和“省文明单位”称号，二期机组获评中电联“百万纯凝供电煤耗最优机组”。进一步树牢“重安全、强保供”信念，4台机组连续运行时间创企业历史最长纪录，迎峰度夏期间最高出力400.06万千瓦。发挥港电一体化优势，加快建设“世界一流水平港电一体化示范单位”，华电环球江苏分公司、华电句容港港口管理中心在句电公司储运大楼揭牌成立，港口集约管理优势进一步提升。积极开展生态环保专项治理，2022年大气污染物排放浓度及总量同比下降30%。

2022年7月29日，华电环球江苏分公司、华电句容港港口管理中心揭牌仪式举行（本版照片均由句容华电公司供稿）

2022年，句容华电公司企业文化“大学之道”发布

2022年，句容华电公司导师带徒签约仪式举行

2022年6月28日，句容税务与句电公司党建联建共建活动举行

2022年，句容华电公司全貌

外向型经济

【概况】2022年，镇江市实现对外贸易进出口总额156.15亿美元，比上年增长20.9%，其中进口总额39.74亿美元，增长7.7%；出口总额116.41亿美元，增长26.2%。一般贸易出口额96.03亿美元，增长16.2%，占出口总额比重为82.5%；加工贸易出口额13.99亿美元，增长76.4%。从出口市场看，对东盟出口22.23亿美元，增长70.0%；对欧盟出口21.72亿美元，增长43.1%；对美国出口21.55亿美元，增长9.3%；对韩国出口3.56亿美元，下降2.9%；对“一带一路”沿线国家和地区出口额45.12亿元，增长42.7%，占全市出口总额的比重为38.8%。

2022年度重大产业项目招引推进奖名单

（重大产业项目招引奖）

恒美光电偏光片项目招引团队

鼎一新能源铜箔装备制造项目招引团队

双峰格雷斯海姆疫苗玻璃生产基地暨格雷斯海姆中国区总部项目招引团队

鹰普流体科技镇江高端液压装备智能制造及全球研发中心项目招引团队

华为（镇江）数字联合创新中心项目招引团队

（重大产业项目推进奖）

蜂巢DHT变速器扩能项目推进团队

国药智能医疗康复器械项目推进团队

日丰年产6亿米新型管材管件华东研发生产基地项目推进团队

天奈碳纳米管与副产物氢及相关复合产品生产项目推进团队

美科35GW绿色高效超薄硅片项目推进团队

诺贝丽斯年产27.5万吨汽车板冷轧铝卷项目推进团队

2022年度镇江市“十佳招商能手”名单

镇江市国际投资促进中心招商一部部长　刘　斌

镇江高新区招商中心副主任　张　荣

扬中市兴隆街道党工委书记、扬中经开区党工委副书记　张　豫

京口经开区管委会副主任　胡　涛

丹阳市吕城镇党委书记　曹　俊

镇江新区招商七局局长　尹　坚

丹徒区宝堰镇党委副书记、镇长　解　冉

镇江新区招商二局局长　徐升华

官塘创新社区招商中心招商二局局长、润州区官塘桥街道党工委副书记　向　维

句容市下蜀镇经济发展局局长　徐　洲

【使用外资及港澳台资】2022年，镇江市实际使用外资及港澳台资5.68亿美元，比上年增长2.93%，总量列全省第13位；占全省比重的1.9%，比上年下降0.5个百分点。协议注册外资4.44亿美元，下降79.2%。新批准设立外资企业67家，下降33.0%。

镇江市制造业实际使用外资及港澳台资3.07亿美元，比上年下降15.1%；占全市比重的54.0%，下降8.8个百分点。全捷浦国际贸易、鹰普流体、索尔维化学、容泰半导体、诺贝丽斯等多个项目到位外资1000万美元以上，新引进鹰普流体、华润新能源、新视客等一批总投资超3000万美元的先进制造业项目。

镇江市服务业实际使用外资及港澳台资2.6亿美元，比上年增长37.3%，占全市比重的45.8%，占比上升11.4个百分点。其中，增长显著的科学研究和技术服务、信息传输软件和技术服务利用外资分别为10264万美元和4019万美元，增长69.7%和228.3%。批发和零售4629万美元，增长65.9%。房地产3532万美元，增长96.11%。租赁和商务服务3494万美元，下降28.42%。

2022年9月16日，2022江苏（镇江）日韩汽车及零部件产业链合作推介会在丹阳举行，13个项目集中签约（王朋 供稿）

镇江市实际使用港资4.43亿美元，比上年上升21.04%，占全市比重的78.0%，列全市第一；实际使用萨摩亚等自由岛地区外资329万美元；实际使用欧洲、美国和日韩等外资0.66亿美元，占全市比重的11.6%。港澳台地区新批项目44个，占全市比重的65.7%；日本、韩国、新加坡新批项目6个，占比9.0%；欧洲新批项目7个，占比9.0%。

【国际服务外包】2022年，镇江承接服务外包执行额36.5亿美元，比上年增长14.5%。其中，离岸外包执行额13.4亿美元，占外包执行额的36.7%。新增服务外包从业企业54家，新增从业人员5533人。截至2022年年底，全市有服务外包企业1171家，从业人员11.78万人。新增服务外包企业注册资金超过千万元的企业有32家，占全市新增服务外包企业的59.3%。

【国家级服务外包示范城市建设】2022年，商务部、国家发改委、财政部等九部委发布最新国家级示范城市综合评价结果，镇江综合评价结果位居全国37个示范城市第29位，位居19个东部地区城市第17位；金斯瑞生物科技的“柔性化定制DNA合成技术服务”案例入选商务部15个“业态创新服务示范案例”，“麦格纳卫蓝新能源汽车平台架构非独家许可协议”入选首批江苏省数字贸易创新案例。镇江服务外包执行总额和离岸外包执行额均位居全省第6位，增幅均位居全省第6位。

【对外及对港澳台经济技术合作】截至2022年年底，镇江市批准354个境外项目，分布在全球65个国家和地区，中方协议投资23.2亿美元。全年新批及增资境外投资及港澳台资项目15个，与上年持平；中方协议投资2.82亿美元，比上年增长201.1%。其中，5家企业在“一带一路”沿线的泰国、新加坡、越南等5个国家投资设立5个项目，中方协议投资额1.68亿美元。全年全市新签订对外承包工程合同额6893万美元，增长125.4%；完成营业额2.12亿美元，下降2.6%；新派劳务323人，增长193.6%。

【国际贸易促进】2022年，镇江市贸促会签发原产地证26315份，比上年增长5.4%，其中一般原产地证18839份，涉及出口额19.71207亿美元；优惠产地证7476份，涉及出口额4.56179亿美元，帮助企业减少关税 2739.1万美元。办理商事证明书1467份；使馆认证489份。新注册会员企业118家；完成线上展览（线上配对）项目32个，线下展览项目10个，参展企业累计860家，线下参展面积213平方米；举办各类线上线下经贸培训16场次，参加人数超过1000人次。

2022年5月18日，镇江市贸促会召开高质量实施RCEP企业座谈会（贸促会供稿）

2022年4月27日，镇江市贸促会出证认证处窗口被授予2022年镇江市“工人先锋号”称号（贸促会供稿）

丹阳经济开发区在省级经济开发区科学发展综合考核中名列前茅

丹阳经济开发区为省级经济开发区。行政区域面积179.12平方千米，辖20个行政村、18个社区，常住人口约22万人。开发区建有生命科学产业园、精密制造产业园、中日(丹阳)智造创新合作园、高新技术创业园、众创产业园等特色产业园区，是丹阳重要的对外开放窗口、主要的工业经济集聚区。2022年，全年完成地区生产总值390.19亿元，比上年增长6%；规模以上工业总产值428.9亿元，比上年增长3.6%；规模以上固定资产投资69.2亿元，比上年增长13.8%；制造业投资45亿元，比上年增长20.4%；实际使用外资6437万美元。连年在省级经济开发区科学发展综合考核中名列前茅。2022年，开发区创成国家安全应急产业示范基地(综合类)、江苏省智慧园区和江苏省知识产权建设示范(园区)品牌；科创园获评B类省级孵化器。

2022年2月14日，丹阳市产业项目集中正式开工暨开发区天冠精密二期奠基仪式举行（本版照片均由丹阳开发区供稿）

2022年12月16日，中国（丹阳）生物制药与医疗器械创新国际高峰论坛举行

2022年7月22日，丹阳经济开发区与拉萨市达孜工业园区签署战略合作协议

2022年7月15日，开发区举办“喜迎二十大 礼赞新时代”专场文艺晚会

2022年6月18日，江苏视睿迪光电有限公司在开发区建成投产仪式举行

2022年，开发区建山村陈山自然村美景

句容经济开发区专精特新“小巨人”汇聚成园区“创新森林”

2022年，句容经济开发区勇挑“当龙头、打头阵、勇争先”使命担当，巩固产业强市主战场、县域经济建设和产业发展主阵地的龙头地位，发挥省级开发区示范引领作用。经济发展稳中有进，一般公共预算收入、工业应税销售、实际使用外资等经济指标贡献突出；项目建设量质齐升，全年签约亿元以上项目30个，比上年提升150%，项目投资额约90亿元，提升66.7%，均创历史新高；创新转型成效明显，受到省政府办公厅督查激励表扬，骏成电子作为“福地第一股”在深交所创业板上市，兆鎏、金合能源等一批国家级、省级和镇江市级专精特新“小巨人”汇聚成园区“创新森林”；全力以赴改善民生，黄金河完成景观改造提升，并对居民开放，园区企业厂区打通“断头路”，开通公交车，一批历史遗留复杂问题、事关发展的重大问题、关乎民生的现实问题得到解决。

2022年2月18日，开发区项目攻坚大突破 营商环境大优化 作风效能大提升动员大会召开（本版照片均由句容开发区供稿）

2022年8月29日，开发区第二批项目集中签约暨重大产业项目集中开竣工活动举行

2022年，开发区国家级众创空间外景

2022年，开发区产成融合新面貌

2022年，黄金河整治完成，向市民开放

丹徒高新技术产业园重点项目加速建设，新增规模以上工业企业13家

2022年，镇江市丹徒高新技术产业园是丹徒区致力打造产业高地、引领产业升级的重点板块，也是全区实践转变经济发展方式、实现新兴产业爆发式增长的重要基地。2022年，丹徒高新技术产业园把项目建设作为经济发展第一支撑，工作围绕项目部署、人才围绕项目集聚、资金围绕项目保障、考核围绕项目实施，一批支撑作用明显、带动力强、效益显著的重点项目加速建设，为打造高质量发展“增长极”注入强劲动能。2022年，完成一般公共预算收入5.09亿元；固定资产投资15.98亿元，比上年下降34.9%；制造业投资14.12亿元，下降28.6%；工业应税销售收入231.04亿元，增长14.2%；规模工业总产值206亿元，增长11.2%。净增规模以上工业企业12家、规模以上服务业企业1家。

2022年8月25日，镇江大力液压马达年产150万台摆线液压马达项目签约活动举行（本版照片均由丹徒高新园供稿）

2022年，镇江市欧菱电气自动化系统设备有限公司掠影

2022年，“政银合作 党建联盟”签约仪式举行

2022年6月15日，丹徒高新园安全生产月现场观摩活动举行

2022年12月15日，2022年第五届中国·丹徒新材料创新创业大赛举行

2022年6月22日，丹徒高新园应急救援演练观摩会举行

2022年，中垒新材料科技有限公司车间掠影

京口经济开发区获2022年度镇江市重大产业项目招引推进奖

2022年，京口经济开发区经济社会发展步伐稳健。全年完成规模以上工业总产值182.4亿元，工业应税销售196亿元，产业类投资11.1亿元，高技术产业投资4.1亿元；20个区级重点产业类项目，总投资61.79亿元。诺贝丽斯项目完成开工前所有准备工作，获市级“重大产业项目招引推进奖”；万马项目盘活宏鑫绿洲地块签订正式投资协议，芯航同方项目土地即将上市，航二项目厂房主体全部竣工。

2022年1月19日，京口经济开发区第二届企业家沙龙举办　（本版照片均由京口经济开发区供稿）

2022年11月15日，京口经开区党工委与江苏大学材料科学与工程学院党委校地共建，颁发“红链顾问”聘书

2022年，京口经济开发区产业项目集中签约活动举行

2022年11月19日，京口经济开发区在上埝村开展“兴粮节粮 乐享丰收”之田野里的劳动课堂活动

2022年，汽车通风加热部件华东生产基地项目签约活动举行

2022年，京口经济开发区新农村建设成果显著

2022年6月16日，京口经开区召开“党建赋能产业链　助推发展‘加速跑’”营商环境座谈会

2022年，丹徒开发区、高资街道加强产业建设暨优化营商环境大会召开 （本版照片均由高资街道供稿）

江苏丹徒经济开发区（高资街道）建成省级临港物流特色园区

江苏丹徒经济开发区是长三角地区的重要物流集散地。园区总体规划面积25平方千米，完成开发面积12.5平方千米。拥有长江深水岸线6.32千米，建成5万吨级以上码头9座、千吨级内河码头11座。建成省级临港物流特色园区，还是省级装备制造业特色基地、国家级循环经济标准化示范试点园区、江苏省循环化改造示范试点园区、省知识产权示范园区、镇江市商标品牌指导站。2022年，完成应税销售收入236.44亿元；完成规模以上工业产值187.43亿元。高资街道全面提升辖区内基础建设和环境面貌，集镇环境提升。加大农村文体建设投入，常态化开展新时代文明实践活动；建设“法治高资”，加强法治政府建设，强化行政决策合法性审查，全面推行权力责任清单。优化网格化治理水平，配备网格员，完善各村网格指挥中心建设，增强社会治理能力。

2022年，赛维尔新材料科技有限公司掠影

2022年，江苏省老年人体育节丹徒区高资分会场开幕式举行

2022年，开发区机关支部为困难群众送温暖

2022年，国家生态农场水木年华现代农业科技公司掠影

2022年，高资街道巫岗村美景

服务业

·数字镇江建设·

【概况】2022年，镇江市建成5G基站1410座，累计建成8276座。实现城区及省级以上工业园区5G信号全覆盖，农村地区5G信号覆盖率65%，获“千兆城市”称号。在工业和信息化部、国家发改委、科技部联合主办的世界5G大会上，镇江市的港务集团、航天海鹰2家企业在揭榜赛获三等奖，包揽江苏省在揭榜赛中所有奖项。中节能公司在“十大典型应用案例”评选中列第12名。在工业和信息化部组织的“绽放杯”大赛中，港务集团的“散杂货港口数字化转型”项目分别从2个赛道进入全国总决赛，获第三名。中节能公司入选2022年“江苏省5G全连接工厂”，实现镇江市“5G全连接工厂”零的突破。当年，做好无线电监测工作，排查干扰隐患26个，查处违法行为30起。

2022年，镇江港务集团投入运行的数字管理中心（宋亚军 供稿）

5G“智慧云脑”项目助力镇江港港口操作智能化、物流服务电商化、企业管理平台化

镇江港是全国最大的硫磺进口港和元明粉出口港、长江最大化肥出口港、非主流铁矿石贸易港、钾肥进口港和锂辉石进口港，年货物吞吐量1.2亿吨。货物形态多样，流动机械人员多杂，操作工艺组合多。镇江港务集团与江苏电信合作开展5G在港口的全面应用研究，打造5G“智慧云脑”助力散杂货港口，实现数字化转型。完成全球首个5G专网RedCap测试，能够满足无人下料斗、远程堆取料、智能理货、垛位识别等业务应用需求。融合5G新基建、大数据、数字孪生、泛在感知、智慧港机等新技术的3D可视化系统集成平台实现港区生产作业全过程、可视化智能管理，做到态势一屏掌握，并构建智慧港口数字孪生可视化管理平台，助力智慧决策。

【政务基础设施建设】2022年，镇江市政务云新建PaaS平台、安全防护体系和统一运维管理保障体系，实现镇江市云基础资源统一规划、统一管理、统一运维、统一标准的集约化建设，同时满足各单位应用系统的个性化需求。电子政务外网实现全市社区（村）全覆盖，完成市本级及8个市、区（管委会）电子政务外网骨干网IPv4/IPv6双栈改造工作，完成发改、科技、农业农村等7个业务专网归并工作。

2022年10月28日，全市网信系统传达学习贯彻党的二十大精神会议举行（网信办 供稿）

【长江、京杭运河（镇江段）中国移动5G网络全覆盖】2022年9月，中国移动通信集团江苏有限公司镇江分公司完成“江、河、湖5G覆盖优化”，实现长江镇江段、京杭运河（镇江段）及周边的5G全覆盖，镇江市成为全省首个运河航道5G通信全覆盖的城市。同时，该公司运用该网络，结合物联网、大数据、云计算等现代技术手段，为应急、执法等航道管理提供船舶航行及沿岸设施的监管服务，促进航运业、渔业、旅游业的数字化、信息化、智能化转型。

【数字经济】2022年，镇江市加快推动制造业数字化转型，制定印发《全市制造业智能化改造和数字化转型三年实施方案（2022—2024年）》《关于支持制造业智能化改造和数字化转型的若干政策措施（试行）》。新增省级首席数据官制度试点企业2家。新建5G基站1410座，累计建设8276座；实施5G+工业互联网项目10个。新增国家级智能制造示范工厂揭榜单位优秀场景项目2个、工业和信息化部大数据产业发展试点示范项目1家、省级星级上云企业113家、省级工业领域数据安全管理试点企业6家、省级工业电子商务应用创新示范企业4家、省级重点工业互联网平台1个、省工业互联网标杆工厂1家、省级智能制造示范（车间）工厂12家。京口区大禹山创意新社区入选省信息技术应用创新先导区，镇江成为全省第4个示范城市。2022年，拥有规模以上新一代信息技术企业205家，新一代信息技术产业链主营业务收入603.7亿元，比上年增长19.5%，营业收入占8条产业链的比重为18.8%。镇江软件和信息技术服务业主营业务收入约370亿元，比上年增长约10%。

大禹山创意新社区全年新增技术赋能企业7家、新签入区数字项目13个

大禹山创意新社区是镇江市政府批准成立的高新技术产业园区，是京口区发展数字经济的主战场和新地标，聚焦软件信息、数字互娱、数据服务三大细分领域，产业呈现高质量蓬勃发展。2022年，进一步加快“大禹山数字文创区”建设，依托全国第一个以数字经济为主题的微软云·暨移动技术孵化计划——镇江数字经济创新中心，新增技术赋能企业7家，累计技术赋能企业23家，举办技术培训等特色活动5场，承办“京口区新一代信息技术线上交流会”等市级、区级活动3场。市、区13个重点产业项目有序推进，全年新签约禹诚数字化检测中心、用友数智区域医疗研究院、镇江智能网联产业园等项目13个。

2022年8月22日，镇江市京口区大禹山省级信创先导区建设启动仪式举行（本版照片均由大禹山创意新社区供稿）

2022年8月18日，用友数智区域医疗研究院项目签约举行

2022年5月30日，“大禹山数字文创产业学院”签约仪式举行

2022年11月30日，微软“创新杯”全球学生科技大赛苏皖区域赛现场

2022年，微软—云暨移动技术孵化计划镇江数字经济创新中心

2022年镇江市数字经济集群应税销售“50强企业”名单

巨宝精密加工（江苏）有限公司
香江科技股份有限公司
中国移动通信集团江苏有限公司镇江分公司
中国电信股份有限公司镇江分公司
中国移动通信集团江苏有限公司丹阳分公司
江苏辰阳电子有限公司
恒宝股份有限公司
中国移动通信集团江苏有限公司丹徒分公司
中国移动通信集团江苏有限公司句容分公司
中国电信股份有限公司丹阳分公司
江苏彤明汽车电子科技有限公司
江苏骏成电子科技股份有限公司
镇江强凌电子有限公司
镇江香江云动力科技有限公司
丹阳亿诺光电科技有限公司
中国移动通信集团江苏有限公司扬中分公司
江苏久正光电有限公司
江苏惠通集团有限责任公司
中国电信股份有限公司句容分公司
江苏富联通讯技术有限公司
江苏海天微电子股份有限公司
海纳川海拉电子（江苏）有限公司
中国联合网络通信有限公司镇江市分公司
中国电信股份有限公司扬中分公司
先进光电科技（镇江）有限公司
江苏南锦电子材料有限公司
江苏爱仕达电子有限公司
奥音科技（镇江）有限公司
江苏正能电子科技有限公司
江苏柏菲特精密科技有限公司
科雅光电（镇江）有限公司
镇江贝斯特新材料股份有限公司
江苏逸飞激光设备有限公司
系统电子科技（镇江）有限公司
江苏正恺电子科技有限公司
江苏莫仕天安连接器有限公司
江苏赛达电子科技有限公司
江苏久禾光电有限公司
镇江远东电讯电机有限公司
江苏金亿达能科技有限公司
镇江华浩通信器材有限公司
镇江市东亚电子散热器有限公司
江苏华兴通讯科技有限公司
江苏安智欣电子科技有限公司
容泰半导体（江苏）有限公司
江苏领先电子有限公司
鼎合远传技术（丹阳）有限公司
江苏晶品电子有限公司
恩华(江苏)光电有限公司
江苏金海创科技有限公司

【信息技术项目建设】2022年，镇江市新一代信息技术领域重点项目18个，涉及总投资97.8亿元，年度投资23.8亿元；当年完成投资21.9亿元。其中，10亿元以上项目2个，分别为恒美光电股份有限公司的偏光片项目及奥音科技（镇江）有限公司的奥音专业声学扬声器项目。阿里云镇江创新中心正式开园，4个行业协会及4家科技型企业签约入驻。

【“智改数转”】2022年，镇江市工信部门推进“智改数转”（智能化改造和数字化转型）工作，建立由全国头部服务商、省内优质服务商、本土服务商三级服务商组成的生态资源

2022年11月，镇江京口区大禹山创意新社区参展2022中国（南京）国际软件产品和信息服务交易博览会、2022中国工业软件发展大会（大禹山创意新社区 供稿）

池，涉及企业96家；69家企业入选《镇江市第一批“智改数转”项目建设服务商参考目录》。加强市级专项资金导向作用，3家企业入选省“工业软件优秀产品及解决方案”，10家企业获评市级“智改数转”优秀服务商。

【数字通信服务业】2022年，镇江市电信业务总量44.93亿元（统计公报数），比上年增长24.5%；电信业务收入42.38亿元，增长10.5%。移动电话用户数388万户，其中5G用户132.7万户；互联网宽带接入用户182.38万户，下降1.7%。

【中国电信股份有限公司镇江分公司】2022年，中国电信股份有限公司镇江分公司建成5G站址2993个，实现市县城区、乡镇、沪宁高铁、连镇高铁沿线5G全覆盖，312国道基础覆盖，整体覆盖率83%，5G驻留比提升至77%。将5G技术与工业互联网、智能化应用相融合，5G技术应用在智慧园区、智能制造、智慧港口、智能监控等领域。行业云完成扩容960核，边缘CT新建384核，对外安全能力池新建200核。

【中国移动通信集团江苏有限公司镇江分公司】2022年，中国移动通信集团江苏有限公司镇江分公司经营业绩稳健增长。全年投资超4亿元，系统打造以5G、算力网络、“智慧中台”（业务中台能力+数据中台能力+技术中台能力）为重点的智能化综合性新型数字信息基础设施。拓展5G覆盖深度与广度，实施“江、河、湖5G覆盖优化”项目，实现长江镇江段、京杭运河镇江段及周边的5G全覆盖。

【中国联合网络通信有限公司镇江市分公司】2022年，中国联合网络通信有限公司镇江市分公司（以下简称“镇江联通”）连续4年收入增幅超过江苏省平均水平。当年，移动网5G基站新增934个，规模提升39.7%；4G基站新增1106个，规模提升38.2%；5G能力实现行业可比，宽带网完成铸网行动目标；B改H超额完成全年目标，成为江苏省内首个“全光网城市”。镇江联通获评江苏省文明单位、2022年度江苏省放心消费创建示范单位、镇江市网络安全应急支撑服务单位等。

【中国铁塔股份有限公司镇江市分公司】2022年，中国铁塔股份有限公司镇江市分公司完成5G项目1392个，建设室分面积833.23万平方米。新建基站共享率90%。在连镇高铁补点项目中，对41个新建站址打破常规建站程序，45天内全量交付，并在站点开通后100%通过网优测评。做好疑难站址攻坚工作，移动方向4批88个疑难站址选址完成率98%，前三批完工率82%。重点行业新增冬云科技超算中心项目、句容宝华山森林防火维保项目等商机26个，商机总额5100万元。

2022年10月27日，中国铁塔镇江分公司与中国石油镇江销售分公司签署战略合作协议（本版照片均由铁塔公司供稿）

2022年5月13日，中国铁塔镇江市分公司与江苏有线镇江分公司党建联盟签约仪式暨学习分享会举行

2022年，做好暴风雪天气应急保障工作

2022年，开展“喜迎二十大　奋进新征程”主题系列活动

2022年，中国铁塔镇江市分公司新建骑手之家共建暖心驿站

【**江苏有线镇江分公司**】2022年，江苏有线镇江分公司完成18个“智慧广电乡村”建设。江苏有线镇江分公司、镇江市公安局开发“5G智能前端关键技术在长江水域公共安全防控中的研究及应用示范”项目。该公司申报的2项技术分别获国家发明专利、实用新型专利。当年，该公司被评为江苏省放心消费示范单位、镇江市党委（党组）网络安全工作责任制落实优秀单位。江苏有线丹阳公司智慧安消一体化融合应用平台入选“江苏有线年度十大政企优秀项目”。年内，该公司申请的“基于广电专网视频管理推送方法及装置”“一种可控长度的光纤跳纤盘纤盒”2项技术分别获国家发明专利、实用新型专利。

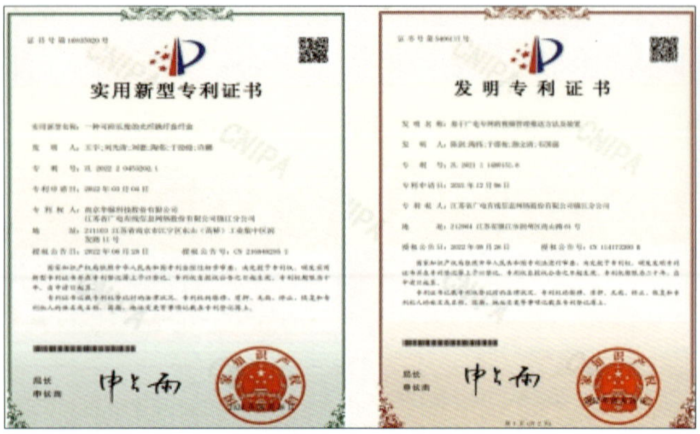

2022年，江苏有线镇江分公司2项技术分获国家发明专利、实用新型专利（有线公司 供稿）

2022年，句容市政协召开“有事好商量”数字化协商议事中心建设观摩会，该中心由江苏有线镇江分公司句容公司承建（有线公司 供稿）

【**数字政府建设**】2022年，镇江市印发《2022年镇江市数字政府建设工作要点》《镇江市加快统筹推进数字政府高质量建设的实施方案》，形成镇江“五年长远规划、三年实施方案、年度重点工作”各有侧重稳步推进的数字政府建设目标任务体系。以“数字政府”建设为核

2022年9月27日，镇江市市域社会治理现代化指挥中心正式挂牌运行（新林 供稿）

心，围绕1个中心（市市域社会治理现代化指挥中心）、1个移动门户（镇合意App）、2个底层平台（政务云和共享平台）、多个场景领域（各委办局信息转型）进行总体设计，按照“市一级牵头建设、市县乡三级应用”要求，建设“统一协调、扁平指挥、高效服务、有效处置”的指挥架构，打造可运营、可迭代升级的镇江数字城市运营模式。印发《关于建立健全政务数据运行机制加快推进数据有序共享的实施方案》，完善纵向贯通、横向协同、覆盖全市的一体化

大数据共享交换体系，深化五大基础库融合应用能力。汇聚1万多个数据资源目录数，数据量近18亿条。印发《镇江市应开放公共数据资源目录（2022版）》，应开放公共数据开放率97%。完成市公共数据开放平台升级工作，年度发布18个领域的公共数据资源目录。

2022年8月25日，镇江市城市管理局“智慧城管”指挥平台调度责任单位解决问题（市城管局 供稿）

【**数据安全工作**】2022年，镇江市加强网络安全日常监测，出台《镇江市公共数据开放与安全管理细则（试行）》《镇江市公共数据分类分级规范（试行）》《镇江市公共数据目录编制规范（试行）》。运用云资源安全池、统一准入系统、静/动态脱敏脱密系统、数据库加密系统、跨网交换防火墙及网闸等信息安全技术，提升电子政务外网和大数据中心安全防护能力。全年镇江网络数据安全整体可控，未发生重大安全事故。

·金　融·

【**概况**】2022年，镇江市银行业金融机构各项存贷款余额分别为7470.40亿元和7940.38亿元，较年初分别增长9.83%和13.61%。其中制造业贷款余额1138.33亿元，比年初新增112.05亿元，增长10.92%。保费收入152.69亿元，比上年增长3.5%。全年新增上市挂牌企业291家，其中上市公司2家、新三板挂牌企业3家、江苏股权交易中心挂牌企业286家。新增股票融资11.54亿元，其中首发融资8.41亿元、增发融资3.13亿元。培育上市挂牌后备企业100家，比上年增长49%。非法集资高发频发态势得到有效遏制，全年新立非法集资案件数、涉案金额、参与人数，比上年分别下降58.8%、82.4%和91.2%。

镇江市政府与东吴证券股份举行新时代深化全面合作签约仪式

2022年8月22日，镇江市政府与东吴证券股份有限公司举行新时代深化全面合作签约仪式。东吴证券与市政府签订《镇江市人民政府与东吴证券新时代深化全面合作框架协议书》，与市地方金融监管局签订《设立东吴证券镇江分公司意向性合作协议》，与国控集团、城建集团、交通集团、文旅集团、瀚瑞控股签订《深化合作协议》。东吴证券还与孚能科技、三维股份、东方电热、亚夫兴农、加勒智慧签订《全面深化战略合作协议》，与城建集团、镇江国投创业分别签订《资产盘活基金合作协议》《科创基金合作协议》。

2022年8月22日，镇江市政府与东吴证券股份有限公司举行新时代深化全面合作签约仪式现场（王朋 供稿）

2022年1月28日，江苏骏成电子科技股份有限公司举行A股上市仪式，成为句容本土首家境内上市公司（柳放 供稿）

镇江市企业上市研修班开班仪式举行

2022年11月9日，镇江市携手上海、深圳、北京证券交易所及江苏证监局，联合举办企业上市专题培训活动，规范培育更多优质上市后备企业，更好服务区域经济发展。培训活动从宣讲资本市场最新政策开始，围绕IPO注册制、新三板改革、再融资、股权投资与产业发展、企业上市法律问题等内容授课，增强企业资本运作意识，浓厚上市工作氛围。镇江重点拟上市企业、专精特新“小巨人”企业等参加培训。

2022年11月9日，镇江企业上市专题培训活动现场（柳放 供稿）

镇江市首家金融教育基地揭牌

2022年1月19日，由人民银行镇江市中心支行主办、建行镇江分行承办的镇江市首家金融教育基地揭牌仪式暨“金融之声”讲师团评选颁奖活动举行。金融教育基地设有金融知识宣教展示区、互动体验区、劳动者港湾、多媒体宣教厅等区域，依托金融科技优势，运用开放思维，积极开展数字化金融知识普及教育。针对老年人及青少年群体，开展差异化金融知识普及，并面向社会公众宣传展示镇江金融历史。

2022年1月9日，金融教育基地揭牌仪式暨“金融之声”讲师团评选颁奖活动举行（市消协 供稿）

中国农业发展银行镇江市分行被评为“2022年度乡村振兴先进集体”“服务乡村振兴优秀单位”

2022年，中国农业发展银行镇江分行累计发放贷款114.48亿元，比上年增加25.77亿元，增幅29.05%；年末各项贷款余额323.01亿元，比年初增加47.48亿元，增幅17.23%，被中共镇江市委评为“2022年度乡村振兴先进集体”，被人行评为“服务乡村振兴优秀单位”。以服务乡村振兴统揽支农任务，推动政策性金融工具在镇江落地落实，成为镇江地区唯一实现基础设施投资基金投放的金融机构。服务国家粮食安全，积极支持政策性收储和市场化收购，发放秋粮购销储贷款7.03亿元，发放精准帮扶贷款109亿元。推动基础设施建设能力提升，发放基础设施中长期贷款73.38亿元，实现江苏银保监局在镇江乡村振兴4个示范点全覆盖。推动江苏大津二期码头项目和圣灏码头基础设施及沿江环保建设等市级重大项目落地。促进农业产业发展更加多元，发放小微企业贷款10550万元，在全市金融服务平台信贷服务覆盖面77.42%，居全市银行业金融机构之首。

2022年5月19日，农发行镇江分行内控合规管理问题剖析通报会召开（本版照片均由农发行镇江分行供稿）

2022年7月6日，“赓续匠心传承　践行使命担当”主题教育活动开展

2022年，“树廉洁家风、弘三清文化”主题党日活动开展

2022年，“春满农发行　情系三八节”蛋糕DIY主题活动开展

2022年6月6日，浦发银行镇江分行获江苏省放心消费创建示范单位授牌仪式举行（市消协 供稿）

建行镇江分行开展“普及金融知识万里行”普及宣教活动

为维护广大消费者合法权益，提升消费者的金融知识水平和风险防范能力，建行镇江分行通过线上线下相结合的方式，开展“普及金融知识万里行”普及宣教活动。以营业网点为主阵地扩大宣教普及受众面，组织8家支行在营业网点门前摆摊设点开展“普及金融知识万里行”启动日宣传活动，现场解答社会公众关心的金融问题，有效使用“劳动者港湾”服务资源为等候中的客户进行金融知识普及。

2022年6月8日，建行镇江分行在营业网点门前摆摊设点开展“普及金融知识万里行”启动日宣传活动（市消协 供稿）

【金融监管】2022年，镇江市完善风险防控体制机制，出台重大金融风险问责办法，成立金融风险化解委员会。市金融监管局与市场监管、城管局等部门建立涉嫌非法集资广告资讯监测查处机制。用好涉众型金融风险防范监测预警联席会议制度，全年组织开展月度研判7次、专题研判1次、季度研判4次。开展打击养老诈骗专项行动，发现并完成整治相关线索10条。重点领域排查整治。市金融监管局与公安部门、属地监管部门对非法私募基金、财富类企业、养老机构等高风险领域开展专项排查和整治，走访摸排117家疑似非法私募基金机构、493家投融资企业、133家养老机构，针对排查发现的问题分类开展风险处置。全年办理涉金融信访件26起，涉及信访人数76人。开展“6·15”防范非法集资集中宣传日活动。

·商贸流通·

【概况】2022年，镇江市社会消费品零售总额1364.02亿元，增幅1.3%，高于全省增幅1.2个百分点，增幅排名全省第三。其中：限额以上企业单位消费品零售额406.70亿元，增长7.8%；限额以下企业消费品零售额957.32亿元，下降1.3%。按消费形态分，批发业零售额226.53亿元，下降0.8%；零售业零售额1009.58亿元，增长2.2%；住宿业零售额6.57亿元，增长1.0%；餐饮业零售额121.34亿元，下降2.5%。从限额以上批发和零售业分类商品零售情况看，增幅较大的分别为化妆品类增长81.9%，日用品类增长78.0%，金银珠宝类增长62.7%；降幅较大的主要为建筑及装潢材料类下降11.7%，家用电器和音像制品类下降6.8%。

2022年9月16日，在质量月宣传活动中，红星美凯龙、维乐口腔等商家走上街头，接受咨询、提供服务（市消协 供稿）

镇江西津渡古街入选首批“江苏省示范步行街”名单

2022年9月，江苏省商务厅公布首批“江苏省示范步行街”名单，镇江西津渡古街入选。自2018年商务部启动实施步行街改造提升工作以来，江苏省商务厅在全省遴选21条街区作为省级步行街改造提升试点，实施为期三年的改造提升工作。各试点培育步行街从街区布局、街区环境、街区品质、街区服务、街区文化、街区管理、综合效益7个方面发力，围绕“文化有脉、商业有魂、品牌有名、服务有智”的目标调整业态、提升管理、改善环境。

2022年5月，省商务厅组织第三方专家和评审员对符合验收条件的街区进行评估验收。经综合评分和公示，决定将包括镇江西津渡古街在内的完成改造提升任务、较好发挥示范带动作用的15条步行街确认为首批“江苏省示范步行街”。

2022年，镇江西津渡古街掠影（孙悦萌 供稿）

江苏省“十四五”时期重点项目之一的丹阳眼镜风尚小镇进入全面建设阶段

丹阳年产镜片4亿副，占全国总量的75%，世界总量的50%；镜架近2亿副，占全国总量的1/3，是世界最大的镜片生产基地、亚洲最大的眼镜产品集散地、中国眼镜生产基地。丹阳眼镜风尚小镇是江苏省“十四五”时期重点项目之一。计划建设成现代生活场景的都市核心、水绿交融的怡人生态界面，“生产、生活、生态”三生融合，兼顾城市发展的经济属性与社会价值的低碳生态综合空间示范小镇。2022年，丹阳眼镜风尚小镇核心区的丹阳眼镜城项目进入全面建设阶段。规划建设视光科技会馆、视光block街区、专业眼科医院、少儿视光中心、视光主题商街、丹钢遗址文化公园等十大业态。

丹阳眼镜风尚小镇及丹阳眼镜城建设规划设计图（张梓扬 供稿）

【“金山消费节”消费促进】2022年，镇江市政府办公室制订《2022年“金山消费节”消费促进行动方案》，全市开展“881”消费促进活动，即8场市级重点活动、8场“一市区一主题”特色活动、100场以上大型商业综合体促销活动。其中，第45届镇江（恒顺）酱醋文化节暨调味品展销会线上、线下成交金额2200万元以上。镇江市苏新消费“金山消费节”消费券活动于2022年5月28日至6月24日开展，活动参与商户1800余户，参与市民近8万人，核销率77.7%，整体获得约8.9倍的杠杆效应。

2022年5月28日，“苏新消费·夏夜生活”暨2022镇江·金山消费节启动（商务局 供稿）

【锅盖面大赛】2022年11月，第二届镇江锅盖面大赛在西津渡镇江锅盖面品鉴馆举行，共有152家面馆报名参赛，通过硬件打分和优惠券核销打分，43家锅盖面店进入现场决赛，实际到场40家。根据综合得分排名，第1名—10名被评为“镇江味道·十佳金牌锅盖面馆”，第11名—20名被评为“镇江味道·十佳网红锅盖面”，其余面馆评为“镇江味道·锅盖面馆”；对第1名—20名面馆的下面师傅授予“镇江锅盖面面艺师”称号。

2022年11月，第二届镇江锅盖面大赛掠影（《镇江壹周》供稿）

·交通物流业·

【概况】2022年，镇江市辖区内公路总里程6895.05千米，公路网密度178.7千米/百平方千米。其中，高速公路210.477千米，一级公路976.673千米，二级公路902.612千米，三级公路779.096千米，四级公路4026.192千米。公路二级以上客运站场5个，长江汽渡4个（镇扬汽渡、新扬高汽渡、五峰山汽渡、江心汽渡）。内河航道（不含长江）共计70个，总里程597.3千米，航道网密度15.5千米/百平方千米，其中三级航道61.1千米、六级航道27.9千米、七级航道22.4千米、等外航道485.9千米。通航船闸1座。港口2个（镇江港、镇江内河港），码头泊位331个，码头总延长31407米。其中，万吨级以上深水泊位52个、5万吨级以上深水泊位25个、专业化集装箱泊位5个。铁路里程339.6千米，其中客运314.6千米、货运25千米，车站8个。通用机场1个。

2022年，全市境内公路客运量1064万人次，旅客周转量44918万人千米；公路货运量5381万吨，货物周转量862693万吨千米。水路客运量578万人次，旅客周转量1083万人千米；水路货运量1238万吨，货物周转量432395万吨千米。镇江港货物吞吐量2.33亿吨，集装箱吞吐量37.8万标准箱。内河港口（不含长江）货物吞吐量796万吨。

2022年8月，镇江火车站掠影（孙悦萌 供稿）

2022年，346国道镇江城区段城市化改造工程快速推进（文雯 供稿）

【邮政】2022年，镇江市完成邮政电信业务总量79.64亿元，增长17.5%，其中：邮政业务总量34.71亿元，增长9.4%；电信业务总量44.93亿元，增长24.5%。实现邮政电信业务收入78.02亿元，增长7.4%，其中：邮政业务收入35.64亿元，增长3.9%；电信业务收入42.38亿元，增长10.5%。全年完成快递业务量2.82亿件，增长2.5%；实现快递业务收入28.04亿元，增长1.6%。

《中国篆刻》特种邮票首发

2022年8月5日，《中国篆刻》特种邮票首发。《中国篆刻》特种邮票与《致敬经典》邮册结合焦山碑林典藏的六朝《瘗鹤铭》、清《澄鉴堂石刻》等珍贵文物藏品的题材元素，将邮票文化与镇江焦山碑刻文化融合创新，绽放出新的活力。

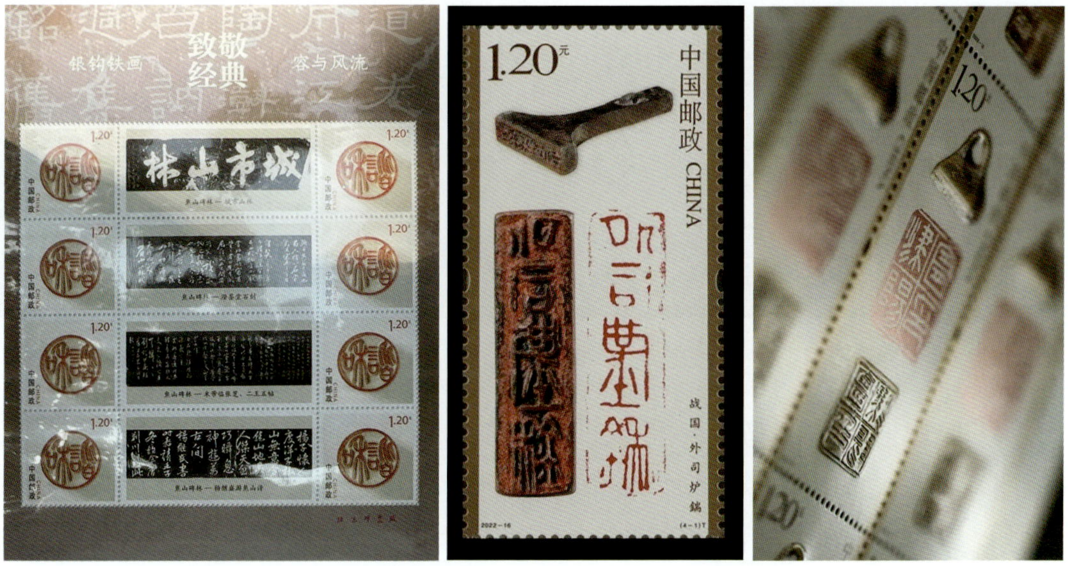

《中国篆刻》特种邮票（文旅 供稿）

·口岸与港口·

【概况】镇江水运（河港）口岸包括高资、龙门、谏壁、大港、扬中、高桥、新民洲等7个港区，主要经营矿石、钢材、木材、纸浆、成品纸、水泥、焦炭、元明粉、化工品、油类、沥青、硫磺、化肥、煤碳、肉类等散杂货及集装箱业务，是长江中上游地区大宗物资江海中转效益最佳区段，具有江海直达和海江河转运的区位优势，−12.5米水深航道具备通航能力，5万吨级船舶常年通航，具备深水码头成片规模开发建设的条件，具有持续发展的广阔空间。截至2022年年底，对外开放泊位53个，万吨级以上泊位41个，年设计吞吐能力8700万吨，其中集装箱通过能力100万标准箱。与世界70多个国家近300个港口建立外贸运输业务，建有镇江综合保税区、中国镇江外轮代理有限公司公用型保税仓库、江苏润华物流有限公司公用型保税仓库、江苏扬子公路沥青有限公司沥青专用型保税仓库等特殊监管区域和保税监管场所；拥有5个海关指定监管场地，其中3个进境粮食指定监管场地、1个进境肉类指定监管场地、1个进境原木指定监管场地。

2022年，镇江综合保税区掠影（高亮 供稿）

【口岸监管与服务】2022年，镇江口岸查验机构及口岸服务单位完善服务机制，强化新冠疫情防控措施，持续优化口岸营商环境、缩短通关时间、提高通关时效。全年镇江口岸完成货物吞吐量17450.14万吨，比上年下降4.28%，其中，外贸货物累计吞吐量3947.57万吨，下降16.55%；完成集装箱运输量381630标准箱，下降12.46%，其中外贸箱量151709标准箱，增长11.33%。

镇江海关守国门促发展，2022年镇江市外贸进出口总额首次突破千亿元大关

镇江海关守国门促发展，落实产业强市战略，推动镇江市外贸发展取得历史新突破。2022年，镇江外贸进出口总额首次突破千亿元大关，达1038.8亿元，比上年增长24.5%；税收入库68.01亿元，监管进出口货物3009万吨，监管进出境船舶2514艘。镇江海关重拳打击走私，立案侦办刑事案件12起，案值1595万元，涉嫌偷逃税款335万元，抓获犯罪嫌疑人13人，立案调查行政案件106起。检疫入境船舶651艘次、12671人次，检出新冠病毒阳性感染者9例。截获有害生物228种16060种次，其中检疫性有害生物21种2179种次。签发原产地证书23101份，实现关税优惠6513.39万美元。支持丁庄葡萄出口实现数量翻倍。落实重大技术装备进口优惠政策，减免税款3147万元。

2022年，镇江海关关员在码头对入境船舶实施登临检疫（本版照片均由镇江海关陈国涛 张亚军 杨超 王欢供稿）

2022年8月4日，镇江海关缉私警察和关员现场清点查获的走私隐形眼镜

2022年，镇江海关关员现场查获涉嫌侵权的汽车中网

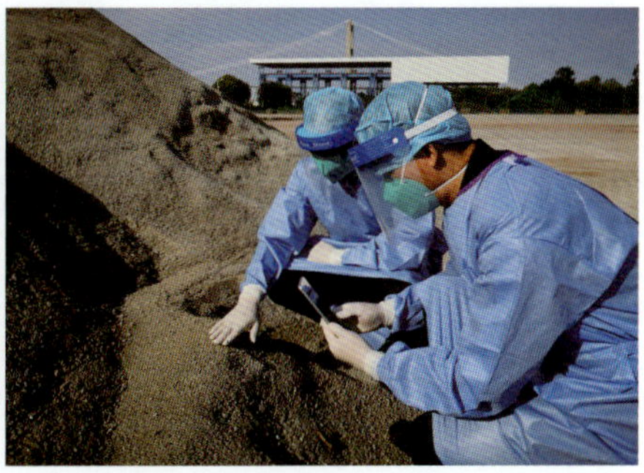

2022年，镇江海关关员在镇江港码头对进口锂辉石实施查验

2022年11月3日，镇江海关关员在新民洲港对进口原木实施表层检疫查验

2022年，镇江海关关员现场查验出口香醋

2022年8月8日，镇江海关关员在句容丁庄村对出口葡萄开展田间检疫

镇江交通产业集团逐步探索出一条具有自身特色的高质量转型发展之路

2014年6月，镇江市委、市政府全面启动市属投融资平台改革转型工作，对存量国有资产进行整合重组，在原交投公司基础上，组建镇江交通产业集团。改革重组后的镇江交通产业集团已经形成以国有资本为主，跨所有制、跨领域，集交通产业投资、建设、运营于一体的综合性大型集团公司。集团主要以交通基础设施投资建设为龙头，并围绕片区开发、城市运营、智慧交通、现代物贸、港口物流及创投金控6个主营板块发展产业经济。截至2022年年末，集团资产总额由2014年的627亿元跃升到2022年的1204亿元，增幅92.03%；营业收入由2014年的15亿元增加到2022年的90亿元，增长了5倍；利润总额由2014年的3.6亿元增加到2022年的10亿元，增长1.78倍，逐步探索出一条具有自身特色的高质量转型发展之路。

2022年3月11日，镇江交通产业集团2022年度工作会议召开

（本版照片均由交通集团 供稿）

2022年10月13日，集体参观“镇江很有前途——迎接党的二十大胜利召开大型图片展”

2022年3月11日，镇江交通产业集团集体观看党的二十大开幕会

集团承建的镇江市重点项目——丁卯高架

2022年4月29日，镇江交通产业集团青年志愿者突击队成立暨授旗仪式举行

集团承建的京沪高速公路沂淮淮江段扩建工程

2022年9月4日，五峰山汽渡渡船夜泊（本版照片均由五峰山汽渡有限公司供稿）

五峰山汽渡获镇江市交通运输行业“十佳诚信单位”等荣誉

丹徒区五峰山汽渡有限公司2021年9月由渡运36年的大港汽车轮渡管理处改制而来，有车渡船6艘，年产值7000余万元，年渡运车辆约150万辆次、旅客约350万人次。建有全国首家基于“北斗”导航的船舶避碰安全预警平台，24小时提供安全、优质、快捷的渡运服务。2021年4月，取得交通运输部交通运输企业安全生产标准化一级达标证书。先后获评江苏省优秀管理先进单位、优质服务先进单位、优秀劳动关系和谐企业、全国百强无投诉诚信示范单位、省交通行业先进基层党组织、市和区文明单位、镇江市交通运输行业“十佳诚信单位”等。

2022年，五峰山汽渡有限公司一届职工代表大会举行

2022年10月28日，公司能见度不良应急演练举行

2022年3月，五峰山汽渡开展学雷锋志愿服务行动

2022年11月9日，举行消防演习

2022年11月9日，公司开展消防日宣传活动

·房地产·

【概况】2022年，镇江市商品房批准预售面积282.45万平方米，比上年下降45.54％。其中，市区商品房批准预售面积90.58万平方米，下降53.79％。全市商品住房批准预售面积228.96万平方米，下降49.05％。其中，市区商品住房批准预售面积78.81万平方米，下降53.86％。全市商品房年末累计可售面积917.65万平方米，下降7.89％。其中，市区商品房年末累计可售面积405.08万平方米，下降5.34％。全市商品住房年末累计可售面积521.81万平方米，下降9.38％。其中市区商品住房年末累计可售面积188.86万平方米，下降7.59％。镇江市出台《关于进一步促进我市房地产业良性循环和健康发展的通知》，出台新政十条支持住房刚性需求。修订《镇江市市区商品房预售资金监管实施办法》，强化商品房资金监管。举全市之力化解“问题楼盘”风险，成立镇江市“问题楼盘”专项治理工作领导小组，通过实行在建项目分档动态管理机制、风险项目“一楼一策、一楼一专班”机制、“问题楼盘”清单化管理机制等措施，推进“问题楼盘”矛盾风险的防范和化解工作。

2022年11月4日，镇江市市场监管局联合市消协组织召开房地产中介合同评审会（消协 供稿）

【房地产销售情况】2022年，镇江市商品房销售面积365.17万平方米，销售金额342.18亿元。其中，市区商品房销售112.48万平方米，比上年下降50.04％；销售金额106.16亿元，下降54.74％。全市商品住房累计销售24200套，销售面积298.48万平方米，销售金额273.83亿元。其中，市区商品住房销售8205套，下降50.91％；销售面积96.26万平方米，下降53.24％；销售金额93.66亿元，下降56.86％。截至年末，全市商品住宅去化周期约为21个月，市区商品住宅去化周期约为23个月。

【**物业管理**】2022年，镇江市全市物业服务企业375家，实行物业公司管理的住宅小区近800个，总建筑面积超1亿平方米。老旧小区实行政府托底的基础性物业服务，全市所有住宅小区实现物业管理全覆盖。《镇江市住宅物业管理条例》于2022年3月1日正式施行，该条例出台后，镇江市制定出台《镇江市住宅物业保修金管理办法》《镇江市住宅物业管理项目招投标办法》《镇江市业主大会和业主委员会指导规则》《关于加强住宅小区首次业主大会会议筹备经费管理的通知》等一系列配套政策文件，同时制定部分技术规范和示范文本。市住建、发改、公安、城管、自然资源和规划、市场监管、生态环境、消防救援等8个部门联合下发《关于住宅小区内建立综合执法公示牌的通知》，由街道协调制作标准统一的公示牌，将部门执法清单、联系人、联系方式在小区显著位置公示。2022年，检查市区723个住宅小区，下发整改单12433件。

2022年4月25日，南徐中天物管工作人员在指导业主使用“翼安居”平台（消协 供稿）

南徐中天“翼安居”平台启用电信5G赋能智慧物管

2022年，南徐中天与中国电信共同研发了具有报事报修、小区管理、家政服务、治安综合治理、社区服务等功能的“翼安居”智慧服务平台，已正式启用。

在传统物业服务中，业主报事报修流程复杂，信息反馈迟缓，给业主带来不便。为解决这一难题，南徐中天选择“华都名城”作为首个智慧物业平台试点小区，依托5G、天翼云、物联网等优势技术，开发信息适时反馈平台，业主可利用公众号完成维修申报、通告提示、在线交费、访客登记等事项。

【**房屋征收**】2022年，镇江市房屋征收部门完成征收拆迁336户、面积7.4万平方米。其中，市区完成111户、2.3万平方米。11月，镇江市政府出台《关于征收集体土地房屋补偿意见》，市住建局对持证征收、助征人员进行专题业务培训，共计526人接受培训。

·旅　游·

【**概况**】2022年，镇江市接待游客2355.58万人次，旅游总收入272.16亿元。截至2022年年底，全市有国家A级旅游景区31家，其中，AAAAA级2家（“三山”、茅山）；AAAA级7家（西津渡历史文化街区、南山风景区、宝华山国家森林公园、镇江博物馆、醋文化博物馆、米芾书法公园、江苏茶博园）。有省级全域旅游示范区2家（句容市、润州区），省级旅游度假区3家（茅山湖旅游度假区、世业洲旅游度假区、水晶山旅游度假区）；有全国乡村旅游重点村（镇）4家（句容市茅山镇、句容市丁庄村、丹徒区五套村、丹徒区世业村），省级乡村旅游重点村9家（丹阳市柳茹村、九里村，句容市戴庄村、陈庄村、丁家边村，扬中市利民村、新治村，丹徒区卫星村、宝堰村）。全市有旅行社124家，其中，出境社12家、国内社112家；江苏省星级旅行社35家，其中，五星1家（江苏省镇江中国旅行社有限责任公司）、三星27家、二星6家、一星1家。有旅游星级饭店17家，其中，五星级3家（镇江国际饭店置业有限公司、镇江万力酒店管理有限公司富力喜来登酒店分公司、江苏水中仙东雅国际酒店有限公司）、四星级5家（镇江观海楼酒店有限公司、丹阳市新世纪国际大酒店有限公司、江苏金陵融锦饭店有限公司、句容曙光国际大酒店有限公司、江苏长江大酒店有限公司）、三星级8家、二星级1家。全市有导游2843人，其中高级17人、中级91人、初级2735人。

2022年，国家AAAAA级旅游景区镇江三山旅游景区之金山景区掠影（逸虹 供稿）

2022年，国家AAAAA级旅游景区镇江三山旅游景区之焦山景区掠影（逸虻 供稿）

2022年，国家AAAAA级旅游景区镇江三山旅游景区之北固山景区掠影（逸虻 供稿）

2022年，国家AAAAA级旅游景区之茅山景区掠影（逸虻 供稿）

2022年，国家AAAA级旅游景区之镇江南山风景区掠影（逸虻 供稿）

2022年，国家AAAA级旅游景区之西津渡历史文化街区掠影（逸虻 供稿）

2022年，国家AAAA级旅游景区之宝华山国家森林公园掠影（李行华 供稿）

【红色旅游】2022年，镇江市推进红色旅游融合工作，句容“铁军东进战地，茅山红色传承”入选首批江苏省红色旅游融合发展示范项目；1人入选全国红色旅游五好讲解员培养项目，4人入选省第二批红色旅游五好讲解员。镇江市文广旅局编制“脱贫攻坚 时代楷模”精品线路，入选省文化和旅游厅、省总工会、省文物局联合遴选的“喜迎二十大 见证新江苏”红色旅游精品线路。

“铁军东进战地，茅山红色传承”入选首批江苏省红色旅游融合发展示范项目

“铁军东进战地，茅山红色传承”项目以茅山景区为核心，涵盖周边6个乡镇。建立红色旅游融合体制机制，多维赋能，激活红色旅游融合发展模式，形成红色+绿色+教育研学+农业+康养+科技+民宿+数字+乡村等系列产品体系，重点打造以“铁军营”“抗战纪念碑”为核心的红色教育基地。2022年10月，这一项目入选省红色旅游融合发展示范项目。

2022年，“铁军东进战地，茅山红色传承”红色旅游融合发展项目部分景点（卞婕 供稿）

【乡村旅游】2022年，镇江市丹徒区世业镇世业村入选第四批全国乡村旅游重点村，丹阳市九里村、扬中市新治村、丹徒区宝堰村入选省级乡村旅游重点村；镇江市“酸甜苦辣”研学体验游入选江苏省夏季精品乡村旅游线路和全国乡村旅游精品线路。

“酸甜苦辣”研学体验游入选“乡村是座博物馆”全国乡村旅游精品线路

2022年8月，文化和旅游部、中国关工委联合推出128条“乡村是座博物馆”全国乡村旅游精品线路，镇江“酸甜苦辣”研学体验游入选。一趟旅程品味人间百味，这条线路包括在醋文化博物馆体验酿造技艺，尝尽醋都之“酸”；在丁庄村采摘各色葡萄，赏味果实之“甜”；在茅山新四军纪念馆回望血与火的洗礼，致敬铁军之“苦”；在世业村看乡村巨变，感悟创业之“辣”。

2022年，“酸甜苦辣”研学体验游线路部分研学体验点（何克 卞婕 供稿）

扬中市利民村获“江苏省特色景观旅游名村”称号

利民村位于扬中市南部，濒临长江，村域面积5265亩（351公顷），全村34个村民小组，1126户，3180人。村容整洁，环境优美，景色宜人，绿色智慧农业区、棕色工业区、紫色聚集居民点及保留的村埭、小游园等，一个个板块布局合理，勾画出一幅美丽乡村建设新画卷。利民村既是农业示范村，也是工业强村，先后获评“全国生态文明村”“全国绿色生态产业化示范基地”“江苏省文明村”“江苏省水美乡村”“江苏省特色景观旅游名村”等。

2022年，省级乡村旅游重点村扬中市利民村掠影（孙悦萌 供稿）

2022年，江苏省乡村旅游重点村扬中市新坝镇新治村及渡江公园、陈履生美术馆（孙悦萌 供稿）

2022年，省级旅游重点村九里村美景（本版照片均由延陵镇供稿）

丹阳市延陵镇创成省级生态宜居美丽乡村示范镇

延陵镇位于丹阳市西南部，是丹阳的四大古镇之一，总面积116平方公里、耕地面积0.43万公顷、水面面积0.23万公顷，总人口5.7万人，辖13个行政村、3个社区。延陵历史文化底蕴深厚，境内有6000多年历史的凤凰山遗址，国家AAA级九里风景区，拥有国家、省级非遗项目2个。创成首批省级生态宜居美丽乡村示范镇，九里、柳茹村创成首批示范村；2022年，九里村获评省级旅游重点村。延陵镇交通便捷，沪蓉、扬溧高速公路和312国道、241省道等交通干道交汇贯通。2022年，实现地区生产总值56亿元，增长3.7%，实现农村居民人均可支配收入29027元，增长5.6%，完成一般公共预算税收收入1.42亿元，增长2.5%；完成规模以上工业总产值50.02亿元，增长23.72%。

2022年，延陵镇宝林西庄湖特色田园乡村美景

2022年11月4日，部分市、镇人大代表考察绿岛风在建项目

2022年，延陵镇九里村的沸井、季子庙

丹徒区宝堰村入选“2022年江苏省乡村旅游重点村名录”

宝堰村以红色文化为底蕴，以生态农业资源为主体，以乡村生态休闲旅游为目标，以现有生态自然条件为支撑，将农业、生态、人文、自然及美食文化等资源互补开发旅游项目。宝堰有条约1.3公里长的古街，街上有1处省级文保单位、4处市级文保单位及44处历史建筑拟申报保护点。宝堰村现存有新四军四县抗敌总会纪念馆、新四军一支队司令部旧址、程默摄影资料陈列室。“史家老宅”距今约有280年历史、清咸丰年间建造的太平桥“宝堰双推车”“南乡田歌—车水号子”等省级非遗项目，展示着宝堰村的人文底蕴。宝堰有着独特的饮食文化。菜花甲鱼、全牛席、干拌面、宝堰老天水晶猪手、宝堰干切牛肉 、岳家坊米酒等美味传承悠久。另外，宝堰还有“水八鲜”、万源香干、红烧麻辣豆腐、芝麻烧饼等美食。

2022年，江苏省乡村旅游重点村丹徒区宝堰镇宝堰村及新四军四县抗敌总会纪念馆、老街（孙悦萌 供稿）

【工业旅游】2022年，镇江市推进、培育工业旅游项目，市文旅部门指导推荐恒顺中国醋文化博物馆申报国家工业旅游示范基地备选单位；开展2022年省级工业旅游区培育对象申报工作，指导全真光学工业旅游区等3家企业申报省级工业旅游区培育对象。2022年11月29日，中国醋文化博物馆入选中国科协2021—2025年第一批补充认定的全国科普教育基地名单。2021年12月，该园区被江苏省文化和旅游厅认定为江苏省工业旅游区。

集文化遗产保护、科普教育、工业旅游于一体的中国镇江醋文化博物馆

中国镇江醋文化博物馆是国内首个专业性主题醋文化博物馆，集文化遗产保护、科普教育、工业旅游等功能于一体。博物馆坐落在全球最大食醋酿造基地——江苏镇江恒顺工业园。展陈面积8000多平方米，由厂史馆、醋史馆、醋坊、酱园、酒海、三酉堂等展馆组成，全面系统地介绍中国制醋工业和食醋文化发展的历史过程以及“酱、酒”酿造文化。中国镇江醋文化博物馆被列入“长三角世博主题体验之旅示范点”，入选全国科普教育基地名单。

2022年，中国镇江醋文化博物馆掠影（卞婕 供稿）

【旅游管理】2022年，镇江市受理旅游投诉、咨询57件并全部结案，赔偿总金额80941元。举办镇江市旅游星级饭店从业人员职业技能竞赛，选拔优秀选手参加省级赛事，2项技能获全省第三名。扬中市君泰饭店创成“银树叶”级绿色饭店，江苏茅山涵田酒店创成江苏精品休闲度假饭店。

2022年6月17日，由市文广旅局、市总工会、团市委、市妇联共同举办的2022年度镇江市旅游饭店从业人员职业技能竞赛举行（柳放 供稿）

2022年，创建成“银树叶”级绿色饭店的扬中市君泰饭店（逸虻 供稿）

ZHENJIANG
TUJIAN
(2023)
ZHENGZHI
JIANSHE
PIAN

镇江图鉴（2023）
政治建设篇

中共镇江市委员会

•综　述•

【概况】 2022年，镇江市以中共二十大精神为指引，谋划推进中国式现代化镇江新实践，描绘中国式现代化镇江图景。坚持人民至上、生命至上，慎终如始抓好疫情防控。紧抓产业强市“一号战略”，稳住经济增长。全年地区生产总值增长2.9%，一般公共预算收入同口径增长2.1%。推进“产业强链”三年行动计划，“四群八链”主导产业应税销售增长12%。新增规模以上服务业企业120家，新增上市挂牌企业291家，新认定国家高新技术企业533家，入选省创新型领军企业9家，新增国家级单项冠军和专精特新企业19家、国家级科技孵化载体4家、省级以上研发机构45家。连续两年入选“中国城市人才吸引力排名”50强。推进绿色低碳发展。做好中央生态环境保护督察整改，累计整改投入20多亿元，拆除及修复面积212.3万平方米。$PM_{2.5}$ 年均浓度下降2.8%，国、省考断面水质优Ⅲ比例100%。农业农村优先发展，夏粮面积、单产、总产、效益实现“四增”。近90%经济相对薄弱村稳定性收入超过120万元，完成老旧小区改造95万平方米。城镇新增就业5.49万人，零就业家庭保持动态清零。城乡居民人均可支配收入增速快于经济增长。教育信息化发展综合指数列全省第二名。蝉联“全国健康城市建设样板市”称号。制定实施《镇江市“一老一小”整体解决方案》，新建3个全国示范性老年友好型社区，新增21家普惠型托育机构。社会保险主要险种覆盖率98%以上。创成省级双拥模范城。组织参加第二十届省运会。组织开展安全生产大起底大排查大整治“百日攻坚”“慧安行动”等专项行动。统筹发展和安全，维护和谐稳定社会局面，群众安全感99.39%，全省第一名。

2022年8月9日，市委工作会议召开（柳放 供稿）

2022年度十佳书记项目名单

“车轮滚滚党旗红”打造道路货运行业党建“丹阳样板”——丹阳市委

非公企业产业链党建联盟样板工程——扬中市委

探索在城市基层 “全域党建”中抓好新业态新就业群体党建——润州区委

代表小组建支部 党旗引领迈新步——市人大常委会机关党组

深化“五好党建” 转“三风”促落实——市政协机关党组

基层吹哨 党员报到——市委市级机关工委

产业链上党旗红——市工信局党委

打造党建引领下公共安全突发事件预防处置“四网四卫红色堡垒”——市公安局党委

打造“纵横融合”基层党建工作品牌——江苏大学党委

建强党员服务队 筑牢党群“连心桥”——镇江供电公司党委

2022年度书记项目特别奖名单

实施“党旗‘镇’红、‘医’路先锋”工程，推动疫情防控和医疗救治工作——市卫健委党委

以“党旗‘镇’红 急救建功”为引领，全面实施“120红医党建质量提升工程”——市急救中心党总支

党建引领健康为民——康复在行动——市第一人民医院党委

创新运用“党建+”模式筑牢疫情防控“红色堡垒”——江苏大学附属医院党委

党建共建“小哥医院”筑起新业态新就业群体“防疫墙”——市第三人民医院党委

党建引领，科研发力造福百姓健康——市中西医结合医院党委

“‘中’诚向党 ‘医’心为民”志愿服务项目——市中医院党委

强党建筑起疫情下生殖健康“防火墙”——市第四人民医院党委

“疫”路有我当先锋，勇担使命护家园——市社会福利服务中心党总支

党建领航助推医疗水平高质量发展——丹阳市人民医院党委

“康新——暖心家园”项目——扬中市新坝中心卫生院党支部

“三力+三医”打造红色引擎，燃动“居民健康守门人”快车——京口区健康路社区卫生服务中心党支部

2022年度优质书记项目名单

实施“四同四助”推进产业强市 ——句容市委
打造党组织领办合作社“丹徒模式”——丹徒区委
红色云链 数字赋能，打造数字经济党建高地——京口区委
“政银企共建+”红桥工程——镇江新区党工委
支部进小区——党旗“红”在家门口——镇江高新区党工委
建立健全目标责任体系——市政府办党组
深入推动“四维融入”党建升级工程——市中级人民法院党组
新时代干部政治能力建设淬炼计划——市委党校党委
“镇合意”优化营商环境再提升行动——市发改委党组
教育系统基层党建“三看三比”提质增效行动——市教育局党委
“党建+人民调解”多元化解基层矛盾纠纷——市司法局党组
先锋领航联千企 招工聚才架金桥——市人社局党委
当好红色哨卫 助力镇江发展“全速跑”——市交通运输局党委
党建红引领“镇安全” 筑牢高质量发展“硬支撑”——市应急管理局党委
书记委员齐上阵 助力国企加速跑——市国资委党委
“六强六联”优服务 帮办代办“红管家”——市政务服务办党组
“四个一”党建工程助推纳税服务“简快准优”——市税务局党委
先锋引领“双带头人”建设——镇江报业传媒集团党委
先锋引领促融合 聚力唱响主旋律——市文广集团党委
实施“四个一工程” 培养选拔年轻干部——江苏科技大学党委
建立“党建责任清单制”考核体系 护航企业高质量发展——中交二航三公司党委
打造“双星”融合班组党建新模式——国能江苏谏壁发电有限公司党委
“五力合一”锻造过硬党员队伍——省地质三大队党委
实施农业园区“聚能提力”工程 打造乡村产业振兴珥陵模式——丹阳市珥陵镇党委
农业产业党员“先锋引领”工程——句容市白兔镇党委
组网合一 三长共治 答好乡村治理精耕细作新考卷——扬中市三茅街道党工委
深化党员中心户创建 激发党建工作活力——丹徒区世业镇党委
“数聚禹山”点燃数字经济企业红色引擎——京口区象山街道党工委
“四步工作法”关爱“新”群体——润州区和平路街道党工委
“三全服务”提升镇域党群服务中心效用——镇江新区丁岗镇党委

“镇江很有前途——迎接党的二十大胜利召开大型图片展”开幕

2022年9月30日，“镇江很有前途——迎接党的二十大胜利召开大型图片展”在镇江博物馆开幕。图片展以镇江很有前途”为主题，按时间脉络分四个部分展现镇江从1921年到2022年的发展成就，讲述古城镇江革命火种播种、社会主义建设、改革发展、宜居宜业的历程。从新中国第一个大型电力灌溉工程，到中国第一头试管奶牛；从世界上第一套万吨级“煤制乙二醇”工业化试验装置，到国内首家IPO上市的民营医疗器械企业，近400张不同时期的照片，唤起不同年龄段市民对镇江的记忆。

2022年，“镇江很有前途——迎接党的二十大胜利召开大型图片展”展出现场（柳放 供稿）

2022年10月25日，镇江市传达党的二十大精神大会召开（《创新》编辑部 供稿）

2022年6月7日，镇江市“强国复兴有我”群众性主题宣传教育活动启动仪式举行，全面拉开镇江市社会各界喜迎党的二十大系列主题活动的序幕（范海罡 供稿）

2022年10月16日，润州区和平路街道护渔队在渔政船上收看党的二十大开幕会（施智 供稿）

2022年10月16日，市金融机构收看党的二十大开幕会（施智 供稿）

2022年10月16日，社区收看党的二十大开幕会（施智 供稿）

2022年10月16日，市体育系统收看党的二十大开幕会（施智 供稿）

2022年11月4日，学习党的二十大精神 绘就商圈发展新蓝图“青年广场红色商圈联盟”主题组织生活会召开（黄帅 供稿）

2022年2月8日，2022年度镇江市优化营商环境“甘露奖”颁奖现场（市税务局 供稿）

2022年度优化营商环境“甘露奖”名单

市税务局
市发改委
镇江供电公司
市财政局
市住建局
市市场监管局
市自然资源和规划局
市中级法院
市公安局
市政务办

2022年，市委主要领导调研指导税收工作（本版照片均由镇江市税务局供稿）

国家税务总局镇江市税务局获镇江市优化营商环境“甘露奖”

2022年，镇江市税务局坚持以“提振精气神、提升执行力”主题行动持续赋能，踔厉奋发、笃行不怠，各项工作取得新进展，干部队伍呈现新气象，以综合得分第一的成绩夺得镇江市优化营商环境“甘露奖”，“镇合意•税e行”服务品牌连续5年入选市级机关“十佳服务品牌”，在高质量发展综合考核中位居第一等次。全市税务系统获评22个省文明单位、41个市文明单位，并获评全国巾帼文明岗、全国工人先锋号、国家级节约型机关等。扬中市税务局代表镇江在纳税人缴费人满意度调查中取得全国第四、全省第一的成绩。

2022年1月9日，2022年度全市税务工作会议召开

2022年4月24日，市区税费服务一体化改革动员会召开

2022年1月2日，“金税赋能 助企上市”政企座谈会召开

2022年9月，举办“喜迎二十大 中秋庆团圆”中秋猜谜活动

2022年7月20日，江苏省高级人民法院服务乡村振兴（丹北法庭）实践基地揭牌仪式举行（本版照片均由镇江中院供稿）

镇江市中级人民法院获镇江市优化营商环境“甘露奖”

2022年，镇江中院以“一创建二优化三提升”专项活动为牵引，扎实履行职责使命，全市法院受理案件92480件，审执结84246件，34项调研成果获全国、全省奖项，24个集体、36名个人获市级以上表彰，镇江中院被最高人民法院命名为全国首批“为群众办实事示范法院”。坚持服务高质量发展，打造一流法治化营商环境，推出“镇合意 · 法助力”司法服务营商环境工作品牌，一审审结商事案件7100件，案涉金额57.94亿元；贯彻总体国家安全观，营造安全稳定社会环境，一审审结刑事案件2534件，处理涉嫌人员3555人；树牢群众观念，一审审结民事案件43630件，争创“为群众办实事示范法院”，解决人民群众诉讼“急难愁盼”；坚持严格公正司法，助推法治镇江建设，一审审结行政案件534件；坚决兑现胜诉权益，执结案件23453件，执行到位金额41.27亿元；不断提升队伍素质能力，锻造过硬法院队伍，为现代化镇江图景加快展现贡献法院力量。

2022年6月23日，镇江中院召开创建“镇合意·法助力”服务品牌新闻发布会

2022年5月30日，镇江市首例销售有毒、有害食品刑事附带民事公益诉讼案一审宣判

2022年6月13日，镇江中院开展“喜迎二十大　党在我心中”主题党日活动

2022年11月，镇江中院赴江苏省农科院句容稻米产业研究院开展普法活动

2022年，镇江中院开展“见‘镇’执行”凌晨集中执行行动

镇江市市场监管局获镇江市优化营商环境“甘露奖”

2022年，镇江市市场监管局坚持“双稳双提”工作思路，加快建立统一开放、竞争有序的现代市场体系，持续深化“放管服”改革，服务经济社会发展取得明显成效。市市场监管局连续三年获评优化营商环境“甘露奖”，打造的“筑牢安全关、守护盘中餐”品牌入选2022年度市级机关“十佳服务品牌”，参与的“创新信用修复机制，优化法治营商环境”工作入选2022年度镇江市产业强市十件大事，“镇在检”你点我检民生行活动入选2022年度“优秀法治惠民实事”，智慧模拟厨房入选“全国首届食品安全社会共治十大案例”，市质检中心被工业和信息化部授予“国家中小企业公共服务示范平台”称号，“文俊工作室”负责人获全省系统首位“最美人物”称号。

2022年3月10日，镇江市标准化工作会议召开（本版照片均由市监局供稿）

2022年2月25日，镇江市市场监管局“青年学习社”成立

2022年5月16日，市场监管局进行特种设备安全检查

2022年5月，重点工业产品（灶管阀）质量监管能力提升培训举行

2022年，市场监管局检查市场，确保疫情期间药品供应稳定

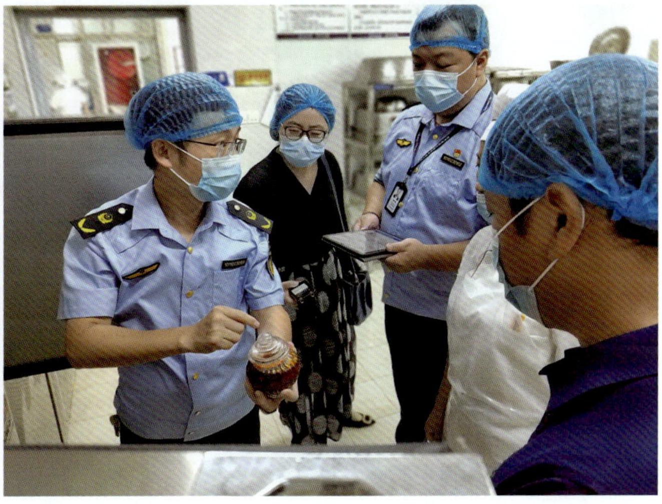

2022年9月2日，市场监管局进行校园食堂食品安全专项检查

2022年度市级机关“十佳服务品牌”名单

市发改委：“镇合意”再发力

市市场监管局：筑牢安全关　守护盘中餐

镇江市税务局：镇合意　税 e 行

市总工会：“托星计划”助力产业强市

市公安局：“镇平安”巡处一体化

市工信局：企业娘家人　“链”上先锋行

市住建局：多快好“审”　“住”您满意

市人社局：相约福地　才聚镇江

市财政局：政通财达　暖企裕民

市科协：慧安行动

2022年11月，由市级机关工委、市机关作风效能建设领导小组办公室举办的“创建服务品牌　助力产业强市——2022年镇江市市级机关单位服务品牌展”在市行政中心市民大厅展出（卞婕 供稿）

2022年度市级机关“十佳服务先锋岗”名单

市文广旅局：茅山新四军纪念馆

市城管局：市路灯管理处设施养护所

市水利局：市防汛防旱抢险中心

市委党校：“信仰力量希望”理论宣讲团

市委编办：行政机构编制处

市审计局：社会保障审计处

市医疗保障局：市医保综合服务大厅

市自然资源和规划局：市不动产登记交易中心业务受理科

市国资委：国企改革服务先锋岗

市退役军人事务局：尊戎“镇”传承——“北固红枫”烈士事迹义务宣讲团

2022年度市级机关“十佳效能标兵”名单

市财政局办公室主任　徐　珮

市民政局社会救助处处长　曾　云

市信访局接访处处长　孙晓军

市教育局学前教育与特殊教育处处长　史雪君

市委办公室秘书一处副处长　陈　超

市纪委监委案件审理室副主任　刘　凯

市应急管理局人事宣教处副处长　吕　菁

市交通运输局行政审批处处长　严海峰

市科技局机关党委专职副书记　张　舒

市商务局外贸处处长　吴凌云

【政策研究工作】2022年，镇江市委政策研究系统，确定产业强市、乡村振兴、全面从严治党等9个领域44项重点课题，创新开展“微调研”、系列调研，谋划推动“春风暖企大走访”、绿色低碳发展、“生态要提升”等专题调研。全年形成调研成果95篇，获市领导批示28篇次；统筹编印《调查研究》51期，获市领导批示38期。起草市委文稿164篇、63.9万字。《调查研究》深化改革专栏，全年刊发15期。

【市委八届三次全会】2022年3月10日，中共镇江市第八届委员会第三次全体会议召开，研究决定镇江市出席党的二十大代表候选人推荐人选。全会由市委常委会主持，市委书记马明龙讲话。

2022年3月10日，中国共产党镇江市第八届委员会第三次全体会议召开 （《创新》编辑部 供稿）

【市委八届四次全会】2022年12月21日，中共镇江市第八届委员会第四次全体会议召开。市委书记马明龙代表市委常委会作《坚定拥护“两个确立” 坚决做到“两个维护” 为加快展现中国式现代化镇江图景而团结奋斗》报告，全会审议通过《中共镇江市委关于深入学习贯彻党的二十大精神 在新征程上全面推进中国式现代化镇江新实践的决定》。

【镇江市推进开发园区整合优化提升促进高质量发展意见】2022年2月7日，中共镇江市委办公室、市政府办公室印发《镇江市推进开发园区整合优化提升促进高质量发展意见》，聚焦开发园区管理体制机制创新，按照整合优化、转型发展、淘汰撤销、打造提升“四个一批”路径，推进开发园区整合，实现开发园区数量、机构编制“两个精简”。

【组织工作】2022年，镇江市有中共基层党组织12156个，党员总数231376人，其中当年发展4945人。年内，镇江市组织系统组织举行全市学习诵读《习近平谈治国理政》第四卷主题党日活动。推荐镇江市出席党的二十大代表3人。开展“学习二十大·一线建新功”“我从基层来，代表话感悟”等主题活动。镇江市组织系统构建政治素质考察“332”（三个一管日常、三道关管任前、两类人管重点）体系。推进“政治铸魂、源头储备、劲火淬炼、压担锻造、严管厚爱”年轻干部选拔培养五项行动。建立调整不适宜担任现职干部纪实报备制度。货车司机党建“镇江模式”获交通运输部在中组部基层党建工作重点任务推进会推广，个体货车司机流动党员党支部建设做法被省委两新工委全文转发、全省推广。

把成绩更好地写在大地上！党的二十大代表赵亚夫北京归来分享心得体会

2022年10月27日，党的二十大代表赵亚夫为句容市各村党支部书记分享参加党的二十大的心得体会，这是他从北京回来后的第一场分享会。近50页的PPT讲稿，以“为中国式农业现代化努力奋斗”为主题，紧扣党的二十大报告中有关农业现代化的内容，分享参会感悟，传递党的声音。

赵亚夫表示，党的二十大报告中关于“推动绿色发展”的论述和部署很透很细，作为一名绿色农业科技工作者，他非常赞成、非常拥护、非常支持。这次回来与党员群众在一起，明显感受到大家精神饱满，干劲更足。

2022年10月27日，党的二十大代表赵亚夫在句容市向全市村党支部书记分享参加党的二十大心得体会（《镇江壹周》供稿）

货车司机党建“镇江模式”在中组部基层党建工作重点任务推进会推广

镇江有道路货运业户1.5万户，货车司机2.8万人，其中党员司机389人。2021年以来，全市各级组织、交通、工会、公安等部门联动，针对司机党员人随车走、业务和党建工作“两张皮”问题，探索货车司机群体党建“四联”模式：强化行业联建，推动党的组织和党的工作全面覆盖；坚持组织联动，推动货车司机党员教育管理有力有效；突出服务联心，推动党的温暖最大限度传递给货车司机；突出党群联手，推动党旗在道路货运行业高高飘扬。

2022年4月22日，全市深化货车司机群体党建试点工作现场推进会召开（《镇江机关党建》供稿）

2022年11月18日，“2022镇江市货车司机关爱日”活动举行（《畅通镇江》供稿）

2022年8月1日，镇江新区货车司机党员先锋车队成立仪式举行（《畅通镇江》供稿）

2022年3月，丹阳市货运司机党支部召开货运司机党员见面会（《镇江先锋》供稿）

2022年7月29日，西津渡网约车司机联合工会委员会成立（柳放 供稿）

2022年12月10日，镇江市委组织部和润州区委建立的暖“新”阵地启用暨润小“新”小程序上线仪式举行（柳放 供稿）

2022年12月10日，镇江市新就业群体党群服务中心掠影（柳放 供稿）

【宣传工作】2022年，镇江市召开市委理论学习中心组专题学习会10次、学习辅导报告会1场。组建“明理·‘镇’行”理论普及联盟和“五百”宣讲团（百名基层书记、百名社科名师、百名劳模工匠、百名“百姓名嘴”、百名思政老师）。举办“喜迎二十大　奋进新征程”——“学习强国”“学习达人”挑战赛100余场，开展“礼赞新时代　追梦复兴路”主题宣讲1000余场，落实基层党员冬训活动3000余场。用好“文艺课堂”“网络课堂”“情境课堂”“文明课堂”，制作理论歌曲《道》、三句半《六中全会精神领航程》、快板《学六中全会精神》等冬训文艺作品80余部，制作“我是冬训主讲人”微视频100余部。“红榴家园——小阵地担当民族团结进步大作为”案例入选中央党史学习教育领导小组办公室编辑的《百年初心成大道——党史学习教育案例选编》。组织“喜迎二十大 奋斗正青春”“非凡十年·走基层·看变化”等新闻行动和“学习贯彻党的二十大精神‘新时代新征程新伟业’”主题采访活动。在“学习强国”江苏学习平台刊登稿件1100余篇，全国平台刊登40余篇。“镇江发布”全年累计阅读量5300万次。央视网用稿287篇、《人民日报》用稿45篇、《新华日报》头版用稿95篇。制定下发《党委（党组）意识形态工作责任制实施细则》及“责任清单”“任务清单”；组织对12个市级机关单位开展意识形态工作责任制落实情况专项检查。就高校、宗教、网络等重点领域召开专题研判会议11次。针对意识形态重点领域、重点阵地，持续组织开展打击政治谣言、净化网络空间等“八大行动”。

2022年11月16日，“吾论如何成长”大型红色教育基地主题活动举行（《镇江壹周》供稿）

2022年3月30日，全省“奋进新征程　建功新时代”全媒体新闻行动启动仪式举行。镇江市各媒体采用蹲点采访、专家访谈、短视频、图文直播等融媒体报道，全方位反映镇江经济发展、社会稳定、人民幸福、生态向好的生动实践（柳放 供稿）

2022年9月9日，镇江市“强国复兴有我”系列主题演讲大赛成果展示暨颁奖典礼举行（《镇江壹周》供稿）

2022年6月22日，镇江市第四届红色故事宣讲大赛活动举行（《镇江壹周》供稿）

【精神文明建设】2022年，在中央文明办开展的2021年度全国文明城市测评中，镇江市测评结果总分89.91分，位列全国第26名、全省第6名。新时代文明实践中心、所、站实现全覆盖，建成乡村新时代文明实践点（基地）750余个。成立8个市（区）级文明实践志愿服务总队，8支常备队伍及多支特色志愿服务队伍。组建3800余支志愿服务队伍，吸纳文明实践志愿者42万余人。组织开展“大爱镇江爱之行”志愿服务专项行动，开展“送温暖”“送平安”“送健康”“送文化”“送新风”等五大志愿服务行动。组织道德模范与身边好人（镇江·丹阳）现场交流；开展“我推荐我评议身边好人”活动；举行功勋模范赵亚夫先进事迹媒体见面会；组织“时代楷模”“最美人物”等先进典型集中回访，选树宣传“江苏最美青年”阮文俊。

2022年5月25日，全国文明城市创建工作部署推进会召开 （《创新》编辑部 供稿）

2022年1月21日，镇江市文化科技卫生“三下乡”集中服务活动在句容市举行 （石小刚 供稿）

2022年4月26日，“大爱镇江”年度人物发布会举行（《镇江壹周》供稿）

礼赞平民英雄　凝聚前行力量　“大爱镇江”年度人物发布会举行

2022年4月26日，市委、市政府举办的“道德的星空”——“大爱镇江”年度人物发布会在市艺术剧院南山剧场举行。发布会现场，8名个人和2个团队获评“大爱镇江”年度人物荣誉。现场还发布了“大爱镇江”年度人物提名奖名单。

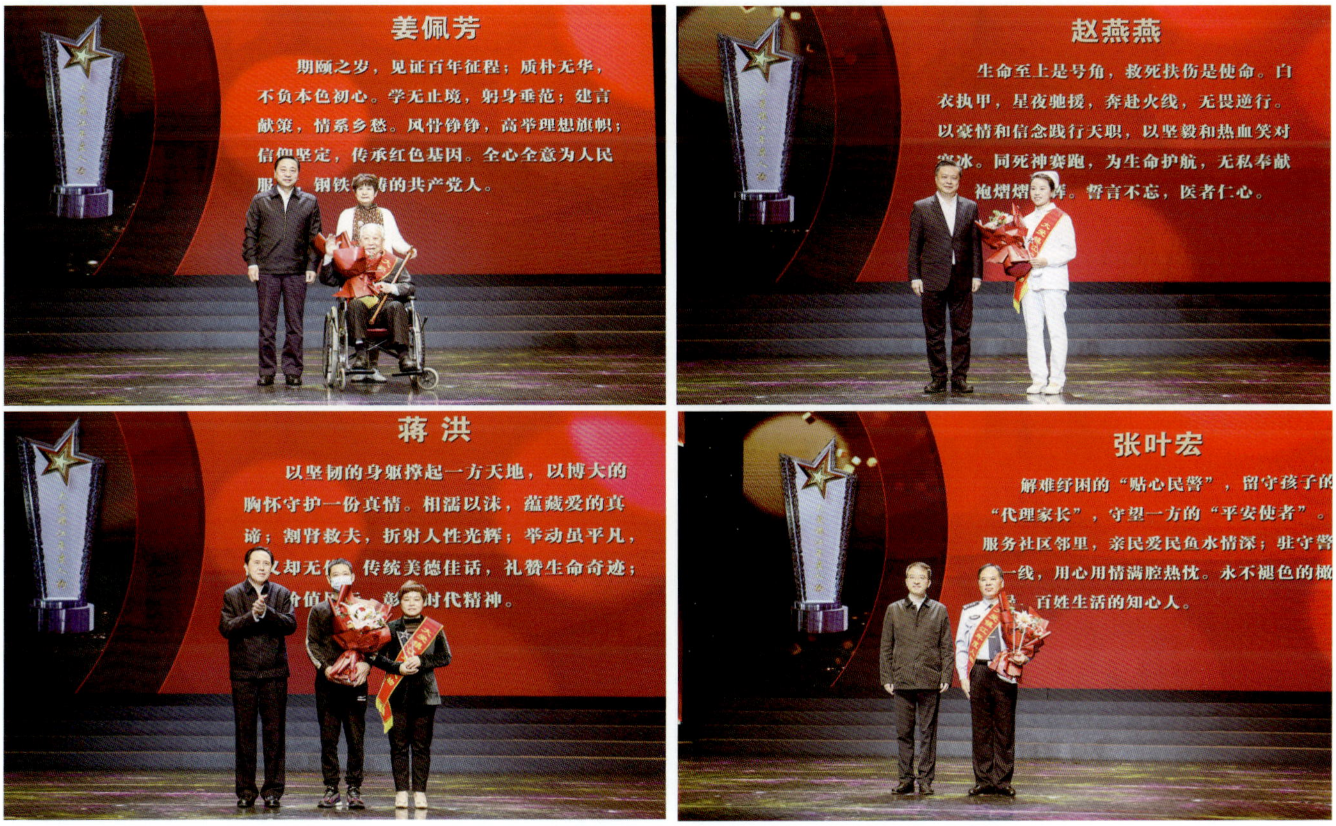

2022年4月26日，市领导为“大爱镇江”年度人物颁奖（《镇江壹周》供稿）

2022年6月30日，“阅读新时代 奔跑新镇江”镇江市全民阅读分享会举行（《镇江壹周》供稿）

【统战工作】2022年，中共镇江市委统战部唱响统战“四季歌”，打造“同心+”系列品牌。加强党的全面领导，制定出台《中共镇江市委关于加强新时代统一战线工作的实施方案》。开展统战“四季歌”之“同心工程·金秋助农”行动，打造宝堰镇团结村、西来桥镇东来村2个助力乡村振兴示范点，线上筹集64万余元。防范化解统战领域风险隐患，构建市县协同、部门协作、社会参与的统一战线风险联动防控机制。每季度召开“同心议事会”，引导全市各民主党派、工商联、无党派人士围绕全市重点工作共商共议。开展市委常委、党员副市长与党外代表人士联谊交友活动，定期开展分析研判。民营经济统战工作。召开“敢闯抢先机，创新赢未来”民营企业家座谈会，唱响统战“四季歌”之“五送五助·春风暖企”。走访商会、企业1800余家，收集意见600多条，通过“12345”平台闭环落实解决。民族宗教工作和谐稳定。召开市委民族工作会议暨全市宗教工作会议。打造“民族一家亲——0511石榴镇红”服务品牌，推动“红石榴家园”建设。协调推进江苏佛学院建设等重点项目建设；开展金山公园景区旅游市场秩序专项整治。召开市党外知识分子联谊会换届大会，武鸣当选会长。开展庆祝香港回归25周年活动。承办江苏港澳资企业法律服务月镇江专场活动，提升为港澳资企业服务的能力。举办五期“同心——台胞学习活动”。海外统战工作。开展统战“四季歌”之“广聚侨力·冬阳暖侨”行动。举办“2022海外华文教师华校校长线上研习班”，26个国家275所华校的447名华校校长、华文教师参加。举办“归乡”——“镇精彩”系列活动，举办“中国镇江国际菁英创业大赛海外赛区选拔赛”，助力人才“镇”兴，3个项目落地注册。

2022年6月15日，市委民族工作会议暨全市宗教工作会议召开 （《镇江壹周》供稿）

2022年10月18日，镇江市委统战部“同心·议事会”第三期召开 （《镇江壹周》供稿）

2022年11月19日，第二届中国·镇江国际菁英创业大赛举行（《镇江壹周》供稿）

【台湾工作】2022年，镇江市邀请知名台企台商11批59人次到镇江实地考察，投资洽谈；组织赴厦门、漳州举办“镇因有你·镇才美好”2022台商投资推介会；举办“惠台暖企”政策宣讲会。全年新批台资项目16个、增资项目7个，协议台资1.88亿美元，实际使用台资0.58亿美元，比上年增长22.74%。镇江奇美化工有限公司获全国五一劳动奖状。

【机构编制工作】2022年，中共镇江市委机构编制办公室（简称“编办”）做好经济发达镇的结构调整及第三批经济发达镇培育工作，牵头制定包括发改、财政、城管、教育、卫健等8个部门的12条支持配套政策。印发《开发园区管理体制改革实施意见》。推动知识产权强市建设，组建市知识产权保护中心并推动升格为副处级建制。实施人才“镇兴”行动，构建面向高学历、高技能紧缺人才的用编“绿色通道”政策。2022年，向镇江经开区调剂事业编制，专门用于保障学校教师编制。为疫情防控中获得县级党委、政府以上表彰等情形的编外医护人员办理进编手续。制定出台《关于加强文物保护和考古工作机构编制保障的实施方案》，市、县两级增加文物保护机构事业编制。制定印发《镇江市机构编制评估检查工作细则》《机构编制事项审核标准化细则》等6个规范性制度文件。印发《镇江市机构编制事项办理“一本通”》《镇江市委编办内部管理“一本通”》。印发《关于对镇江市市设权力清单进行动态调整的通知》；开展权力清单运行情况评估工作，完成第一阶段7个市级部门2924项权力事项的评估。

【党校教育】2022年，市委党校（市行政学院）连续三届蝉联全省党校（行政学院）系统优秀教学组织奖；成功创建江苏省公共机构节能低碳示范单位；“新时代干部政治能力建设淬炼计划”获2022年度优质书记项目，“信仰·力量·希望”理论宣讲团获2022年度市级机关

“十佳服务先锋岗”，青年人才党支部创成五星标杆党支部。全年立项省市级课题240项，较上年增长83%；发表学术文章165篇，在省级刊物公开发表论文78篇，较上年增长10%。科研成果获省级奖项5项、市级奖项9项。

2022年9月9日，2022年全市党校（行政学院）系统庆祝教师节座谈会召开 （市委党校 供稿）

【档案工作】2022年，镇江市接收1.2万余卷、9万余件档案进馆，各级综合档案馆和城建档案馆馆藏总量224万余卷、155万余件，其中市档案馆馆藏407919卷、407571件。全市档案馆接待社会各界利用者1.9万余人次，查阅档案数量4.6万余卷（件），提供复制件13.4万余张，其中市档案馆查档1697人次，为利用者提供档案、资料9021卷（件），复制6636张。

2022年6月，“奋进的足迹·喜迎二十大 档案颂辉煌”展览在市行政中心市民大厅展出 （孙悦萌 供稿）

镇江市人民代表大会

【概况】镇江市第八届人民代表大会代表名额为355人。到市九届人大一次会议，实有代表349人。至市九届人大常委会第六次会议，调离镇江市7人，辞职17人，离世1人，该25人的代表资格终止。有关选举单位依法补选30人。经市九届人大常委会代表资格审查委员会审查，确认代表资格全部有效，补选后代表人数为354人。年内，镇江市人大常委会开展“稳住经济大盘”专项评议，推动解决问题476项，形成典型案例159个。组织在镇江全国和省人大代表调研数字经济企业发展情况；开展“请代表监督、让人民满意”法检两院行活动。作出《关于深化推进企业合规改革试点工作的决定》，支持检察机关对24件涉企案件开展合规建设。审议通过《房屋安全条例》《节约用水条例》；开展《农贸市场管理条例》一审；与南京、马鞍山共同制定《关于加强长江江豚保护的决定》。制定《关于在立法中深入推进全过程人民民主的实施意见》；成立市法学会立法学研究会，挂牌成立江苏省社会科学院设区市地方立法研究基地、江苏高校区域法治发展协同创新中心立法研究基地；开展《非物质文化遗产项目代表性传承人条例》执法检查。年内，镇江市人大常委会围绕市人民代表大会票决产生的40件民生实事，组织开展现场考察，两次听取和审议市政府办理情况报告，并进行满意度测评；推进“双减”工作和民族团结进步创建工作。督办“聚焦共同富裕，持续增进民生福祉”议案及“关于深度推进数字经济发展”等5件重要建议；全年督办代表建议250件，解决188件，建议解决率75.2%。开展“五级人大代表统一接待选民日”活动，发动五级人大代表2117人，深入选民接待点356个，接待选民6295人，收集意见建议5723件，并及时转交部门办理；在全市建立立法联系点21家、农情联系点100家、民情联系点36家、经济监督联系点71家。

·重要会议·

【概况】2022年，镇江市人大常委会召开会议9次（市八届人大常委会第三十九次会议—市九届人大常委会第六次会议），听取和审议市政府有关议案办理情况的报告；听取和审议市政府有关报告；审议关于有关问题办理情况的书面汇报；向市第八届人民代表大会代表颁授纪念章；表决通过有关人事任免。召开镇江市人大常委会主任会议11次（市八届人大常委会第六十三次主任会议—市九届人大常委会第十次主任会议），会议讨论市人大常委会有关工作报告、人大代表资格审查情况、会议选举办法，以及市人大常委会有关工作报告，会议研究有关工作计划、议事规则、主任会议制度、市法学会立法学研究会筹备工作方案（草案）等议题。

【**市九届人大一次会议**】2022年3月1—4日，镇江市九届人大一次会议举行，会议应到代表349人，实到代表339人，组成8个代表团。会议举行3次全体会议、5次主席团会议。会议选举产生镇江市第九届人民代表大会常务委员会组成人员、镇江市人民政府市长和副市长、镇江市监察委员会主任、镇江市中级人民法院院长、镇江市人民检察院检察长，李健当选为市九届人大常委会主任，徐曙海当选为镇江市人民政府市长；表决通过镇江市第九届人民代表大会法制委员会、财政经济委员会、监察和司法委员会、社会建设委员会组成人员人选名单；票决产生镇江市人民政府2022年民生实事项目。会议听取和审议《镇江市人民政府工作报告》《镇江市人民代表大会常务委员会工作报告》《镇江市中级人民法院工作报告》《镇江市人民检察院工作报告》，审查和批准《镇江市2021年国民经济和社会发展计划执行情况及2022年国民经济和社会发展计划草案的报告》《镇江市2021年预算执行情况和2022年预算草案的报告》，并做相应决议。会议收到市人大代表提出的议案和建议248件，其中：关于"聚焦共同富裕，持续增进民生福祉"的议案被确立为市人代会议案，交市人大常委会审议决定。其余247件作为建议处理，其中5件为重要建议，交由市人大常委会主任会议处理。

2022年3月1日，镇江市第九届人民代表大会第一次会议召开 （《创新》编辑部 供稿）

镇江市人大常委会《关于加强长江江豚保护的决定》实施宣传启动

经省人大常委会批准，《镇江市人民代表大会常务委员会关于加强长江江豚保护的决定》于2022年10月24日起正式实施。为全面推动贯彻落实，24日当天，镇江市举办“江豚逐浪 立法护佑”为主题的法规实施启动仪式。《关于加强长江江豚保护的决定》是镇江市参与的跨省域立法的创新实践，在江苏省乃至全国均具标志性、示范性。

2022年10月24日，镇江市人大常委会《关于加强长江江豚保护的决定》实施宣传启动仪式举行（《镇江壹周》 供稿）

2022年11月18日，镇江市“五级人大代表统一接待选民日”活动开展（文雯 供稿）

镇江市人民政府

【概况】2022年，镇江市主要经济指标绝大多数增速达到或超过全省平均水平，110多项重点工作任务有落实。出台“纾困解难24条”措施，全年减税降费、缓税、留抵退税127亿元。实施金融支持实体经济“扬帆计划”“云帆计划”“甘露行动”，推动制造业发展，规模以上工业增加值比上年增长约6%，“四群八链”主导产业应税销售增长12%，省、市重大产业项目完成年度投资443.4亿元，新签约亿元以上产业项目列统投资115亿元，新认定省“独角兽企业”和“瞪羚企业”15家，新增应税销售收入超百亿元企业2家，总数12家。新增上市挂牌企业291家。推动服务业发展，社会消费品零售总额增长约1%，新增规模以上服务业企业120家，规模以上服务业企业营业收入增长2%。推动特色农业发展，落实金融支持乡村振兴“金穗行动”，实施农业龙头企业“金凤行动”，新增农业品牌36个。新认定国家高新技术企业533家，入选省创新型领军企业9家，新增国家级“单项冠军”和“专精特新”企业19家、国家级科技孵化载体4家、省级以上研发机构45家，省船舶与海洋工程设计研究院获批落户镇江高新区。引进高层次领军人才178人、大专以上人才3.9万人；实施“揭榜挂帅”项目16个，达成产学研合作项目超500项。强化数字产业培育，新增智能化改造、数字化转型企业133家，数字经济核心产业营业收入突破600亿元。华为（镇江）数字联合创新中心、阿里云创新中心正式运营。镇江市获批国家级跨境电子商务综合试验区。民生保障。城乡居民人均可支配收入分别为61453元和32764元。全年全市发放稳岗返还和创业贷款担保资金6.1亿元，城镇新增就业5.7万人，零就业家庭保持动态清零。财政困难群体救助帮扶资金提升至4.3亿元，城乡居民基础养老金实现“十二连增”。调整重特大疾病医疗保险和救助政策，实现医疗救助范围首次覆盖全体参保人员。社会保险主要险种覆盖率提升至98%。推动公共服务均衡发展，40项市政府民生实事和47项列入省政府民生实事的项目按照序时进度落实到位。镇江市蝉联“全国健康城市建设样板市”称号，建成全国示范性老年友好型社区3个、普惠型托育机构21家；文化体育事业蓬勃发展，全国文明城市创建工作扎实推进。开展突出环境问题五大专项整治行动，新建“绿岛”项目4个，全

2022年镇江市民生项目——桃园二期老旧小区改造工程于当年2月主体完工（文雯 供稿）

2022年镇江市民生项目——城区建设多处免费停车场，协调安装“便民充电桩”（李斌 供稿）

市生态环境质量持续改善，$PM_{2.5}$年均浓度下降2.8%，国、省考断面水质优Ⅲ比例分别为100%和97.8%。完成老旧小区改造95万平方米。70%以上经济相对薄弱村集体稳定性收入超120万元。城乡交通运输一体化发展综合评价获省AAAAA等级。社会治理。推进“脱红”“破冰”“削峰”“强基”四项计划，完成年度目标任务，全市化债工作获省委、省政府和财政部肯定。开展安全生产专项整治和攻坚行动，生产安全事故起数和死亡人数继续“双下降”。推进市域社会治理现代化试点创新，常态化开展“扫黑除恶”斗争；开展“信访突出问题攻坚化解年”行动，群众安全感提升至99.4%。农林水利。推进中央生态环保督察反馈问题的整改，巩固长江禁渔成果，拆除违法建设，复绿江滩面积200余万平方米，新增造林绿化近1.5万亩（1000公顷）。新建“吨粮田”4.4万亩（0.29万公顷），整改“非农化”田地4800余亩（320余公顷），全年粮食总产量超过上年，实现“三连增”。

2022年7月8日，一艘满载4000多吨石料的散货运输船停靠在工程趸船旁，用吊机开展抛石作业。该应急护岸工程为2022年镇江市民生实事项目之一，加固护岸1884米，护岸面积13.41万平方米（王志乐 供稿）

【重要会议】2022年，镇江市政府召开常务会议17次，学习贯彻党的二十大精神，学习上级有关部门的重要决定、决策，听取工作汇报，审议通过有关经济发展和社会事业发展的重大问题，决定重大政策。

【政务督查】2022年，镇江市政府督查工作落实《政务督查工作条例》。以《政府工作报告》提出的目标任务为突破口，将当年目标任务细化为117项重点工作和40项民生实事项目。全年围绕40项民生实事任务，开展现场督查20余次，就推进新马路建设、312和346国道改造工程、农村生活污水治理攻坚等任务开展专项督办会10余场。全年编印《领导批示与反馈》38期，跟踪督办市长批示事项1000余件。全年督促办理人大代表建议237件、政协委员提案333件，均办理结束。督办信访案件、网络舆情20余件次，督促解决疫情、环境、交通、城市管理等方面问题800余个。

【营商环境优化】2022年，镇江市政府牵头召开全市优化营商环境大会2次，市委主要领导围绕优化营商环境专题调研2次。实行“周例会、月调度、季督查、年考核”，落实以“镇合意”优化营商环境服务品牌2.1版为顶层设计，建立“115”（1项总体提升方案+1项评价指标方案+5项制度保障措施）工作推进机制。推进77项改革任务，制定38个市级部门任务清单并基本完成。聚焦关键领域，依法组建营商环境监督员队伍，收集各类意见建议73条。全市营商环境满意率98.9%，其中“非常满意”占比70.1%。市发改委组建由党员青年骨干组成的“24千将”服务专班，调研重大项目160余次，走访企业近320家，协调解决问题200多个。全市信用修复通过率列全省第1位，全国城市信用排名位居地级市第19位。开办企业0.5天办结常态化、“交房即发证”100%全覆盖、不动产登记“税费同缴”、“电水气讯视”业务联办、专利开放许可等。

【政务服务】2022年，镇江市政务服务管理部门将市金融监督管理局等10个综合值班窗口的187项行政权力事项纳入“一窗通办”，推进人社、医保、公积金等分中心进驻政务服务大厅，实施

镇江在全省率先推出重大项目审批服务平台

2022年12月16日，镇江市重大项目审批服务平台在全省率先上线，开启政务服务向项目方开放、与社会互动新格局。该平台将产业项目建设所涉及的企业设立、用地规划、工程建设、施工许可、竣工验收、不动产登记等六大环节，通过平台联动调度，助力重大项目提效能、保进度、快达产。平台聚焦企业侧、帮办代办侧、审批侧、调度侧，实现申报事项“一单清”、审批职责“一表清”、审批进度“一网清”的“三清”服务。

2022年12月16日，镇江市重大项目审批服务平台上线启动仪式举行（王朋 供稿）

“水电气讯”报装“一窗受理”。截至2022年年底，办理业务12600余件。推送数据984977条，覆盖1028个监管事项，覆盖率91.22%。收集712条监管信息，其中58条信息被省平台录用并推送至国家平台，数量列全省第三。接受企业群众咨询2000余次。为400多家企业、3000多名群众帮办代办8021件。

【镇江市重大项目审批服务平台】2022年12月16日，镇江市重大项目审批服务平台上线。该平台联动调度产业项目建设所涉及的企业设立、用地规划、工程建设、施工许可、竣工验收、不动产登记等6个环节，优化整合重大项目审批全流程的41个审批服务事项，推进项目报批审批。平台实现整体报批环节、时效和材料分别压缩37%、63%和30%。

【信访】2022年，镇江市信访工作统筹重复信访治理、重点矛盾攻坚、重大风险防范、重大活动保障等工作。做好北京冬奥会、冬残奥会、全国两会等15次重大活动信访保障任务。江苏阳光信访系统登记镇江市、县两级群众来信、网上投诉、来访来电等11558件（次），其中，市信访局实际受理人民来信2648件6621人次、网上信访10406批10754人次。市人民来访接待中心实际接待群众来访984批3363人次。群众信访诉求主要涉及城乡建设（房地产、产权证办理、物业管理等）、劳动保障、涉法涉诉、农村农业等领域。

【外事】2022年，镇江外事办公室安全转运自上海空港入境来（返）镇江旅客3553人次。同时开展“学亚夫、做亚夫”先锋团队活动，安全接转“零事故”、数据对接“零差错”、入境旅客“零投诉”。牵头起草《镇江市公共场所外语标识管理规定（草案）》；举办镇江市首

2022年11月16日，镇江市“荣誉市民”称号授予仪式举行（柳放 供稿）

届英语能力大赛等活动。举办镇江市“荣誉市民”授荣仪式。市主要领导以视频方式与美国坦佩市、韩国益山市、马来西亚古晋南市等友城开展“云交流”。

【侨务】镇江市是江苏省重点侨乡之一。2022年，全市旅居海外的华侨华人约有3.66万人，分布在美国、加拿大、澳大利亚、日本等国家和地区；全市范围有归侨侨眷约6.18万人，大部分于抗日战争前后回国定居；海外留学人员约1.2万人。全市正常运营的侨港资企业940多家，签约海外人才联络站、海外友好社团100余家；获批全国侨务示范单位、为侨服务站14家，中华文化海外交流基地6家，华文教育基地4家。

2022年7月20日，2022海外华裔菁英青少年大运河文化线上体验活动开营式举行 （田冰 供稿）

【港澳事务】2022年，镇江市召开市委港澳工作领导小组第一次会议。举办“江苏省港澳投资企业法律服务月”镇江专场活动，召开港澳资企业座谈会，维护港澳同胞投资企业合法权益。市港澳办与澳门科技大学研究生院签订战略合作协议，在常态化交流、人才引进和培育、成果转化等领域开展合作。与香港驻沪办在镇江举办两场内地人士赴港就读/工作入境政策线上推广讲座。8月23日，市长徐曙海会见香港大学校长张翔一行并陪同考察。

【机关事务管理】2022年，镇江市机关事务管理部门推进办公用房权属统一登记，完成5万平方米产权变更登记工作。为10余家单位调剂办公用房面积1.36万平方米，清退收回租赁办公用房面积约2000平方米；为中央环保督察组、市化债专班等单位提供办公设备80余套（件），收回借用到期办公设备100余套（件），节约财政资金20万元。全年市级公务出行租赁费下降20%，节约经费150余万元。5家单位创成省级节能低碳示范单位，2家单位创成“省级能效领跑者”，2家单位创成省级节水型单位，8家单位通过节能示范单位复核。

政协镇江市委员会

【概况】2022年，政协镇江市委员会协助中共镇江市委研究出台《关于加强和改进新时代市和市、区政协工作的实施意见》。中共市委常委会会议研究政协工作10次，中共市委主要领导做肯定性批示30多次。围绕打造产业绿色发展制高点、特色农机发展召开专题协商会，提出23条建议。围绕城市有机更新、医养结合、道路交通安全管理等主题召开专题协商会，提出39条建议。考察、调研重大产业项目，召开主席会议专题协商，帮助解决项目推进中的问题。市政协九届四次常委会会议形成建设产业大军“五大工程”建议案，助推人才强市战略实施。市政协九届二次常委会会议提出的建议转化为18项任务清单，项目化推进落地。中共镇江市委、市政府主要领导带头，市党政领导领办督办重点提案17件。各承办单位办理立案提案405件，办复率、委员满意率保持100%，采纳解决率70.6%。反映社情民意信息27期54篇。走访委员企业103家、制造业企业376家，帮助企业解决问题445条。出台“两个联系”（党员委员联系党外委员、委员联系界别群众）实施办法，邀请党外知识分子、非公有制经济人士、宗教界人士参加政协会议和活动。召开港澳政协委员、海外特邀代表人士远程协商会，开展“携手共植同心林”活动。2022年，政协镇江市委员会开展“两聚一推”委员主题履职实践活动。推动中央生态环保督察反馈问题整改，围绕长江岸线整治、“十年禁渔”等提出意见建议，企业家委员联合发出“投身污染防治攻坚战、争当绿色发展先行者”承诺倡议。调研推进政协文史馆规划建设，编印《拾珠览胜——镇江文史资料精编》，整理“三亲”（亲历、亲见、亲闻）史料776篇400余万字。楹联文化市创建取得阶段性成效。

【重要会议】2022年，政协镇江市委员会召开政协常委会、政协主席会议、重点专题协商座谈会共9次，听取和通过政协有关会议和报告，开展专题协商议政和建言献策，审议并通过有关人事调整事项。

【“有事好商量”协商议事】2022年，政协镇江市委员会健全基层和界别协商议事平台，试点运用“有事好商量”协商议事网。协助市委研究出台《关于推进协商议事融入基层治理的实施意见》。开展民生专题协商议事月活动，市委、市政府主要领导带头参加，开展各类协商议事活动340场，参与委员1500余人次，帮助解决问题610个，在中药材产业发展、开发项目代建绿地管理、网约车营运保险等方面形成一批成功案例。

【政协九届一次会议】2022年2月28日—3月3日，政协镇江市委员会在镇江影剧院召开九届一次会议。330余名政协委员参加会议。会议学习和讨论市委书记马明龙在大会开幕时所作的讲话，听取并赞同市长徐曙海所作的政府工作报告及其他有关报告。会议审议通过李健代表政协镇江市第八届委员会常务委员会所作的工作报告和陈林海代表政协镇江市第八届委员会常务委员会所作的提案工作报告。会议选举产生政协镇江市第九届委员会主席、副主席、秘书长和常务委员，郭建当选为市政协主席。

2022年2月28日，中国人民政治协商会议镇江市第九届委员会第一次会议召开（《创新》编辑部 供稿）

2022年10月11日，由市政协牵头的市体育局和住建局等滨江风光带体育公园共建单位签约仪式举行（《镇江壹周》 供稿）

镇江市纪委、监委

【概况】2022年，市纪检监察工作制发《关于深入学习宣传贯彻党的二十大精神的通知》，明确“学、训、讲、赛、干”五大类54项具体任务，以实际行动做好保障。处置问题线索241件，立案74件，约谈500人次，廉政意见回复7504人次。营造平稳健康经济环境，开展统计数据造假等25个专项监督，查处不担当不作为问题99人。做好信访工作，上线小微权力“监督一点通”平台，访问量79.1万次，受理投诉事项917件，按期办结率、群众满意率均达98%。发布全面从严治党信息1240条，省以上媒体发稿279篇，“清廉”网站访问量超1390万次。“孝廉京口”被评为“中国廉洁创新奖”特色创新项目、“新时代廉洁文化建设在江苏”十佳项目。

查处违反中央八项规定精神问题226起309人，通报曝光典型案例112起，39人主动上交礼品礼金购物卡。围绕特殊困难群体帮扶救助和妇女儿童权益保障专项排查整治，处置问题线索55件，党纪政务处分31人。开展殡葬领域专项整治，排查殡葬用品价格高、服务费用高背后的贪腐问题9件，留置4人。查处涉黑涉恶腐败和“保护伞”62人。全市全面从严治党群众满意度提升至95.47分，位居全省前列，接收信访举报比上年下降37.1%。运用“四种形态”处理2949人次，其中“第一种形态”提醒、谈话、批评教育处理1600人次。

2022年1月28日，中国共产党镇江市第八届纪律检查委员会第二次全体会议召开（范文涛 供稿）

【巡察工作】2022年，市委巡察机构落实主体责任，先后制定出台《八届市委巡察工作规划》《市县两级巡察工作六大责任清单》《关于加强巡察整改和成果运用的若干措施》等规范性文件。配合省委巡视，组建联动巡察组，对句容市、丹徒区纪委监委机关、组织部和4个省级开发园区开展联动或交叉巡察。组织八届市委第二轮、第三轮巡察，对24个单位开展常规巡察、提级巡察和省委巡视联动巡察，发现“三个聚焦”方面问题472个，移交问题线索60件，推动立案23件，党纪政务处分23人，留置5人。制定《关于对“一把手”巡察监督共性问题清单》，探索对“一把手”履行全面从严治党第一责任人责任和个人廉洁自律情况进行扫描，加强对“一把手”的巡察监督。持续强化巡纪协作，坚持“边巡边移、巡中成案”，巡察期间移交问题线索4件，推动巡中成案3件6人。落实巡察移交问题线索立查立处、处置前沟通、办结前会商、办理反馈及办理情况季度通报等5项机制，巡察移交问题线索一年内办结率98%，2021年以来巡察移交问题线索转立案率44.3%。推动日常监督责任落实落细，巡察反馈满一年的被巡察党组织整改完成率97.8%。分类提请市委、市政府领导对11名被巡察党组织主要负责人进行提醒谈话。提出巡察监督建议3份，对被巡察党组织主要领导发生变更的，及时发出巡察整改提醒函9份，督促抓好持续整改。

2022年4月11日，省委第一巡视组巡视丹阳市工作动员会召开（柳杨 供稿）

民主党派·工商联

【概况】2022年，镇江市各民主党派、工商联和无党派代表人士参加中共镇江市委组织召开的民主协商会、同心议事会、情况通报会10次。各民主党派参政议政，提交集体议案提案49件、个人议案提案434件；社情民意信息被中央、省、市级采用47条，省、市领导批示8次。全年各民主党派发展新成员191人，截至年底，全市有民主党派成员4334人。句容市工商联被全国工商联选树为首批“五好”工商联标杆单位，丹阳市工商联、句容市工商联获评全省工商联系统先进集体。7家商会获评国家级“四好”商会、16家商会获评省级“四好”商会，12家商会获评全省先进商会组织。1月16—17日，镇江市工商业联合会第十三次代表大会暨第一次全体会议召开，大会选举产生镇江市工商联（总商会）第十三届执行委员会委员及领导班子，卢道富当选为市工商联主席、市总商会会长。

【民革镇江市委员会】2022年，民革镇江市委员会组织和成员获民革中央、民革江苏省委会、镇江市政协等各类荣誉表彰30个。100名年轻成员被任命为各专委会成员；民革市委会和民革各级人大代表、政协委员提交议案、建议、提案90件，其中，提交省政协提案4件、市政协集体提案9件；3件集体提案被评选为市党政领导领办督办的重点提案，9件提案被评为市政协优秀提案。9篇信息被评为市政协优秀社情民意信息。

【民盟镇江市委员会】2022年，民盟镇江市委员会新发展盟员35人，主界别占比70%，正高级职称3人。截至2022年年底，全市有盟员1105人。两会期间，民盟市委会向市政协提交集体提案8件，其中1件被列为市领导重点领办督办提案；提交个人建议案15件、个人提案129件。向中央、省、市各级报送社情民意信息68篇。

2022年1月27日，民革镇江市委参加“同心工程”迎新春慰问活动，向困难家庭送去救助金和慰问金（镇江民革 供稿）

2022年10月13日，镇江民盟组织同心服务进社区医卫专家义诊活动（镇江民盟 供稿）

【民建镇江市委员会】2022年，民建镇江市委员会新发展会员30人，民建市委获评民建省委2022年度“组织管理工作先进单位”和“会员发展工作先进单位”。全年向民建省委、市政协、市委统战部报送社情民意信息112篇。

【民进镇江市委员会】2022年，民进镇江市委会获评“民进全国信息化建设先进集体”，2名会员获评“民进全省信息化建设先进个人”。在市政协九届一次会议上，提交集体提案9件，其中1件提案被市政协评为重点提案，由市领导督办。全年上报信息197篇，上级部门采用192篇，2篇调研报告被民进省委评为参政议政成果一、二等奖。全年发展新会员19人。成立民进镇江市委会虚拟机关，成立民进镇江市京口基层委员会。截至2022年年底，全市有基层委员会2个，基层支部21个，会员489人。

2022年“八一”前夕，民建镇江市委组织开展“八一”建军节95周年拥军慰问活动（镇江民建 供稿）

2022年10月30日，镇江民进悦读会的书友们在大市口漫书城交流分享读书体会（镇江民进 供稿）

【农工党镇江市委员会】2022年，农工党镇江市委员会江大基层委员会获评“农工党中央先进集体”，2人获评“农工党中央先进个人”，5人获评“农工党省委会优秀个人”，5个基层组织获评“农工党省委会先进集体”。两会期间，提交市政协集体提案6个、市政协个人提案24个、市人大个人建议6个。上报社情民意信息163篇，农工党省委会采用107篇。

【致公党镇江市委员会】2022年，致公党镇江市委员会发展新党员26人。截至2022年年底，全市有党员365人。江苏大学总支和江苏科技大学支部“致公之家”挂牌。两会期间，提交集体和个人议案、提案132件。上报社情民意信息298条，1条信息获中共江苏省委主要领导批示。

2022年6月22日，农工党第一人民医院基层委员会“农工之家”建成揭牌（镇江农工 供稿）

2022年8月5日，致公党镇江市委召开领导班子理论学习中心组学习会暨八届四次全委会议（镇江致公 供稿）

【九三学社镇江市委员会】2022年，九三学社镇江市委员会发展新社员25人，在市政协九届一次会议提交集体提案4件，2件提案被列为市领导重点督办提案。上报社情民意信息169篇，被上级部门采用36篇。

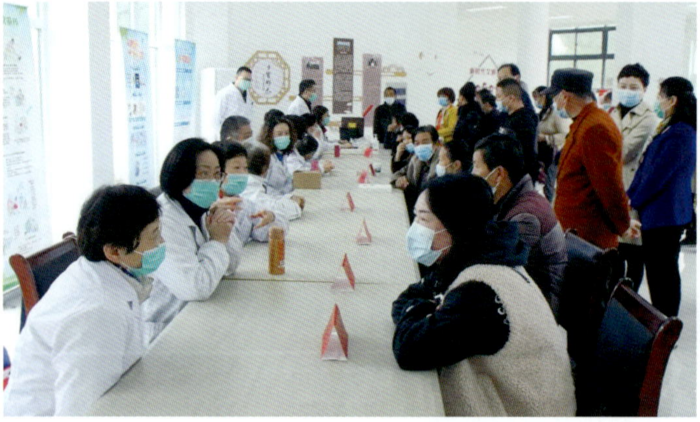

2022年11月20日，镇江九三学社组织医疗卫生服务队赴丹徒区世业镇开展义诊服务（镇江九三 供稿）

2022年12月5日，镇江九三学社与市政协教卫体委联合召开科技成果转化座谈会（镇江九三 供稿）

【镇江市工商业联合会】2022年，镇江市工商联句容市工商联被全国工商联选树为首批“五好”工商联标杆单位，丹阳市工商联、句容市工商联获评全省工商联系统先进集体。7家商会获评国家级“四好”商会，16家商会获评省级“四好”商会，12家商会获评全省先进商会组织。向市委、市政府提交《2021年度镇江市民营经济营商环境主观满意度评估分析报告》等。

2022年1月16—17日，镇江市工商业联合会第十三次代表大会召开（工商联 供稿）

两会期间，提交集体提案11件，其中《在双碳背景下推动产业健康发展》等3件提案被列为市领导重点督办提案。有137名民营经济代表入选新一届全国、省级和市级工商联领导机构，129名会员当选为省人大代表、政协委员和市人大代表、政协委员。组织新任常执委任职培训，参加全国工商联组织的市、县级工商联负责人线上培训等。指导河北商会成立中共党支部；推动高新技术企业商会成立中共党建联盟。安徽商会创成“五星”级中共党支部，泰州商会、南通商会、家居装饰业商会等3家创成“四星”级中共党支部。天工集团等4家企业入围中国民营企业500强，大全集团等7家企业入围中国民营企业制造业500强。11家企业入围江苏省民营企业200强，5家企业入围江苏民营企业制造业100强，7家企业入围江苏民营企业制造业100强，3家企业入围江苏民营企业创新100强。大全集团、鱼跃医疗获评“江苏制造突出贡献奖企业”。

2022年3月28日，镇江东北商会支持吉林疫情防控工作捐款仪式举行（《镇江壹周》供稿）

镇江东北商会捐款支持吉林疫情防控工作

2022年3月28日，镇江东北商会支持吉林疫情防控工作捐款仪式举行。镇江东北商会向市红十字会捐款31408元，定向用于吉林省疫情防控工作。市红十字会与吉林省红十字会取得联系，将捐款按捐款单位的意向汇出。镇江东北商会温立平表示，东北商会自建会以来做了许多慈善方面的工作，吉林疫情发生后他们心里十分牵挂，希望能够为家乡贡献自己的一份力量。

群众团体

【镇江市总工会】2022年，镇江市总工会有12个内设机构和2个驻会市产业工会，机关干部50人，直属企事业单位6家，即镇江市职工文体中心、镇江市工人文化宫、江苏省工人镇江疗养院、镇江市职工学校、镇江市职工服务中心和镇江市职工国际旅行社。市直有17个行（产）业、局工委（会）和4个市属产业集团工会。全市基层工会组织4273个，其中，独立基层工会3653家，联合基层工会620个，基层工会覆盖单位13631个，会员652711人，其中女会员274793人、农民工会员216486人。4月27日，全市庆祝“五一”大会庆典在南山剧院举行。会议表彰1个全国五一劳动奖状、2个全国五一劳动奖章、2个全国工人先锋号，6个江苏省五一劳动奖状、10个江苏省五一劳动奖章、2个江苏省五一劳动荣誉奖章、24个江苏省工人先锋号，25个镇江市五一劳动奖状、55个镇江市五一劳动奖章、48个镇江市工人先锋号。3月6日，镇江市首家道路货运行业工会在丹阳成立。丹阳市道路货运行业工会联合会召开第一次会员代表大会。

2022年4月27日，“追梦时代 劳动最美”2022年全市庆祝“五一”大会召开 （《创新》编辑部 供稿）

镇江市工匠代表亮相首届大国工匠创新交流大会

2022年4月27-29日，由中华全国总工会主办的首届大国工匠创新交流大会举行。镇江市沈晓昆、奚宽鹏、李迎涛、符爱芬、宋帅亮相大会。大会全面反映中国工业化进程，展示中国工业、中国制造在发展中取得的辉煌成就，展现新时代中国产业工人拼搏奋进的风采，大力弘扬劳模精神、劳动精神、工匠精神，全力推动大众创业、万众创新蓬勃发展，培养造就更多劳动模范、大国工匠。

2022年4月，首届大国工匠创新交流大会发布的镇江工匠人才海报（汪露 供稿）

2022年11月16日，首届镇江技能人才节在江苏省镇江技师学院启动（柳放 供稿）

【共青团镇江市委员会】2022年，镇江市有团员94980人，各级团组织7178个，其中，团委302个，团工委51个，团总支127个，团支部6698个。各级团干部12235人，其中专职团干部198人。12月1日，共青团镇江市第十八次代表大会举行，张冲当选为共青团镇江市第十八届委员会书记。年内，中共镇江市委印发《关于全面加强新时代少先队工作的实施方案》，推动全市有小学或初中的155个社区、农村建立少工委，聘任校外辅导员4967人。共青团中央《辅导员》《中国少年儿童》杂志3次刊发长篇通讯向全国推广镇江少先队工作经验。

2022年5月12日，镇江市学习贯彻习近平总书记在庆祝中国共产主义青年团成立100周年大会上的重要讲话精神座谈会召开（《创新》编辑部 供稿）

第十四届“镇江市十大杰出青年”名单

（按姓氏笔画排序）

江苏大学附属医院肿瘤学实验室主任　王　旭

江苏镇江长江豚类省级自然保护区管理处副主任　王召根

镇江嘉创网络科技有限公司总经理　冯志达

江苏鱼跃医疗设备股份有限公司董事长　吴　群

江苏科技大学科技处副处长　张　建

新区公安分局大路派出所所长　罗海波

中国邮政集团有限公司江苏省句容市分公司东片营投部经理　周　江

镇江日报综合特稿部副主任　胡冰心

江苏瑞祥科技集团有限公司党委书记、高级副总裁　顾建辉

江苏大学研究生院常务副院长　蔡英凤

2022年3月9日，宁镇扬青商合作发展框架协议签约仪式举行（柳放 供稿）

【镇江市妇女联合会】 2022年，镇江市妇女联合会开展“巾帼心向党 喜迎二十大”群众性主题宣传教育活动。“镇有一手”巾帼宣讲团利用红色阵地、红色资源进村入户开展分众化、特色化宣传宣讲，受众近3万人次。推进男女平等基本国策培训教育进党校，市领导为市委党校秋季学期主体班次学员做男女平等基本国策专题辅导。深化巾帼建功活动。新创10个“田妈妈”田间课堂。联合市人力资源劳动保障局打造女大学生创业就业实践基地，为女大学生提供近1000个假期见习实践岗位。提升家庭教育机制。推动家校社协同育人。健全家庭教育工作机制，结合“5·15”国际家庭日和首个全国家庭教育宣传周，命名揭晓市级家庭典型140户，47户家庭获评全国、省级家庭荣誉。

完善维权关爱机制。维护妇女儿童合法权益联席会议工作机制在全市全覆盖。制定市妇联“八五”普法实施方案，召开全市妇女儿童工作会议暨儿童友好城市建设推进会。联合《京江晚报》推出“社会妈妈”20年系列报道。以“织爱行动”为载体，为4002人次困境妇女儿童送关爱、送服务。全年推送线上课程72期，播放量逾2万次。加强组织基础建设。召开新业态新就业女性座谈会，开展新业态女性培训，立足行业协会、商圈街区成立快递、物流、外卖、货运等领域妇联、妇女微家、巾帼暖“新”驿站等各类组织近10个。推进女网格员、妇联执委双向任职，全市1701名女网格员中，妇联执委为1583名，占93%。印发《镇江市“十四五”妇女儿童发展规划》，力争到2025年，镇江妇女儿童发展水平居全省前列。

2022年6月10日，镇江市“田妈妈”田间课堂现场观摩推进会举行（《镇江壹周》供稿）

培育优秀“田妈妈”课堂基地助力乡村振兴

2022年6月10日，镇江市“田妈妈”田间课堂现场观摩推进会在句容举行。“田妈妈”是镇江市妇联联合农业农村局、财政局创新策划推出的巾帼系列活动之一，依托中帼农业科技示范基地，创设“田间课堂”培训模式，在田间地头、在大棚塘边开展公益实操培训，讲授农业技术、产品营销、运营管理等实务知识，将技术要领直接送到巾帼农民手中，使巾帼农民真正学有所获。“田妈妈”活动开展以后，开展培调64场次4800余人次，加快巾帼农民由传统农民向高素质农民转变，实现增收致富。

2022年6月10日，镇江市“田妈妈”田间课堂现场观摩推进会现场掠影（《镇江壹周》供稿）

【镇江市科学技术协会】2022年，镇江市政府印发《镇江市全民科学素质行动规划纲要（2021—2035）》，镇江市科学技术协会组织实施《2022年度全民科学素质百项行动计划》，组队参加2021—2022年度江苏省全民科学素质大赛团体赛取得冠军。2022年全市公民具备科学素质的比例为15.3%，位居全省第六。组织2022年全国科普日、第34届科普宣传周等重大科普活动，其中，全国科普日主场活动还上《学习强国》平台。开展“三下乡”和“科普金牌讲师志愿服务乡村行”系列活动，组织举办田间课堂15场，培训农民700余人次。认定镇江市科普惠农服务站17个，5个科普助力乡村振兴基地。线上线下举办“慧安科普大讲堂”活动12场，开展慧安科普“五进”活动20多场，“慧安科普·每日一点”阅读量近15万人次。认定慧安科普教育基地6个。开展“镇江市2022年度青年人才托举工程”，遴选出50名青年科技人才。市科协、市工程师学会联合组织开展2022年度“科创镇江”企业创新达人选拔推荐工作，评选出23名“科创镇江”企业创新达人、10名科技标兵、5名杰出创新工程师。

镇江市第34届科普宣传周开幕暨“关注校园安全　守好心理防线”直播活动举办

2022年5月21日，镇江市第34届科普宣传周开幕活动暨“关注校园安全　守好心理防线”电视直播活动在镇江广播电视台民生频道举办。在直播活动中，嘉宾与主持人就校园安全主题在线互动。四位嘉宾围绕网络诈骗、刷单被骗、校园纠纷以及自伤等案例展开详细剖析和讲解。

2022年科普宣传周活动以“走进科技　你我同行”为主题，突出科技科普法规，推进政策贯彻落实。聚焦国家重大战略，宣传科技创新成果。坚持以人民为中心，深化科普惠民实效。开展主场主题科普，科技志愿服务，科普助力乡村振兴，“慧安”科普等行动。

2022年5月21日，镇江市第34届科普宣传周开幕暨“关注校园安全　守好心理防线”直播活动举办（市科协 供稿）

【镇江市归国华侨联合会】镇江市是江苏省重点侨乡之一。2022年，全市旅居海外的华侨华人约有3.66万人，分布在美国、加拿大、澳大利亚、日本等国家和地区；全市范围有归侨侨眷约6.18万人，大部分于抗日战争前后回国定居；海外留学人员约1.2万人。全市正常运营的侨港资企业940多家，签约海外人才联络站、海外友好社团100余家；获批全国侨务示范单位、为侨服务站14家，中华文化海外交流基地6家，华文教育基地4家。

2022年12月15日，镇江市侨联第七次代表大会召开（田冰 供稿）

2022年5月18日，镇江市侨联“侨联讲堂”举办“以史为鉴 开创未来”讲座（田冰 供稿）

【**镇江市台湾同胞联谊会**】2022年，镇江市台湾同胞联谊会（简称“台联”）开展学习宣传贯彻党的二十大精神。召开镇江市台湾同胞第九次代表大会，完成换届。聘请1名在镇台商为特邀理事。推进“台胞之家”建设。全年走访慰问老病困台胞23户次，做好省、市台联老病困台胞补助款发放、优秀青年台胞的教育培养和推荐使用工作。加强与常住台胞和两岸婚姻家庭联系。推动建立镇江“五台联动”机制恢复并升级为“五台+联动”机制。举办台湾青年镇江行、在镇海峡两岸青少年台胞夏令营等活动。组织台籍政协委员3批次参与市台办、台资企业调研；组织台籍政协委员和部分台胞，围绕乡村振兴、环境整治议题等赴农村参观调研。在市、区政协常会上，台联界别政协委员提出提案和社情民意8件。

2022年5月26日，“惠台暖企”政策宣讲会举行（市台办 供稿）

2022年7月3日，“镇青春·江海情”2022年镇江台胞家庭亲子夏令营开营仪式举行（市台办 供稿）

2022年7月8日，“镇”因有你 “家”才美好——2022台湾青年镇江行活动启动仪式举行（市台办 供稿）

2022年9月2日，“月圆中秋情暖心 台胞台属共团圆”2022年镇江台胞台属中秋联谊活动举行（市台办 供稿）

【**镇江市文学艺术界联合会**】2022年，镇江市制定《关于加强全市新文艺组织和新文艺群体党建工作的指导意见（试行）》。成立全省首个新文艺群体实体党支部。举办纪念《在延安文艺工作座谈会上的讲话》发表80周年系列活动。镇江文联召开市文联五届十次全委会议，王德家当选文联主席。开展“礼赞新时代·奋进新征程”主题文艺活动系列活动，举办“新时代颂·起航镇江”2022镇江美术摄影主题展、学习宣传党的二十大精神主题书法展、“共筑中国梦·喜迎二十大”民间文艺作品展、“美丽镇江·幸福河湖”主题摄影展、京江文脉——镇江市中国画作品学术展、第八届书法篆刻双年展、“程默杯”全国摄影作品赛获奖作品展、镇江市第16届摄影艺术展览、“城市因你更美好”主题摄影比赛、第二届街舞大赛、“喜迎二十大·真情颂党恩”主题征文、“梦溪园+沈括”主题文化设计艺术沙龙等活动。出台《镇江市文联精品文艺创作实施方案》《关于开展优秀文艺作品评选的通知》。评选镇江市第十届文学艺术奖，对长篇小说《黄菜花》、歌曲《运河之恋》、歌曲《唱江南》等作品进行立项资助；召开《77人的“78”天》作品研讨会；召开《故事里的中国》新书发布会。丹剧《凤先生》参加省2022紫金文化艺术节新创剧目会演，获“优秀剧目奖”。舞蹈《二十一酉时》获省文艺大奖·舞蹈奖。面塑《西津商埠》、刻瓷《论道》获省文艺大奖·第六届民间文艺奖。全市100余件文艺作品在全国和省各类文艺展赛中获奖。图书《茅以升评传》《赵声将军》《神鸟》出版发行。2人入选2022年“金山文化人才”计划人才项目资助名单。各协会开展“我们的节日”、文艺进万家、助力乡村振兴、文艺微讲堂、“送万福进万家”、“高手在民间·非遗在传承”、“文心品书会”、戏剧进校园等惠民活动，全年开展各类文艺惠民活动百余场，参与文艺志愿者1000余人次，惠及基层群众3万余人。

2022年10月20日，镇江市文联文艺创作与人才培养工作会议召开（市文联 供稿）

【镇江市残疾人联合会】2022年，镇江市残联开通残联视频号，制作并上线短视频299部。组织参加江苏省第十一届残疾人运动会，镇江代表队获得41枚金牌、15枚银牌、17枚铜牌，市残联获评“优秀组织单位”。截至年底，残疾人基本康复服务覆盖率100%，残疾人基本辅具服务率100%，残疾人按比例就业占比率81.77%，残疾人托养服务覆盖率50.6%。联合有关部门举办“读书迎盛会，一起向未来”全省残疾人读书分享会镇江站活动。

镇江市残联推动残疾人工作步入快车道，提升残疾人群众的获得感、幸福感和安全感

2022年，镇江市残联建立残疾人居家托养服务体系，开展“残疾人之家示范点”建设。成立孤独症儿童早期干预康复研究中心，打造“有爱无碍，阳光赋能”孤独症儿童康复服务新品牌。为困难残疾人家庭实施无障碍改造。开展残疾人“就业援助”活动，组织残疾人专场招聘会，新开发多个辅助性就业项目，全市新增实名制就业835人；残疾人大学生就业服务率100%，就业率93.7%。残疾人基本康复服务覆盖率保持100%，残疾人基本辅具服务率100%，残疾人按比例就业占比率81.77%，残疾人托养服务覆盖率50.6%。实施21个助残实事项目。举办“读书迎盛会，一起向未来”全省残疾人读书分享会镇江站活动。在江苏省第十一届残疾人运动会中，获41枚金牌、15枚银牌、17枚铜牌，获评“优秀组织单位”。

2022年5月13日，镇江市残疾人联合会第六届主席团第五次会议暨镇江市人民政府残疾人工作委员会工作会议召开

2022年5月13日，镇江市孤独症儿童早期干预康复研究中心揭牌仪式举行

2022年11月17日，镇江市第十五次慈善助残“复明行动”启动

2022年，镇江市残联获第五届全国残疾人排舞公开赛多项荣誉 （本版照片均由市残联供稿）

镇江市残疾人托养中心有效帮助精神残疾人更好融入社会

镇江市残疾人托养中心2015年5月13日建成运行，是镇江市第一个市级残疾人免费托养中心。该中心有效帮助精神残疾人提高社会生活技能，建立自尊自强的人格，更好融入社会，同时帮助他们维持长期病情稳定。2022年1月11日，40多名托养人员在中心接受职业、社交和劳动等技能训练。

2022年1月11日，镇江市残疾人托养中心托养人员在接受职业技能等训练（市老干部摄协 供稿）

2022年6月24日，润州区“最美残疾人家庭”事迹发布暨《家庭相册》首发仪式举行（润州摄协 供稿）

【红十字会】2022年，镇江市有基层红十字会225个、冠名医疗机构10个、团体会员单位95个，会员总数13.35万余人、注册志愿者3485人。新增注册红十字志愿者737人，新增志愿服务队13支。新建应急救援队2支，累计9支，有队员279人。镇江市红十字会获江苏省应急救护技能大赛团体二等奖、江苏省高校红十字会“博爱青春”暑期志愿服务项目省级优秀组织奖。市红十字会0511爱心家园志愿服务团队负责人吴华芳被评为全国红十字志愿服务先进典型。3人被授予“全国红十字会员之星”称号。开展人道服务项目18个，216名志愿者参与，近14万人受益，6个博爱家园被评为省级优秀博爱家园。新增中华骨髓库志愿者571人，实现捐献7例。

“红动全城　博爱镇江”第75个世界红十字日庆祝活动举行

2022年5月8日，第75个世界红十字日来临之际，由市红十字会、团市委、市文明办、市教育局、市卫健委、市慈善总会共同主办的“红动全城　博爱镇江”第75个世界红十字日庆祝活动举行。活动现场，进行“生命永续　慈爱双献”公益项目发布，项目由市慈善总会和市红十字会共同设立，项目基金专项用于帮扶生活困难的造血干细胞捐赠者和遗体器官捐赠者家属。三位造血干细胞捐献者和人家分享捐献故事和感受，普及捐献知识，号召大家勇敢加入捐献志愿者的队伍。在现场的集中采样中，50余名青年加入中华骨髓库。

2022年5月8日，“红动全城　博爱镇江”第75个世界红十字日庆祝活动在南山北广场举行（《镇江壹周》供稿）

市红十字会举办第23个“世界急救日”主题宣传活动

2022年9月9日，镇江市红十字会在苏宁广场举办2022年“世界急救日”宣传活动，颁发京口区红十字应急救援志愿队聘书，为京口区红十字救援队和新时代文明实践中心红十字志愿队授旗。京口区红十字应急救援志愿队全体成员宣誓，用实际行动践行“人道、博爱、奉献”的红十字精神。

2022年9月9日，2022年“世界急救日”主题宣传活动现场 （《镇江壹周》供稿）

2022年3月1日，镇江市红十字会组织“雷锋车队”志愿者到马家山社区向居民讲解急救等知识（《镇江壹周》供稿）

2022年2月22日，镇江市第100例造血干细胞捐献者周文坚（右）

2022年3月11日，镇江市造血干细胞捐献者李覃亮

2022年7月21日，镇江市造血干细胞捐献者冷志程

2022年7月22日，镇江市造血干细胞捐献者俞秀芳（中）

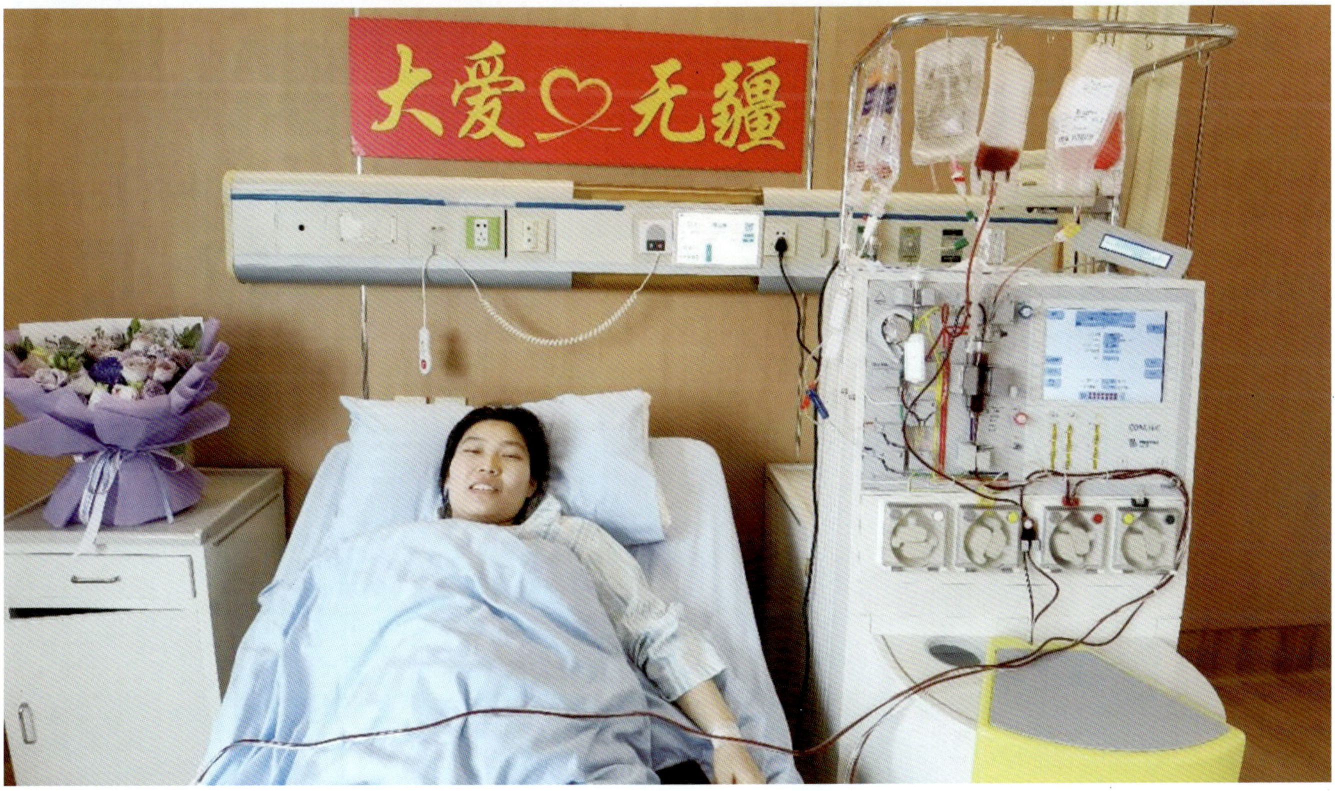

2022年12月7日，镇江市造血干细胞捐献者魏洁婷　（本版照片均由《镇江壹周》供稿）

2022年4月2日，镇江市举行2022年遗体器官捐赠者公祭活动，表达对160位捐赠者的追思和悼念（《镇江壹周》供稿）

【镇江市关心下一代工作委员会】2022年，镇江市有各级、各类关工委组织1648个，全年有6.5万多名“五老”（老干部、老战士、老教师、老专家和老模范）志愿者参加各类关爱活动。有703个组织参加基层关工委评先创优工作，达标数为682个。6月，市关工委联合市文明办、市委老干部局举办全市“喜迎二十大，筑梦向未来”老少同台文艺节目展演。9月，选送情景剧《等你回来》参加江苏省“喜迎二十大，筑梦向未来”老少同台文艺节目展演，获一等奖。镇江市教育局关工委推进关工委工作优质均衡发展，举办关工委骨干培训班。参加省关工委优质化均衡发展调研报告、论文评比，获一等奖3个，二等奖1个。《深耕社区红色沃土，助力“四史”教育春风化雨》，被教育部关工委评为关工委参与社区教育优秀创新案例。

法 治

【概况】2022年，全市政法系统围绕“疫情要防住”，牵头开展全员核酸检测，制订区域核酸检测战时工作预案、镇（街道）全员核酸检测组织实施方案，制定完善专班集中办公、应急调度、驻点协调等工作机制，高效组织6轮全市全员核酸检测。围绕“经济要稳住”，聚焦产业强市、“六稳六保”等关键环节，深化法治化营商环境在政法各领域的具体举措。围绕“发展要安全”，完成党的二十大维稳安保任务，实现“四个不发生”工作目标。围绕“生态要提升”，牵头推进全市下半年污染防治攻坚战，推动污染防治工作取得历史性好转。政法公共服务。市中级人民法院被最高人民法院命名为全国首批“为民办实事示范法院”。争议不大信访案件简易听证息诉化解率100%。推进市域社会治理现代化。创建全国市域社会治理现代化试点城市，高标准建设市域社会治理现代化指挥中心，整合大数据服务管理、“12345”公共服务热线、网格化管理、社会治安综合治理等职能。全市网格化社会治理知晓率73.69%，在全省进位6个名次。

2022年2月11日，市委政法工作会议暨政法队伍教育整顿总结会议召开（《创新》编辑部 供稿）

【法治镇江建设】2022年，镇江市出台《企业信用修复工作指引》，信用修复企业3733家，失信名单退出比例居全省第一位。推进企业合规改革试点，提请市人大常委会在全省率先出台深化推进企业合规改革工作决定，对27件涉企案件开展合规建设。深化司法体制综合配套改革，完善执法司法活动制约监督体系，开展防止干预司法“三个规定”执行情况专项检查。

2022年2月17日，镇江中级人民法院举行企业信用修复工作新闻发布会。2021年6月以来，中院对全市4257家失信企业开展信用修复专项行动，至2021年12月31日，有2605家失信企业退出失信名单，退出占比61%，镇江市城市信用综合评价排名从全国第97位提升至第31位（《镇江壹周》供稿）

【地方立法】2022年，镇江市坚持科学立法、民主立法、依法立法，突出镇江特色，推进年度立法工作。制定《镇江市节约用水条例》，推进水资源节约集约利用，强化节约用水的法治保障；深化“小快灵”立法实践，与南京、马鞍山共同制定《关于加强长江江豚保护的决定》，成为全国首部针对单一物种的区域协同保护立法；出台《镇江市房屋安全条例》，突出房屋的公众安全属性。

【平安镇江建设】2022年，镇江市“红榴家园”“一站四点”经验获公安部推广。常态化开展“扫黑除恶”专项斗争，新侦办黑社会性质组织数、线索总体成案率、涉黑涉恶财产执行到位率等指标均居全省前列。开展社会矛盾风险隐患拉网式大排查大起底大化解专项行动，推动各类风险实时预警、分类交办、跟踪监测、联动处置、动态清零。群众安全感99.39%，居全省第一位。

【公安】2022年，镇江市公安系统保障现代化新镇江建设。构建“八仗四防三服务”职责清单（八仗即政治安全主动仗、暴恐活动歼灭仗、涉稳风险化解仗、社会治安防控仗、违法犯罪攻坚仗、公共安全整治仗、网络安全治理仗、应急处突快反仗；四防即防人员滋事、防刑事发案、防安全事故、防突发事端；三服务即服务民生、服务经济、服务社会），完善“情指行”（情报、指挥、行动）一体化实战体系。全年侦破刑事案件6541起，比上年增长24.5%，其中侦破本地电信网络诈骗案件1382起，增长161.2%。挂牌督办、集中攻坚52起重大案件，破获镇江首起地下钱庄、操纵证券、期货市场案和全省首起利用网络平台非法倾倒处置固废案。创新升级“镇疫2.0”平台。开展涉企挂案清理，积案清理率、问题整改率均为100%；侦破涉企和金融领域犯罪案件45起。新建派出所“综窗”（派出所、行政服务中心综合服务窗口）39家，新增服务事项近百项。市公安局连续三年获评全市优化营商环境“甘露奖”。释放改革创新项目引领效应，9个重大改革创新项目产生实战效能。“黑斑线嫌疑风险管控模型”获公安部交通管理大数据建模比武优秀奖。“镇平安巡处一体化”获全市“十佳服务品牌”。“红榴家园”一站四点经验被公安部推广。

镇江市公安局获2022年度优化营商环境“甘露奖”

2022年，镇江市公安局高度重视“放管服”改革优化营商环境工作，以公安政务服务管理改革为引领，开展全市公安机关“警盾护企”专项行动，通过开展助企纾困解难题、改革攻坚“放管服”、风险整治大排查、营商环境法治化四大行动，优化服务举措，提升服务效能，实现优化营商环境“甘露奖”三连冠。通过建设派出所综合服务窗口，在市、县两级实行公安审批服务事项“前台综合收件、后台分类审批、窗口统一出件”。进一步拓展户政、交管、出入境事项下放事权范围，推动更多个人首次办理事项授权派出所“综窗”受理、办理，让群众“就近办”。全年新建派出所“综窗”39家，新增服务事项11项，办件40余万件。

2022年11月10日，镇江市公安“放管服”改革成效新闻发布会举行（本版照片均由市公安局供稿）

2022年，全市公安机关夏季治安打击整治“百日行动”保安驻巡启动仪式举行

2022年，镇江公安开展社会联动党旗“镇”红，携手护航平安镇江行动

2022年，“江盾”党建联盟在“水警760”指挥艇上举行联盟续签仪式

2022年，镇江公安开展“手绘反诈墙”活动

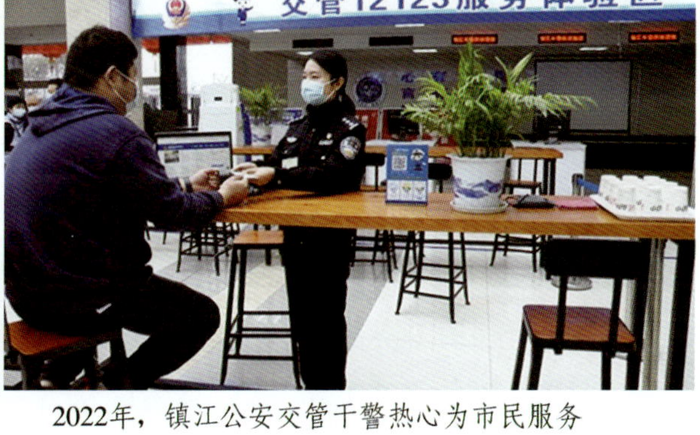

2022年，镇江公安交管干警热心为市民服务

36年后骨肉终团圆

在镇江市公安部门的努力下，镇江的一对老夫妻终于和失散多年的儿子团聚。“这几年，我从鬼门关走了好几回了，撑着这口气，就是想见到失散多年的小儿子。今天，我终于圆梦了！”2022年8月19日，在镇江市公安局润州分局会议室内，73岁的吴以泉和69岁的朱红哎夫妇，紧紧抱着离散36年的聋哑儿子，热泪纵横。

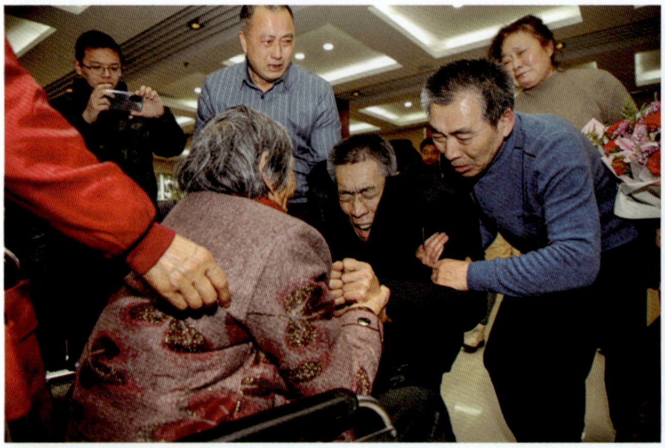

2022年8月19日，吴以泉、朱红哎夫妇见到离散36年的聋哑儿子时的场景（胡荣生 供稿）

【道路交通事故分析】2022年，镇江市发生道路交通事故337起、死亡199人、受伤209人、直接经济损失151万元。从事故发生道路来看：全市高速公路发案9起，致7人死亡；国省道发案75起，致50人死亡；农村道路发案119起，致75人死亡；城市道路发案134起，致67人死亡。从事故发生时间来看：3月、4月事故相对多发，发案77起，致47人死亡；周三事故发案较多，发案58起，致38人死亡；事故高发时段集中在7—8时、17—18时，发案68起，致35人死亡。

【**检察**】2022年，镇江市检察机关依法履行法律监督职责。全年办理刑事、民事、行政、公益诉讼等各类案件9262件，22件案件入选全国、全省典型案例，8份法律文书获评全省精品或优秀，6项工作在全省系统会议介绍交流，56个集体和个人获省级以上表彰，1人入选全市首届“最美公务员”。市检察院获评全国检察机关“文明接待室”、全国“节约型”机关、省“文明单位”。

镇江市检察系统依法履行法律监督职责，2022年获得多项荣誉

2022年，全市检察机关坚持为大局服务、为人民司法、为法治担当，依法履行法律监督职责。共办理刑事、民事、行政等各类案件9262件，20件入选全国、全省典型案例，检察工作24次获市党政主要领导及省检察院领导批示肯定，56个集体和个人获省级以上表彰，其中市检察院获评全国检察机关“文明接待室”、全国“节约型”机关、省“文明单位”、省“巾帼文明岗”；与市工商联建立护航民企协作机制，获评全国工商联与检察机关沟通联系典型事例，并被省检察院和工商联联合授予示范单位。1名干警入选全市首届“最美公务员”，1名干警入选全国检察业务专家库，4项检察理论研究课题获最高检、省检察院立项，14项研究成果被省级以上期刊录用。

2022年，市委常委会专题听取市检察院合规改革工作报告，帮助把脉定向（本版照片均由市检察院供稿）

深入开展“请代表监督、让人民满意”两院行，组织专题联络活动，2022年10月21日，院领导带队登门走访全国人大代表

2022年，完成第二轮法治副校长聘任工作，法治副校长实现全市中小学全覆盖

2022年，会同公安机关在全省率先实现两级侦查监督与协作配合办公室全覆盖，推动监督关口前移

2022年，全面实施“镇星”人才砺剑计划，素能培训、竞赛练兵多管齐下

2022年6月7日，“青春闪耀　奋进有我”全市检察好故事讲述会举办

【法院】2022年，镇江市中级人民法院受理案件92480件，审执结84246件，比上年分别增长6.53%和7.41%，审判质效10项指标8项同比优化、2项持平，执行工作“3+1”核心指标均优于全省均值。企业信用修复、知识产权保护、行政审判等多项工作成绩显著，全市法院16项工作在全省法院会议上作交流或被省级以上载体推广，34项调研成果获全国、全省奖项，24个集体、36名个人获市级以上表彰。

2022年4月20日，镇江法院服务民营经济高质量发展新闻发布会召开，发布《关于做好民营企业司法服务保障工作的实施意见》及《镇江法院破产审判白皮书（2017—2021）》，为民营企业家营造放心投资、安心生产经营的法治环境（柳放 供稿）

2022年5月20日，镇江法院青少年心理健康基地揭牌仪式举行（柳放 供稿）

2022年6月16日，扬中法院公开宣判贩卖、运输毒品，容留他人吸毒案（柳放 供稿）

京口区法院成立江苏省第一家“校院会”合作职工法律援助工作站

2022年，京口区法院受理各类案件13628件，审执结12777件，比上年分别增长11.83%和11.99%。开展“一创建二优化三提升”专项活动，开展“请代表监督、让人民满意”专项活动。坚持全力维护社会和谐稳定，依法打击刑事犯罪，妥善化解民事纠纷，加快兑现胜诉权益。坚持服务大局，加强知识产权审判，保护创新发展。坚持司法为民，全力增强群众司法获得感，护航高品质美好生活。坚持从严治院，全力锻造过硬法院队伍。2022年，京口区法院获国家级“节约型机关”称号，成立的江苏省第一家“校院会”合作职工法律援助工作站（驻谏壁法庭）挂牌运行，全区首个公务员实训教育基地揭牌。

2022年12月14日，江苏省第一家“校院会”合作职工法律援助工作站挂牌运行（本版照片均由京口区法院供稿）

2022年10月28日，京口区首个公务员实训教育基地在京口区法院揭牌

2022年，京口区法院“电子封条”正式启用

2022年5月13日，联合镇江广播电视台《法眼新观察》进行抖音全程直播凌晨执行行动

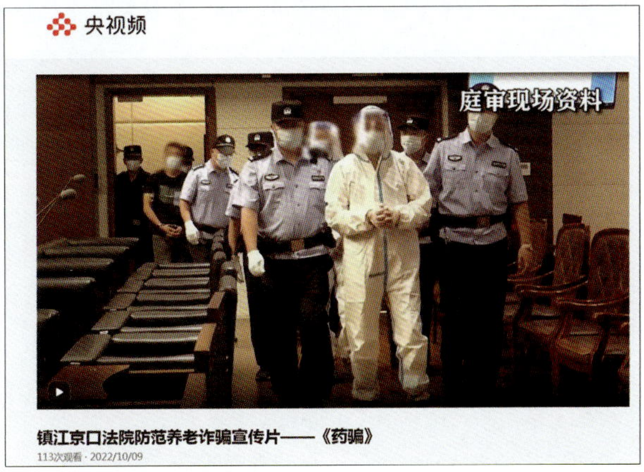

2022年，真实案例改编，京口区法院自拍反诈微电影《药骗》获表扬，并在央视频播放（视频截图）

润州区人民法院获评“全省法院环境资源审判协作工作先进集体”

2022年，润州区人民法院坚持疫情防控和审判执行两手抓两不误，开展“一创建二优化三提升”专项活动，全力打造高质量司法、服务高质量发展，各项工作不断取得新进展。全年共受理各类案件13745件，结案12542件，比上年分别增长23.52%和20.12%，收案数和结案数均创下历史新高。先后有5个集体和9名干警获市级以上表彰。2022年，润州法院获评“全省法院环境资源审判协作工作先进集体”，法院政治部获评“全省法院政治工作先进集体”，法院行政庭被评为“全省法院行政审判工作先进集体”，法院金山湖人民法庭被省妇联授予省级“巾帼文明岗”称号。

2022年11月4日，润州法院党组理论学习中心组专题学习党的二十大报告（本版照片均由润州法院 供稿）

2022年5月12日，镇江和润州两级法院联合召开“依法为残疾人提供高质量诉讼服务新闻发布会”

2022年11月23日，润州法院集中发放涉民生案件案款

2022年11月23日，润州法院对涉疫情案件进行宣判

2022年11月25日，镇江市级行政机关相关负责人在润州法院旁听一起行政诉讼案件庭审

2022年2月25日，润州法院开展“巾帼社区普法 维权与爱同行”活动

【司法行政】2022年，镇江市制发《关于深入学习贯彻习近平法治思想 推动更高水平法治镇江建设的实施意见》。组织矛盾隐患排查6.7万余次，调解纠纷4.7万余件，“苏解纷”小程序注册人数突破16万人。“12348”公共法律服务平台接受群众咨询2.3万人次，各级法律援助中心窗口接待来访群众咨询1.4万余人次，办理法律援助案件3723件，新建31家法律援助工作站。出台《镇江市学法用法示范户培养工作实施方案》《镇江市“法律明白人”培育工作实施方案》，新培育“法律明白人”3200余名、学法用法示范户409户。6名“法律明白人”被授予省级先进荣誉，市司法局等3个单位被评为省“法律明白人”培育先进集体。新增国家级民主法治示范村（社区）3个、省级民主法治示范村（社区）24个、省级法治文化建设示范点2个，3篇法治宣传教育案例入选司法部案例库。

2022年2月16日，全市司法行政工作会议召开（市司法局 供稿）

2022年6月22日，市司法局召开镇江市解除强制隔离戒毒人员开展后续照管工作新闻发布会（市司法局 供稿）

2022年8月，市区中山广场法治宣传设施（卞婕 供稿）

2022年7月，润州区新建新金江社区法治宣传广场（卞婕 供稿）

【仲裁】2022年，镇江仲裁委受理案件588件，比上年增长11.36%；标的额8.96亿元，比上年增长11.44%。办结501件，其中以裁决方式结案154件，占30.74%；和解调解、撤回仲裁等方式结案347件，占69.26%，处理案件标的稳步上升。全年无被法院撤裁及不予执行处理的案件。

镇江举办第二届“镇江最美退役军人”发布仪式

2022年4月20日，镇江举办以“红心向党，军魂永铸”为主题的第二届“镇江最美退役军人”发布仪式，对评选出的10名“镇江最美退役军人”和10名“镇江最美退役军人”提名奖获得者集中发布。10名“镇江最美退役军人”是：贺设平、谭伟、沈晓春、曹光明、魏网清、刘国栋、薛晓静、瞿怀彬、张杰、郭文韬。

2022年4月20日，第二届“镇江最美退役军人”发布仪式举行（《镇江壹周》供稿）

2022年8月3日，京口区6名见义勇为人员受到表彰（《镇江壹周》供稿）

2022年6月1日，见义勇为报告会走进镇江市宜城中学（《镇江壹周》供稿）

2022年，谏壁街道退役军人优待证办理服务点外景（本版照片均由谏壁街道供稿）

京口区谏壁街道完成省退役军人优待证办理试点工作

作为省退役军人优待证申领制发试点单位，2022年3—5月，京口区谏壁街道圆满完成省退役军人优待证集中申领工作，为老兵办理退役军人优待证申领登记。

2022年，谏壁街道推进各项事业全面发展。经济发展平稳向好，工业总产值完成246亿元。城市生活品质更优，完成王家新苑安置房回迁工作，1092户群众喜圆安居梦。社会治理成效更好，“数字谏壁”建设取得阶段性进展。党建引领更加有力，创新“党建庭院”“社区工厂”模式，扩大党群服务中心服务内涵。

2022年，谏壁街道“谏行动”服务品牌新闻发布会举行

2022年，王家新苑1092套安置房安置到位，居民喜迁新居

2022年，中储粮11万吨浅圆仓项目竣工

2022年，指导企业通过“四大流程 八大环节”管理外来货车

ZHENJIANG
TUJIAN
(2023)
WENHUA
JIANSHE
PIAN

镇江图鉴（2023）
文化建设篇

综 述

【概况】截至2022年年底，镇江市有公共图书馆7个、文化馆8个、文化站59个、村（社区）综合性文化服务中心658个、博物馆（纪念馆）14个、美术馆2个，其中，市文化馆、市图书馆与市博物馆均为国家一级馆。有省级以上文物保护单位67处，其中全国重点文物保护单位13处。累计公布六批市级非物质文化遗产名录项目，认定四批非物质文化遗产代表性传承人。有市级及以上非物质文化遗产名录项目184项。市级及以上非遗项目代表性传承人121人。全市有娱乐场所120家、互联网上网服务场所143家、文艺表演团队（营利性）11个、演出场所经营单位3家、演出经纪机构4家、经营性互联网文化单位5家、艺术品经营单位15家。全市有挂牌上市文化产业企业48家、国家级数字出版基地1个、省级文化产业示范园区（基地）2个、省级夜间文化和旅游消费集聚区1个、省级文化和旅游消费试点单位2个、省级文化和旅游产业融合发展示范区建设单位1个、省级工业旅游区8个。集中发布并签约12个文旅项目，总投资50.05亿元。润州区（高新区）创成省级全域旅游示范区，句容市创成省级文旅产业融合发展示范区，镇江新区、润州区创成省级文化和旅游消费示范单位。加强文物活化利用。镇江博物馆“运河风物‘镇’知道——寻访大运河文化带”项目、茅山新四军纪念馆“传承铁军精神，赓续红色血脉——茅山红色夏令营”、扬中市博物馆“扬博‘童’行 馆社共育——志愿服务”项目等获评2022年江苏省博物馆志愿服务优秀案例。西津渡景区、宝华山景区创成首批“江苏省无限定空间非遗进景区”示范项目。江苏恒顺集团创成第三批省非物质文化遗产创意基地。举办2022（第十六届）中国镇江金山文化艺术·国际旅游节。推动印发《镇江市文化和旅游活动突发事件应急预案》，高效处置突发事件。

【公共文化】2022年，镇江市文化服务“从小爱场馆12345模式”作为优秀案例在全国特殊群体文化权益保障培训班上做经验交流。市文广旅局梳理编制的“城乡文艺播种”亮点集，由省委宣传部作为省级优秀创新项目向中宣部推荐、被省文旅厅作为省级优秀案例向文旅部推荐。“文化广场国家标准化体系”作为全国社会管理和公共服务综合标准化试点典型案例，由市市场监督管理局向国家市场监管总局推荐。推进8个旅游厕所新改建任务。截至年底，全市完成24个智慧广电乡村工程建设，丹阳市实现全覆盖。

【2022（第十六届）中国镇江金山文化艺术·国际旅游节】2022年11月7日，2022（第十六届）中国镇江金山文化艺术·国际旅游节在镇江南山风景区西入口开幕。本届旅游节举办时间为11月5—18日，活动由镇江市人民政府、江苏省文化和旅游厅主办，中共镇江市

委宣传部、镇江市文化广电和旅游局等单位承办。作为2022紫金文化艺术节的镇江分会场，以“雄秀甲东南　千里共金山”为主题，通过线下线上融合、全市全域联动、白天夜晚“不打烊”的方式举办“诗画江山”“雅韵名城”等5大板块30余项子活动。开幕式上现场发布并签约12个文旅项目，总投资为50.05亿元。

2022年11月7日，2022（第十六届）中国镇江金山文化艺术·国际旅游节开幕式活动现场（张梅 供稿）

【古籍保护工作】2022年，镇江市图书馆元刻本《隋书》、康有为所藏《东垣十书》等12部古籍入选江苏省第五批《江苏珍贵古籍名录》。对国家“二二工程”库藏征集工作涉及该馆的古籍进行核查、清点、扫描。接受文旅部实施的全国古籍保护重点单位复核。对部分善本古籍、地方性古籍等进行数字化扫描、识别累计2万余页。对《焦山六上人诗》《徐氏宗谱》《诗义折中》等古籍进行精细化修复，修复530余页。与南京图书馆合作开展“喜迎二十大”古籍珍品展，展览圣旨、《瘗鹤铭》拓片、柳诒徵课艺等古籍、文物11件。

【《镇江文库》编撰】2022年，镇江市图书馆对《镇江文库》学术编、文学编的选书目录进行审校、增删，确定两编46册收录汉代以来镇江历代学者、文人从事经史文化研究及文学创作的各类著作300余种。该馆独立提供古籍底本约230册4万余页，委托广陵书社向上海、南京等地机构征集底本，组织省内相关文史专家与古籍工作者撰写提要。《镇江文库》的编辑工作于2022年12月基本完成。

【文学艺术】2022年，镇江现代扬剧《茶山女人》入选“喜迎二十大”江苏省新时代基层文艺院团优秀剧目展演，获江苏省“五个一”工程奖；锡剧《太平洲上》入选“喜迎二十大”江苏省新时代现实题材优秀剧目展演、2022年江苏省舞台艺术精品创作扶持工程投入剧目；丹剧《凤先生》入选2022年江苏省舞台艺术精品创作扶持工程重点投入剧目、江苏艺术基金舞台艺术创作资助项目、紫金文化艺术节新创舞台剧目。小品《这个赞点不点》获省五星工程奖。国画《大河之韵》入选2022江苏省文艺大奖第四届美术奖。推动“戏曲进校园”活动，征集41个“戏曲进校园”演出团队和113个代表性剧（节）目，开展戏曲展演和戏曲知识教育活动。镇江市艺术剧院、丹阳市丹剧艺术发展有限公司和扬中市锡剧团在2022年江苏省国有文艺院团社会效益评价考核中获优秀等次。市美术馆分别以“壬寅贺春”“翰墨夏歌”“似水年华”为主题，举办3场馆藏书画展，展出馆藏中国画、书法作品200件。

2022年，锡剧《太平洲上》演出剧照（卞婕 供稿）

2022年，丹剧《凤先生》演出剧照（张梅 供稿）

镇江市获省2022年“五星工程奖”的小品《这个赞点不点》（左）和入围的小音乐剧《恐归》（右）剧照（张梅 稳跞 供稿）

中国第18届国际摄影艺术展览2022年8月起展出，程国玲作品《城市保洁》获评优秀作品 （市摄协 供稿）

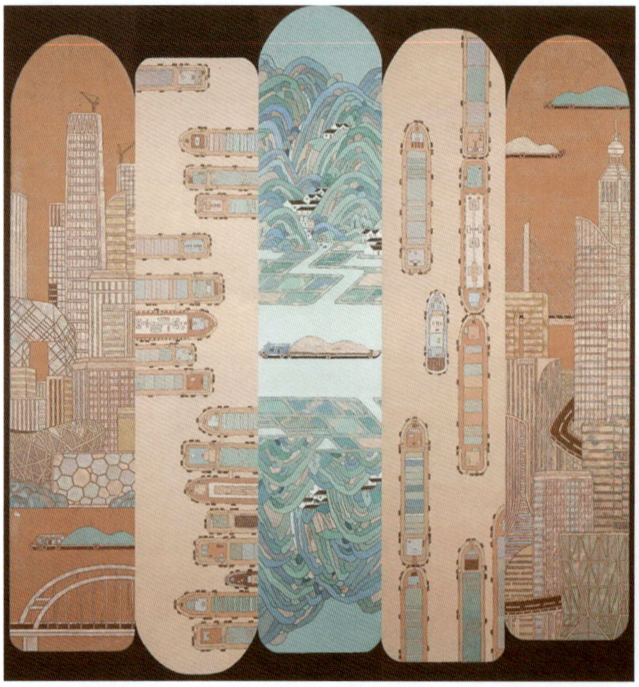

2022江苏省文艺大奖第四届美术奖入选作品：谈鹏，中国画（工笔重彩）《大河之韵》（市美协 供稿）

2022江苏省文艺大奖第四届美术奖提名奖作品：李建波、贾义涵，油画《故园清梦》（市美协 供稿）

镇江在第24届江苏省摄影艺术展览获佳绩

2022年12月，江苏省文联和江苏省摄协主办的第24届江苏省摄影艺术展览开展，镇江有7幅（组）作品获奖展出，分别是夏纪福作品《一箭九星海上发射（组照）》（纪录类收藏作品），胡荣生作品《失散63年母子骨肉团聚（组照）》（纪录类入选作品），何克作品《生命卫士（组照）》、孙继生作品《捕鱼》、李行华作品《荷塘的早晨》、罗秀龙作品《雪中送菜》、叶有伟作品《风雨中》均为艺术类入选作品。

获第24届江苏省摄影艺术展览纪录类收藏作品的夏纪福作品《一箭九星海上发射（组照）》（部分）（市摄协 供稿）

“新时代颂·起航镇江”2022镇江美术摄影主题展举办

2022年10月31日，“新时代颂·起航镇江”2022镇江美术摄影主题展分别在镇江市美术馆和镇江凤凰广场开幕。本次主题展作为“新时代颂”2022江苏美术摄影主题联展的一部分，是镇江市近年来规模最大、作品最多、参与人数最广的主题展览之一。4月发布征稿启事后，全市美术、摄影工作者开展5次集中创作采风活动，紧扣宣传贯彻党的二十大主线和讴歌新时代主题，围绕“经济实力、民生福祉、城乡区域发展、生态环境质量、社会文明、从严管党治党”6个方面，创作作品4000余幅，其中1100幅在市美术馆新馆和凤凰广场望山书局，以及各地新时代文明实践中心、公共服务空间和文化空间、商业综合空间同步展出。

“新时代颂·起航镇江”2022镇江美术摄影主题展现场（市文联 供稿）

2022年11月16日，在“新时代颂”2022江苏美术摄影主题联展闭幕式上，镇江市委宣传部获“新时代颂”2022江苏美术摄影主题联展“优秀组织奖”，市摄影家协会获“优秀创作奖”，市美术馆和镇江凤凰广场望山书局获“优秀展陈奖”（施轩 供稿）

2022年5月23日，程默摄影图片暨“程默杯”全国摄影赛作品展在丹徒美术馆开展（市文联 供稿）

镇江市艺术剧院获评省一级院团

江苏省文化和旅游厅公布2022年省国有文艺院团评估定级评定结果，镇江市艺术剧院获评省一级院团。镇江市艺术剧院成立于1996年，年均演出超200场，年均艺术普及超30场。近年来，剧院创作的优秀舞台作品获多项国家、省级奖项。其中，音乐剧《九九艳阳天》获江苏省文华奖文华大奖、江苏省“五个一工程”奖；扬剧《茶山女人》获2020紫金文化艺术节优秀剧目奖、江苏省文华奖文华大奖、江苏省“五个一工程”奖。

2022年，镇江市艺术剧院掠影（逸虻 供稿）

镇江5件作品在第五届“江苏报告文学奖”评选中获奖

2022年12月，第五届（南钢）“江苏报告文学奖”评选揭晓，镇江市有5件作品获各类奖项。其中《77人的“78天”》（王景曙）获第五届（南钢）“江苏报告文学奖”，《茅以升评传》（蔡永祥）、《赵声将军》（王桂宏）、《溢绿园》（范继平）获第五届（南钢）“江苏报告文学奖”提名奖，王东海获新人奖。

图为《77人的“78天”》和《茅以升评传》封面（施志 供稿）

壁画《千里江山图》（李柱保 供稿）

《千里江山图》以壁画形式亮相润州段长江江堤

2022年7月，中国十大传世名画之一、故宫博物院“镇院之宝”《千里江山图》以壁画形式亮相润州段长江江堤，为镇江再添一道重要人文景观。由王川策划，周广宇、陈为龙设计的这幅大型壁画，长57米，主画面高2.2～2.3米，尽最大可能还原原作风格。墙绘选用进口涂料，在没有人为破坏的情况下可以保持15～20年。

“江风海韵”江苏省沿江沿海六市文艺联盟巡演启动

2022年9月5日，由江苏省群众文化学会主办的“江风海韵”江苏省沿江沿海六市文艺联盟巡演活动启动仪式在镇江举行。活动由镇江、盐城、扬州、泰州、南通、连云港6市承办，旨在推动文旅深度融合、聚焦乡村振兴，打造新时代特色文化品牌。巡演活动历时一个月，在6市开展巡演12场。

2022年9月5日，“江风海韵”江苏省沿江沿海六市文艺联盟巡演活动启动仪式现场（张梅 供稿）

2022年8月20日，“惟美无界——东亚油画艺术精品展”在镇江市图书馆开展，展出40余位朝鲜艺术家的百余幅作品（市图书馆 供稿）

2022年度“全民艺术普及进机关”培训班开课

2022年10月19日，由镇江市文广旅局、市委市级机关工委主办的2022年度“全民艺术普及进机关”培训班在镇江市文化馆开课，全市100余名机关人员在工作之余走进“艺术课堂”接受艺术熏陶。培训班事前广泛征集需求建议，开设书法、瑜伽、葫芦丝、朗诵、舞蹈形体、声乐6门较受欢迎的课程，邀请辅导专家授课。培训至12月初结束，每门课程集中授课8次。

“全民艺术普及进机关”培训班掠影（张梅 供稿）

2022年11月1日，“古韵润香江”户外研学活动举行（张梅 供稿）

2022年10月，镇江市文化馆开展“5+2”课后延时服务艺术公益课程进校园活动（张梅 谈玥 供稿）

“文化扶智 乡村振兴”专场文艺演出在润州区韦岗村举行

2022年1月21日，农历春节前夕，镇江市文广旅局和市文化馆在润州区韦岗村举行“文化扶智　乡村振兴”专场文艺演出，这是镇江市文化系统文艺惠民的重要举措，让老百姓在家门口就能看到精彩的文艺演出。在现场，镇江市的书法家为村民写春联、送福字。

“文化扶智　乡村振兴”专场文艺演出现场（张梅 供稿）

2022年11月19日，“希望之星”镇江艺术考级单位优秀节目展演举行（谈玥 供稿）

2022年11月30日，镇江市“金山文化人才”计划引进人才座谈会暨集中签约仪式举行，6名文化人才和所在单位、市委宣传部共同签订《镇江市“金山文化人才”计划引进人才资金资助协议》（施轩 供稿）

2022年9月，镇江市第二届书法篆刻双年展展出现场（卞婕 供稿）

2022年8—9月，“似水年华”镇江市美术馆馆藏书画展展出现场（卞婕 供稿）

2022年10月，“同心向党 ‘京’彩有我”京口统一战线喜迎党的二十大摄影书画作品展览在苏宁广场展出（卞婕 供稿）

2022年10月18日，“喜庆二十大 奋进新征程”镇江市老科技工作者书画摄影作品展开幕式现场（卞婕 供稿）

【报业传媒】2022年，镇江报业传媒集团组织开展“喜迎二十大”“奋进新征程 建功新时代”“勇挑大梁　多作贡献”等主题宣传活动，推出图文、海报、短视频、H5等新媒体产品。报业集团连续两年获江苏新闻奖。融合创新产品《赵亚夫的朋友圈》获第二十五届江苏新闻奖、2021年度江苏省好新闻（媒体融合类）融合创新类产品一等奖，入选2021年度江苏省网络传播精品生产扶持作品。3件新闻作品在2021年度江苏省好新闻评选中获一等奖，7件作品获二等奖，8件作品获三等奖。在2021年度江苏省好新闻其他奖项评选中，《镇江日报》有1件作品获新闻版面二等奖，1件作品获新闻论文二等奖，1件作品获报纸副刊（融媒体）二等奖；《京江晚报》有1件作品获报纸副刊三等奖。在2021年度赵超构新闻奖评选中，《京江晚报》获一等奖2件，二、三等奖各1件，优秀奖2件。

《赵亚夫的朋友圈》宣传海报和手机截图（报业集团 供稿）

报业集团《赵亚夫的朋友圈》获江苏新闻奖

镇江报业传媒集团精心策划，推出融合创新类产品《赵亚夫的朋友圈》，用音频、视频、动漫、图集、电子书等多种新媒体呈现方式，紧扣乡村振兴、共同富裕这一宏大主题，进行多方位的诠释和延伸解读，引发广泛关注，新华社客户端、《人民日报》客户端等众多媒体纷纷转发，阅读量超200万人次。2022年11月，《赵亚夫的朋友圈》获江苏省新闻最高奖——江苏新闻奖。

【广播电视】2022年，镇江文广集团开设《奋斗者　正青春》《总书记请放心》《非凡十年·走基层　看变化》《喜迎二十大》《二十大时光》《学习贯彻党的二十大》《二十大镇江播报》等专题专栏；策划推出《镇享读——用声音讴歌大美中国》《不朽的丰碑——红色文物故事》《传承·笃行》等系列短视频产品，与南京、南通、徐州、扬州4家城市广播联动直播《不负嘱托》。依托“一起镇江”App，与“学习强国”学习平台、新华社客户端和江苏荔枝等主流平台，以及抖音、今日头条、腾讯、微博、快手等平台合作，构建传播矩阵。邀请长江沿线36座城市媒体共同开展“云接力”诵读长江诗词活动，总阅读量近千万人次。“精神的丰碑”——2022年清明公祭融媒体产品系列视频在“学习强国”江苏学习平台、我苏、今日头条、抖音、视频号等主流网络平台总阅读量突破100万人次。全年在央视用稿53条，在江苏卫视用稿758条，在“学习强国”学习平台用稿388条，在iZhenjiang海媒账号用稿86条，在中央人民广播电台用稿32条，在江苏新闻广播用稿183条。

2022年8月30日，“潮起东方”启动仪式现场（文广集团 供稿）

镇江广播电视台参与“潮起东方”融媒体新闻行动

江苏省、市、县三级百家媒体，推出融媒体新闻行动“潮起东方”。2022年8月30日，镇江广播电视台通过云连线参与方式举行启动仪式。“潮起东方”包括《江海奔涌非凡十年》《奋楫深水区》《在这里，看见江苏》等五大主题。镇江新闻频道组织骨干记者全程参与，通过主题鲜明、层次多样、角度多维的融媒报道，全面展现镇江的历史性跨越和取得的非凡成就。

2022年7月24日，在第九届中国媒体及文化产业创新论坛暨2021年度“影响中国传媒”媒体推介成果发布会上，镇江广播电视台《法眼新观察》被评为“影响中国传媒”2021年度城市台品牌栏目（文广集团 供稿）

【**网络媒体**】截至2021年年底，镇江市互联网普及率100%。光纤线路总长17.8万千米，比2020年年底增长7.2%；光宽带接入端口252.4万个，增长6.8%。IPv6规模部署和应用取得显著进展，40位IPv6地址数80个，移动互联网IPv6用户数为350.6万户。5G、工业互联网、大数据中心等新型基础设施建设加快，建成5G基站（不含室内分布、微站）6866个，实现全市区及省级以上工业园区5G信号全覆盖，农村地区5G信号覆盖率为50%。大数据共享交换平台归集数据15.86亿条，共享数据4.07亿条；发布信息资源目录5395个，共享目录837个，可提供服务数1827个，对外提供服务超500万次。“‘红网工程’激活互联网行业‘党建密码’”入选“中国改革2022年度地方全面深化改革典型案例”，同时入选中共中央党校出版的基层党建与民生发展优秀案例集《旗帜》第二卷首篇。

2022年10月12日，市“强国复兴有我”群众性主题宣传教育活动“喜迎二十大 民生看变化”摄影作品全网征集获奖作品展开展

“喜迎二十大　民生看变化”摄影作品全网征集展示活动

镇江市委网信办、人民日报社《民生周刊》联合发起“喜迎二十大　民生看变化”摄影作品全网征集展示活动。活动征集到来自全国网友的投稿作品200余件，最终评选出一等奖2件、二等奖5件、三等奖20件、优秀奖20件。

“喜迎二十大 民生看变化”摄影作品全网征集一等奖作品《农村路变迁》（本版照片均由市委网信办供稿）

【档案工作】2022年，镇江市档案工作取得新进展。全年接收1.2万余卷、9万余件档案进馆，各级综合档案馆和城建档案馆馆藏总量224万余卷、155万余件，其中市档案馆馆藏档案407919卷、407571件。全年全市档案馆接待社会各界利用者1.9万余人次，查阅档案数量4.6万余卷（件），提供复制件13.4万余张，其中市档案馆查档1697人次，为利用者提供档案、资料9021卷（件），复制6636张。

2022年6月7日，喜迎二十大 档案颂辉煌——镇江市“6·9国际档案日”集中宣传周活动启动仪式在市行政中心市民大厅举行 （《创新》编辑部 供稿）

【史志编研】2022年，镇江市史志系统修改完善《中国共产党镇江历史第三卷（1978—2002）》，完成修改稿约40万字并集结成册。续写《中国共产党镇江历史第三卷（2003—2012）》部分，形成撰写方案。编印《奋进的足迹——党的历次全国代表大会镇江实践印记》。完成《江苏新方志提要》镇江部分撰稿。《江苏名村·下甸村志》《镇江市工商业联合会 镇江市总商会志》出版发行。推动《镇江公安志》编纂，审核《江苏名镇·下蜀镇志》《镇江市第一人民医院志》《镇江茶叶志》《三茅街道志》《九里村志》等。开展全市镇村志编修情况普查，印发《关于实施镇村志编纂文化工程的通知》，全年启动编纂镇村志11部，其中“江苏名镇名村志”3部。编纂出版《镇江年鉴（2022）》《镇江图鉴（2022）》。探索开发即时性志鉴产品，编印《镇江印记（2022）》。7月2—6日，组织参加第十二届江苏书展，100多部史志书籍参展，记录镇江西津渡建筑文化史的《西津图谱》举行新书发布会。门户网站更新信息150多条。建立健全中共镇江地方史馆、镇江方志馆展陈内容日常更新制度，全年修改更新版面20个，接待各类参观人员11591人次。会同市老区促进会开展全市红色资源调研普查，推荐镇江市烈士陵园入选第四批江苏省党史教育基地。

2022年7月26日，镇江市史志办赴陆军军事交通学院镇江校区某大队开展党史专题辅导授课活动（陆军军事交通学院 供稿）

【哲学社会科学】2022年，镇江市社科系统刊发各类理论阐释文章40余篇，开展理论宣讲百余场次。成立市知识产权研究中心；举办宁镇扬一体化论坛；编报《镇江发展研究报告》11期。开展省级重点课题研究7项、市级重大课题研究8项。全年立项社科应用研究精品工程一般课题177项、专项课题463项。年内，镇江市社科系统举办4期“金山学术沙龙”。举办赛珍珠国际学术研讨会、《三国演义》学会成立30周年学术研讨会、柳诒徵学术研讨会等。11项社科社团创新案例获市级优秀奖，11家社科社团获评市级“社科模范”“先进社团”。镇江市社科系统推出“镇”有前途、“镇”不一般、“镇”能量、“镇”有趣4个系列短视频90辑，外国留学生讲“中国镇江故事”4辑。“社科镇有料”抖音粉丝为1.2万人。评出镇江市十佳“小小社科讲读人”。实施“十四五”社科人才培养计划，组织开展镇江市第十四届社科优秀成果评奖和江苏省第十七届社科优秀成果评奖推荐工作，20项成果获省级奖项。

镇江市社科联开展的“小小社科讲读人”活动掠影（《镇江壹周》供稿）

《中国赛珍珠论集——赛珍珠与中国小说》英文版首发

2022年12月10日，由镇江市赛珍珠研究会组织编辑翻译、江苏大学出版社出版的《中国赛珍珠论集——赛珍珠与中国小说》英文版首发。赛珍珠是著名的跨文化作家，主要因其中国题材小说而被铭记，中国学者“赛珍珠与中国小说”研究成果丰硕。该书收录论文21篇，展现中国学者对赛珍珠小说的最新评价及赛珍珠通过对中国小说的研读所传达的对中国文化的理解。

《中国赛珍珠论集——赛珍珠与中国小说》英文版及首发式现场（柳放 供稿）

【文化产业】2022年，镇江市印发《关于支持镇江文旅企业纾困复苏的实施意见》，推出“纾困10条”，对12类文旅市场主体给予一次性防疫和纾困补贴，帮助申报专项引导资金1000余万元。持续打造“文化金山”IP品牌暨新媒体矩阵，举办2022年“文化和自然遗产日”江苏省系列活动暨“水韵江苏·非遗购物节”，推出2022“古道今生——寻访大运河记忆”短视频大赛、“不尽长江滚滚流”长江诗词诵读云接力比赛等活动，联合有关单位举办镇江市第八届金山文创设计大赛。句容市创成省级文旅产业融合发展示范区；镇江新区、润州区创成省级文化和旅游消费示范单位；句容市千华古村景区和京口区第一楼街文旅步行街创成省级夜间文旅消费集聚区，千华古村创成省级旅游休闲街区培育单位，第一楼街文旅步行街创成省级旅游休闲街区。华秀锅盖面大礼盒获第二届江苏旅游文创商品大赛金奖。

2022年6月10日，“文化和自然遗产日”江苏省系列活动暨“水韵江苏·非遗购物节”启动仪式举行（张梅 曹厚庆 供稿）

2022年6月10日，“文化和自然遗产日”江苏省系列活动暨“水韵江苏·非遗购物节”启动仪式及活动现场（曹厚庆 田冰 蔡昀 潘金龙 供稿）

2022年，大禹山数字文创区（本版照片均由象山街道供稿）

京口区象山街道大禹山数字文创区获评省级文化产业示范园区

2022年，象山街道大禹山数字文创区入选省级信息技术应用创新先导区，并获评省级文化产业示范园区。街道的象山、大禹山列入区重点项目19个，其中市重点产业在建项目3个，总投资32.47亿元；全年新签约项目21个，其中重大类项目1个、重点类项目11个，新增规模以上企业20家；全年培育(入库)高新技术企业3家，入选镇江市“金山英才计划”4人。

2022年，象山街道推动长江岸线整治，长江入河排口整治34个，拆除盘龙建宇等沿江企业；强化大气区域协同治理；对玉带河、一夜河等河道开展水质提升工程；丹徒桥改造完成，东风菜场迁建工程顺利进行；综合整治毁林种菜现象，铲除面积约6000平方米；完成索普周边回迁安置940户、1167套房屋；拆除违建161处7948平方米。建成象山社区“三邻空间”党建文化广场，打造宝华物流“司机之家”党群服务中心。

2022年，象山街道象山社区“三邻”广场建成使用

2022年，智汇科技中心互联网党建展厅

2022年，象山街道桓王亭社区“慈善关爱之家”投入运营

2022年，象山街道丹徒桥建设工程竣工

镇江文化旅游产业集团“镇畅游”文旅消费传播热事件入选2022年“江苏文旅消费热力榜”

2022年，镇江文化旅游产业集团攻坚克难，实施景区品质提升、文旅消费“扩容提质”和文旅资源“活化利用”等工作，坚持文旅融合创新，推动产业发展和品质形象“双提升”。金山湖水利风景区通过国家水利风景区复核，三山景区完成当年度国家AAAAA级景区验收“保牌”阶段任务。“镇畅游”文旅消费传播热事件入选“江苏文旅消费热力榜”。《游在镇江》首款景区数字藏品线上发售。与南京文投、恒顺集团、南京博物院、润州国企牵手落地市场化运营文旅商业街项目。与茅山管委会、新华日报社签订战略合作协议。与江苏银联合作开展“镇畅游 · 惠满秋”活动，发放消费券近1万张。以“红色风景线、竞跑新文旅”党建品牌为切入点，打造党建融合生产经营“1+17”品牌矩阵，金山公园党支部获评“五星”党支部，3家企业获省级文明单位称号，8家企业获市级文明单位称号。

2022年，金山公园党支部举行党课活动（本版照片均由文旅集团供稿）

2022年11月1日，镇江文旅集团传达学习贯彻党的二十大精神会议举行

2022年5月，金山景区精品文创店——镇江·南京设计廊金山店开业

2022年，文旅集团志愿者为游客开展志愿服务

2022年7月，2022“为荷而来”摄影大赛举行

2022年，一泉迎宾馆俯瞰图

第二批江苏省革命文物名录公布，镇江多家入选

2022年7月1日，省文化和旅游厅、省文物局公布第二批江苏省革命文物名录。镇江韦岗伏击战战场遗址（不可移动革命文物）、解放战争《溧水调查》油印本残件、1945年林晖烈士家书、1945年王龙烈士布画像、1949年人民解放军第21军司令部编印的《淮海战役初步总结》、1945年毛泽东主席赠送冷遹毛毯、解放战争时期胡文杰使用的公文包（可移动革命文物）等入选。

列入不可移动革命文物的镇江韦岗伏击战战场遗址处的纪念碑、纪念馆（孙薇 逸虹 供稿）

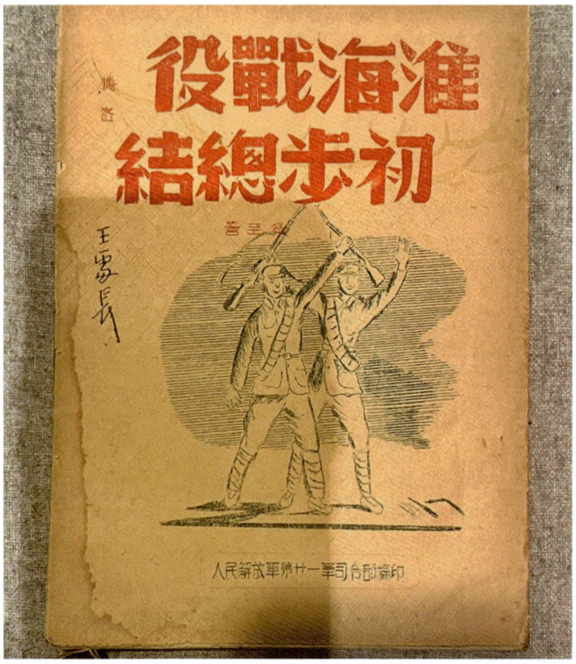

1949年人民解放军第21军司令部编印的《淮海战役初步总结》、解放战争时期胡文杰使用的公文包（孙国武 供稿）

2022年镇江市地名文化遗产名录正式公布

2022年7月20日，2022年镇江市地名文化遗产名录正式公布，25个专名沿用时间较长、地名文化内涵丰富、有重要传承价值、知名度较高的古城（包括市级、县级古城）、古镇、古村落入选。分别是：镇江、陈山、黄连山、九里村、柳茹村、留墅、六都、陆家、三城巷、滕村、夏墅、萧家巷、张巷、丁庄、青山、石狮沟、西冯、宝堰镇、丁角、河达、槐荫村、黄墟村、葛村、华山村、儒里村。

入选2022年镇江市地名文化遗产名录的丹阳市柳茹村（张福来 供稿）

入选2022年镇江市地名文化遗产名录的丹徒区黄墟村（孙悦萌 供稿）

槐荫村入选2022年镇江市地名文化遗产名录

槐荫村隶属丹徒区谷阳镇，原名生土干，因村东南原有一棵古槐树，相传董永与七仙女相会于树下，演绎出《天仙配》故事，1957年改名槐荫村。“董永的传说”被列入江苏省非物质文化遗产名录。村内有“槐荫七景”、槐荫公园、“董永与七仙女”大型雕塑等。2007年始，该村每年举办“七夕节”活动，逐步发展成集体婚礼、猜谜游戏、文艺表演等形式，在中、日、韩均有一定的影响和知名度。

2022年5月，槐荫村掠影（孙悦萌 供稿）

入选2022年镇江市地名文化遗产名录的句容市青山（李国金 供稿）

镇江在第二届江苏旅游文创商品大赛中获佳绩

2022年6月，江苏省文化和旅游厅主办的第二届江苏旅游文创商品大赛获奖和入围作品展览在南京举行，镇江1件作品获金牌，4件作品入围。夺得金牌的“华秀锅盖面”作品巧妙地将镇江地域文化符号与城市味道相结合，创新产品开发，创新市场销售模式。入围的“江南”系列木梳、镇江四山小瓷杯、石墨烯刺绣抱枕等作品，在保持并优化产品实用功能的同时，展现出镇江的文化符号和山水美景，彰显城市风韵。

镇江在第二届江苏旅游文创商品大赛中获金奖和入围的作品（镇江文旅 供稿）

新增“文化记忆”，三组镇江籍书法家作品落户镇江博物馆

2022年5月11日，镇江市博物馆收到市民周祎捐赠的镇江籍书法家柳曾符书法。柳曾符是国学大师柳诒徵的长孙，出生于镇江，他的书法与柳诒徵一脉相承，日本书法界将柳曾符与启功、杨仁恺并称为中国书法理论三大家，他的隶书对联“虎气必腾上，河汉湛虚明”被英国大英博物馆收藏。周祎这次捐赠三组柳曾符书法作品，包括柳曾符为其爷爷创作的“真草隶篆”唐诗四条幅、柳曾符自作四首诗行书手卷、柳曾符与金山寺原方丈慈舟等人11封信札。周祎介绍，“真草隶篆”唐诗四条幅是柳曾符有感于自己爷爷、父母捐款为村里修路特意所作。

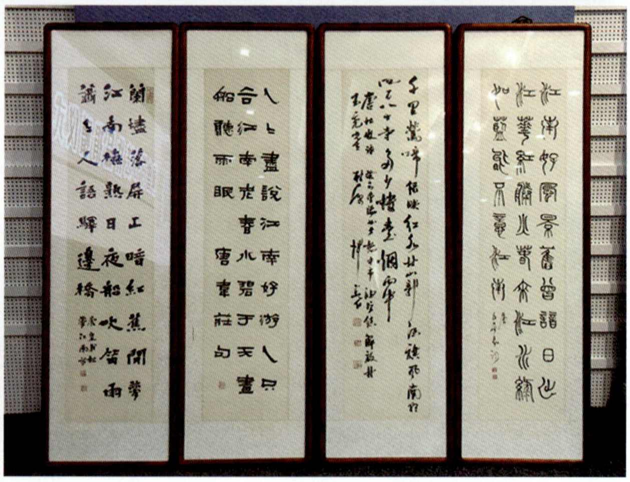

2022年5月11日，柳曾符书法作品捐赠仪式现场（柳放 供稿）

【图书发行】2022年，江苏凤凰新华书店集团有限公司镇江分公司销售9565万元，实现利润598万元，获“镇江市文明单位”称号。该公司“望山书局”店获“江苏最美书店”称号和“三星级门店”称号；“漫书阁”门店获评“第十二届江苏书展优秀分展场”。参加第十二届江苏书展，先后开展20余场活动。组织人员参加“喜迎二十大，筑梦向未来”中小学生朗读比赛，获中学组特等奖、一等奖及小学组三等奖。

【江苏大学出版社】2022年，江苏大学出版社上报选题288种，其中，首次申报年度选题123种，增补选题165种。全年出版图书616种，其中新书182种、重印434种，重印占比70%。出版的新书中，高教教材98种、学术专著62种、普及读物22种。实现营业收入3010万元。出版社有员工49人，其中副高级职称9人（副编审5人）、中级职称17人。

2022年6月26日，在2022赛珍珠国际学术研讨会上，江苏大学出版社出版的《再见赛珍珠》《永恒的赛珍珠》首发（江苏大学出版社供稿）

2022年7月，江苏大学出版社在第12届江苏书展期间举办“绘画投射——解密内心世界”新书分享会（江苏大学出版社供稿）

【文化市场管理】2022年，镇江市引导1480家市场主体签订信用承诺；为三类主体282家企业开展信用“体检”，制定行业信用评价指标并开展117家旅行社信用评价；为信用排名前十企业发放“镇江文旅市场信用经济示范单位”铜牌。旅游投诉量比上年下降49%，监管成本下降30%。在清理异常经营企业方面，制定印发《全市文化旅游市场经营异常企业清理专项行动指导意见》，对全市1096家文化企业进行逐一核对，分类分批次依法清理全市范围内长期处于停业状态的文化企业，清理后市场底数压缩25%。

ZHENJIANG
TUJIAN
(2023)
SHEHUI
JIANSHE
PIAN

镇江图鉴（2023）
社会建设篇

综 述

【概况】2022年，镇江市坚持以人民为中心的发展思想，实施就业优先战略，完善收入分配制度，促进城乡居民收入稳步增长、收入差距明显缩小、中等收入群体比重显著提高，共同富裕取得更为明显的实质性进展。健全多层次、可持续的社会保障体系，增强教育、养老、医疗等公共服务均衡性和可及性，让全市人民对美好生活的向往更好实现。全面落实总体国家安全观，持续推进国家安全体系和能力建设，健全防范化解重大风险体制机制，维护政治安全、社会安定、人民安宁。加快市域社会治理现代化，完善治理体系、创新治理模式，在人人参与、共建共享中激发基层社会治理活力。

2022年度镇江市“十佳民生实事”名单

（排名不分先后）

开发青年就业见习岗位3500个——市人社局

关心关爱困境留守妇女儿童，建设儿童“关爱之家”和事实无人抚养儿童“梦想小屋”——市妇联、市民政局、团市委

一刻钟便民生活圈建设——市商务局

镇江惠民保——市医保局

提升特殊群体服务水平及重度残疾人家庭无障碍改造，特殊群体职工保障“爱心伞”——市残联、市总工会

基层卫生服务能力提升——市卫健委

街巷改造、积水区整治工程，绿化提升改造工程，直管公房修缮工程——市住建局

体育健身设施惠民提升工程——市体育局

农村公路提档升级工程——市交通运输局

开展“我们身边的文化场馆”社教活动，举办第十六届金山文化艺术·国际旅游节——市文广旅局、市委宣传部

2022年度社会治理现代化先进镇、街道名单

句容市下蜀镇	扬中市油坊镇	丹阳市云阳街道
润州区七里甸街道	句容市天王镇	京口区正东路街道
句容市后白镇	扬中市三茅街道	丹徒区高桥镇
丹阳市曲阿街道	镇江市丁岗镇	丹阳市丹北镇
京口区大市口街道	镇江新区大港街道	润州区宝塔路街道

镇江集中“云招引”大学生，向110所高校发布近1.4万个人才需求

2022年3月18日，镇江举行2022百所高校大学生集中云招引活动，通过城市云推介、企业云宣讲、岗位云直播、市场云招聘、人才云面试“五朵云”系列活动，探索疫情防控常态化背景下校园招聘新模式。镇江市人社局从1058家企事业单位征集13684个高校毕业生人才需求，向参会的110所高校大学生发布。110所高校主要是江苏、安徽、山东、河南、吉林等省往年来镇就业大学生较多的高校，包括“双一流”高校40家、普通本科院校57家、职业院校13家。岗位云直播开始一小时，后台便收到1400余份简历。整场云招聘活动持续一个月。

2022年3月18日，2022百所高校大学生集中云招引开幕式举行（王朋 供稿）

2022年1月7日，2022年镇江市优秀应届大学毕业生定岗特选政策推介会举行（王朋 供稿）

2022年11月10日，2022镇江人才云聘月启动仪式招才引智“镇江日”东南大学专场活动举行（本版照片均由王朋供稿）

镇江举行2022人才云聘月活动

2022年11月10日，2022镇江人才云聘月启动，首场活动线上走进东南大学，累计吸引3万余人次在线观看，两个半小时收到简历1500余份。镇江人才云聘月20天时间，线上走进10余所高校；同时，2022“人聚镇江 才享荣光”镇江市人才云聘月网络双选会同步举行，100家以上全市重点企事业单位线上招才，发布6000多个工作岗位，110所高校毕业生参与，为用人单位与高校毕业生搭建更加便捷的双选桥梁。

2022年11月15日，2022镇江人才云聘月系列活动太原工业学院专场举行

2022年11月18日，2022镇江人才云聘月系列活动南京工业大学专场举行

2022年11月24日，2022镇江人才云聘月系列活动吉林大学专场举行

2022年11月21日，2022镇江人才云聘月系列活动安徽大学专场举行

镇江市社会治理现代化先进镇、街道——润州区七里甸街道

2022年，七里甸街道奋进现代服务业“关键赛道”，产业发展稳步推进，民生福祉有力保障，社会治理创新提升，党的建设愈加坚实。围绕“产业项目建设突破年”目标，做好双招双引、高企培育、暖企纾困三篇文章，高新技术企业认定占全区的77.7%；暖企服务持续开展，组建南徐楼宇党建联盟，对辖区内300多家企业开展5轮次集中走访，提供红色帮代办、知识产权保护等惠企服务项目20项；抓好疫情防控，人居环境提升2.0亮化工程、智能监控升级等民生实事工程收官；坚持“7312”错时执法，推动城市文明程度提升；发挥街道“大工委”轴心作用，建成16个暖“新”加油吧，成立街道新就业形态联合工会，打造全区首家网络安全特色示范社区，获评江苏省党员冬训示范街道。

2022年10月11日，民生项目万科社区助餐点开业仪式举行（本版照片均由七里甸街道供稿）

2022年9月5日，润州区网络安全宣传周启动仪式举行

2022年7月28日，南徐楼宇党建联盟成立仪式举行

2022年，街道协调医护进“楼宇”送检上门

2022年3月，“志愿服务进社区”活动在润州广场举行

镇江市社会治理现代化先进镇、街道——镇江新区丁岗镇

丁岗镇位于镇江新区南部，面积35.36平方千米，常住人口5.2万人。2022年，完成新签约亿元以上项目12个，项目数位居全区第一，完成率133.33%；实现固定资产投资32.18亿元，完成率105.86%，增长35.21%；实现新签约亿元项目列统投资额3.58亿元，完成率102.29%；完成规模以上工业产值93.8亿元，增长61.72%；一般公共预算税收收入同口径完成2.68亿元，完成率116.75%，财政收入保持2亿元等级。2022年，获评镇江市推进高质量发展先进镇(街道)、镇江市2022年度社会治理现代化先进镇、镇江市乡村振兴先进集体、镇江新区“五争一创”第一名。

2022年5月29日，双峰格雷斯海姆镇江新区生产基地项目开工奠基仪式举行（本版照片均由丁岗镇供稿）

2022年1月12日，中节能年产1.5GW高效太阳能电池组件智能制造项目开工典礼举行

2022年7月29日，力信能源重整成功管理权交接仪式举行

2022年3月1日，丁岗镇党委与中国银行大港支行“政银企共建+”结对共建签约仪式举行

2022年1月29日，丁岗板块2021—2022年度党员干部冬训动员大会召开

2022年12月7日，学习贯彻党的二十大精神新区党工委宣讲团在丁岗镇宣讲

2022年6月25日，联合中行大港支行、银山发展公司举办“政银企共建+”迎“七一”活动

2022年2月14日，丹阳市产业项目集中开工仪式举行（本版照片均由丹北镇供稿）

镇江市社会治理现代化先进镇、街道——丹阳市丹北镇

丹北镇总面积115.05平方千米，户籍人口7.7万人，常住人口近18万人，是全国重点镇、全国百强镇、经济特大镇，也是丹阳重点打造的“三大板块”之一。2022年度，丹北镇完成地区生产总值301.96亿元，增长4.7%；工业总产值655.79亿元，增长9%；规模以上工业总产值538.4亿元，增长9%；工业应税销售715.5亿元，增长4.58%；利税总额33.29亿元；规模以上固定资产25.35亿元，增长11.2%，其中工业性完成额21.3亿元，增长22.5%；制造业投资21.02亿元，增长26.6%；高技术产业投资1.54亿元，占全部投资比的6.1%；实际使用外资2421万美元；一般公共预算收入13.3亿元；农民人均可支配收入42548元，增长5.7%；2022年新增注册资本27.87亿元。

2022年7月20日，丹北镇党委慰问奋战在高温一线的劳动者

2022年6月8日，“金融惠企推进季”丹阳行在丹北镇举办

2022年6月17日，丹北镇举行“安全生产月”暨防范非法集资集中宣传日活动

2022年8月3日，丹北镇“七彩夏日”主题教育活动——丹北镇首届少儿才艺大赛举行

镇江市社会治理现代化先进镇、街道——镇江新区大港街道

2022年，大港街道对标对表“勇挑重担，争做表率，凝聚统筹安全与发展大港力量”目标，经济基础进一步夯实，城市品质进一步提升，民生福祉进一步增强，治理成效进一步显现。立足街道实际，围绕高质量发展目标，一心一意谋发展，不断拓宽街道发展模式。把改革创新作为当务之急，建强街道产业体系。把惠民利民作为职责所在，进一步优化议政参与机制。坚持事不避难，加强对群众意见建议的研究处理。凝聚合力，形成苦干实干、拼搏进取的良好局面，实现经济社会各项事业稳步向前发展。

2022年，大港街道在幸福广场举办“双报到双服务”活动启动仪式
（本版照片均由大港街道供稿）

2022年，组织参观“镇江很有前途”大型图片展

2022年，开展“情系一线送清凉 建功大港作表率”主题慰问活动

2022年，镇江新区“平安联防”志愿者大港村工作站揭牌

2022年，大港街道产业集中片区掠影

2022年，大港街道新貌

2022年8月19日，后白镇产业项目集中开工仪式举行（本版照片均由后白镇供稿）

镇江市社会治理现代化先进镇、街道——句容市后白镇

后白镇地处国家AAAAA级风景名胜区——道教圣地茅山西麓，国家湿地公园赤山湖东畔，总面积140平方千米，辖21个行政村和3个居委会，户籍人口5.9万人。2022年，后白镇坚持以新思想定向领航，用恒久之力稳就业、稳投资、稳预期；坚持农业农村优先发展，聚焦“五大振兴”系统发力，乡村振兴取得新成效；深入践行以人民为中心的发展思想，高度关注疫情对民生的影响，解决群众“急难愁盼”，全年民生支出1.6亿元，占一般公共预算支出超90%；坚持底线思维，增强优患意识，严密防范各领域重大风险，保持平稳健康的经济环境、国泰民安的社会环境、风清气正的政治环境。

2022年6月22日，党建引领乡村振兴动员部署会召开

2022年8月11日，后白镇2022年百姓大舞台文艺会演举行

2022年，林梅绿道生态农业花木园鸟瞰

2022年，西冯村入选中国美丽休闲乡村

2022年6月12日，句容市第七届农耕文化插秧节在后白镇举行

镇江市社会治理现代化先进镇、街道——扬中市油坊镇

2022年，油坊镇奋力拼搏，统筹推进疫情防控和经济社会发展工作，较好完成年度各项目标任务。经济发展迎难而上，全年实现应税销售总额128.91亿元，增长11.87%，签约项目10个，总投资8.55亿元，实际使用外资910万美元。城乡环境更加宜居，推进中央生态环保督察现场交办件、曝光件和信访件专项整治，完成江堤外3家企业整改拆除及5件企业信访举报件调查处理工作，清退江滩养殖户14家，开展大气污染防治专项整治行动，40家企业全部完成整改。社会保障日益完善，成立扬中市首家儿童服务站，建成镇慈善社工站，“幸福家园”村社互助项目实现全覆盖，镇慈善分会获评“扬中慈善奖”最具影响力慈善组织，油坊卫生院开工建设，争取专项债券资金7600万元。社会治理全面增强，构建网格化管理、精细化服务、信息化支撑的基层治理平台，提升智治引擎，全力服务保障民生和防控化解风险，获评2022年度镇江市社会治理现代化先进镇。

2022年2月9日，油坊镇2022年产业强镇暨优化营商环境大会召开（本版照片均由油坊镇供稿）

2022年1月8日，上迈新能源1GW轻质光伏基地投产仪式暨合作签约仪式举行

2022年7月29日，油坊镇项目集中签约仪式举行

2022年2月19日，智能有机电致变色薄膜项目签约

2022年7月15日，与农商行签订“同担振兴使命 共助兴企惠民”党建共建暨全面战略合作协议

2022年10月15日，开展“喜迎党的二十大 活力油坊再出发”主题党日暨党建书记项目观摩推进活动

2022年9月26日，“阅读点亮未来 文明浸润乡村”2022年扬中市农家书屋阅读推广示范活动举行

2022年，脱贫攻坚楷模赵亚夫带队调研边城镇“稻鸭共作”生态循环农业项目（本版照片均由边城镇供稿）

镇江市社会治理现代化先进镇、街道——句容市边城镇

2022年，边城镇深入实施“产业强镇、科技兴镇、人才铸镇”发展方略，圆满完成年度目标任务。全年实现地区生产总值45.6亿元；完成一般公共预算收入1.45亿元，增长17.46%，增幅位居全市前列；完成固定资产投资20.5亿元，完成制造业投资6.2亿元，增长28.5%；农民人均可支配收入3.15万元。开展安全生产、信访维稳、打非治违等专项行动，整治生态环境突出问题，全面推进社会综合治理，打击电信网络诈骗犯罪，为高质量发展营造安全稳定的环境。

2022年，句容市“30强工业企业”——宁武新材料

2022年8月15日，“礼赞新时代 追梦复兴路”主题演讲活动举行

2022年，边城镇仑山湖景色

科学技术

【概况】2022年，镇江市科技工作立足打造“创新创业福地”目标，聚焦高水平建设国家创新型城市和镇江苏南国家自主创新示范区，统筹服务产业强市、创新驱动、融合发展三大战略实施，科技创新对经济社会高质量发展的引领支撑作用进一步增强。新认定高新技术企业533家，大全集团等9家企业进入省创新型领军企业培育库。设立科技型中小企业专项，备案科技型中小企业2255家。推动“瞪羚”“独角兽”企业加速涌现，新增“瞪羚”企业12家，评选科技创新“梦溪奖”企业10家。新增省级以上科技孵化载体7家，其中国家级4家。成立省级科研事业单位江苏省船舶与海洋工程设计研究院。依托江苏大学农机优势学科，争创智能农机领域全国重点实验室。按照“总院+专业所”的模式，挂牌市产业技术研究院新型研发机构专业所4家、预备所3家。创新创业环境。市科技局与市人才办组织实施人才平台提升、产业链人才赋能、青年人才“归雁”三大计划。围绕四大主导产业集群，布局建设4个人才攻关联合体，构建“人才引领+协同攻关”运行模式，合力破解“卡脖子”技术难题。编制科技政策“一图读懂”，累计为孵化器内420多家科技中小企业免除相关租金1000多万元，全市高新技术企业所得税税额减免约15亿元，企业研发经费加计扣除抵扣应纳税所得额约95亿元。创新设立科技创新“拨改投”产业投资合作资金。推动“苏科贷”“高企贷”等科技金融产品更多支持科技型企业，全年为270多家科技型中小企业提供科技贷款13亿元，促成6家银行金融机构为全市科技企业授信330亿元。持续推进科技体制机制改革，《应用

2022年度镇江市科技创新“梦溪奖”企业名单

江苏天奈科技股份有限公司
江苏超力电器有限公司
蜂巢动力系统（江苏）有限公司
江苏恒神股份有限公司
丹佛斯动力系统（江苏）有限公司
江苏吉贝尔药业股份有限公司
镇江贝斯特新材料股份有限公司
中船动力镇江有限公司
琦瑞科技（江苏）有限公司
江苏金海星导航科技有限公司

研究类科技成果评价规范》地方标准获批立项，《科技类校外培训机构准入实施办法》在全省率先出台。全年完成外国人来华工作许可审批636件，引进外国来华工作人员274人，全年持证外国高端人才和专业人才618人。

【技术合同成交情况】2022年，镇江市科技局与市财政局出台《镇江市技术转移奖补资金实施细则》。全市登记技术合同4530项，成交额125.79亿元，比上年增长25.59%。其中，技术开发合同1548项，合同成交额49.30亿元；技术转让合同320项，合同成交额14.71亿元；技术咨询合同134项，合同成交额0.57亿元；技术服务合同2526项，合同成交额61.21亿元。

2022年10月21日，镇江市企业科技攻关（揭榜挂帅）引导资金新闻发布会现场（辛荟 供稿）

企业科技攻关引导资金，最高资助可达100万元

2022年10月21日，镇江市科技局召开新闻发布会，发布镇江市企业科技攻关（揭榜挂帅）引导资金。该引导资金主要用于支持企业围绕重大技术需求，通过“揭榜挂帅”机制与高校科研院所联合开展科技攻关。对达成合作的科技攻关项目，引导资金最高可按项目合同实际支出金额的40%予以资助，金额最高可达100万元，以“真金白银”为企业降低研发成本。

【科技创新】2022年，镇江市获江苏省科学技术奖34项，其中一等奖6项、二等奖10项、三等奖18项。江苏鼎胜新能源材料股份有限公司承担的“高比能高安全抗衰减动力电池集流体超薄铝箔研发及产业化”等5个项目获省科技成果转化专项资金项目立项，支持总经费6000万元。

【科技合作】2022年5月27日，镇江市举办“2022年高校院所走进镇江产学研合作云对接”活动，实现“线上”建立合作意向、“线下”达成合作协议的工作格局。发布镇江市企业技术需求400多项、高校院所最新科技成果1000余项，向1881位专家推送技术需求2069项次，向1091家镇江企业推送科技成果5077项次。8月19日，第七届中国创新挑战赛（镇江）暨2022年高校院所走进镇江产学研合作大会在镇江举办。会上，镇江市政府与东南大学、江苏省产业技术研究院分别签署全面深化产学研合作协议，10个创新平台集中揭（授）牌，29个科技合作项目集中签约，全国31所高校院所到会洽谈，300余家企业参加东南大学、长三角（南京都市圈）科技合作2个专场对接会。

第七届中国创新挑战赛（镇江）暨2022年高校院所走进镇江产学研合作大会举办

2022年8月19日，第七届中国创新挑战赛（镇江）暨2022年高校院所走进镇江产学研合作大会举行。活动以“聚力创新发展，携手合作共赢”为主题，着眼于进一步紧密围绕产业链布局创新链，加快打造长三角重要科技成果转移转化基地。一批创新平台现场揭牌，29个校地合作、产学研、人才、科技金融项目签约。

2022年8月19日，第七届中国创新挑战赛（镇江）暨2022年高校院所走进镇江产学研合作大会举行（王朋 供稿）

【**科技计划**】2022年，镇江市科技计划项目组织工作坚持“四个面向”，聚焦“四群八链”，瞄准科技和产业发展制高点，推动科技骨干企业、高校院所开展应用基础研究和重大技术联合攻关，获国家、省级科技计划项目立项407项，对上争取国家、省无偿资金支持2.65亿元。全年下达市级科技创新专项资金8399.64万元，立项市级科技计划项目256项。

【**高新技术产业化**】2022年，镇江国家高新区在全国国家级高新区中综合评价位列第85位，在全省省级以上高新区排名第25位，获批全省首批“创新支撑计划科技型企业孵育”项目，“动力船舶产业集群”入选首批省创新型产业集群建设名单。有院士工作站7家、博士后工作站6家，国家级技术研发中心1家，国家“863计划”成果转化基地1家，建有国家级孵化器1家、省级孵化器2家、国家级众创空间1家、省级众创空间2家，累计孵化企业超200家。全市组织高新技术企业申报数795家，公示数533家；全市有效高新技术企业总数1339家；223家企业进入高新技术企业培育库；备案国家科技型中小企业2255家。

2022年4月29日，镇江市高新技术企业发展促进会成立大会召开（王朋 供稿）

【地震防御监测体系建设】2022年，镇江市自然灾害综合风险普查（地震灾害调查）获省级验收通过。完善地震烈度速报与预警系统，建立覆盖全市的预警系统地震烈度速报基础台网，加强丹阳台、句容苏16井、丹徒苏18井、扬中测震台日常检查，常态化开展全市17个地震预警和烈度速报监测仪安全巡检。

2022年5月12日，镇江市地震台举行地震应急处置演练（《镇江壹周》供稿）

【气象科技】2022年，镇江市推进江苏省强对流灾害性天气监测预警服务示范体系项目建设，升级国家级气象观测站设备、扬中雷电观测设备。进行全市气象部门内外网隔离，升级全市通信网络系统。强对流天气预警信号准确率91%，平均提前量50分钟。利用“3·23”世界气象日、“5·12”防灾减灾日、科普周、全国科普日、国际减灾日等时间节点，通过微博、微信开展科普视频推送。全年官方微博发博近6000条，阅读量超1千万人次，互动总数1万余次。

【水文科技】2022年，镇江市有地表水基本站35处、专用站49处；浅层地下水监测井13处、深层地下水监测井7处；水质监测断面90处。全年编制《镇江市湖泊水生态监测简报》4期、年报1期，《2022年度深层地下水动态监测报告》季报4期、年报1期，《句容市地表水水质通报》12期；编制《2022年镇江市水资源公报》。完成国家基本水文监测站年数如下：降水18站年、蒸发1站年、水位10站年、流量6站年；浅层地下水逐日水位13站年、水温13站年；深层地下水逐日水位7站年、人工十五日水位4站年、水温4站年；另有中小河流水文监测系统以及市水文现代化站网中降水40站年、水位19站年、流量2站年。其他监测站年数：自记雨量（镇江、句容）降水2站年、地方水库站降水18站年、沿江巡测站水位3站年。

城乡建设与管理

【概况】2022年，镇江市实施城建项目168个，完成投资85.6亿元，其中，市区实施城建项目118个，完成投资49.7亿元。346国道城区段城市化改造工程主体竣工，桃花坞路改造项目、新马路拓宽工程完成通车。全市棚户区改造新开工2524套，基本建成6626套；新开工（基本建成）保障性租赁住房330套。推进城市更新，编制《镇江市城市更新行动计划（2022—2025）》，镇江市工人文化宫修缮提升工程成功申报2022年度全省历史文化保护传承实施项目。全市改造老旧小区74个、面积95万平方米，其中市区改造17个、面积56万平方米；创成4个省级宜居示范居住区，加装电梯44台，建成6处“乐享园林”活力空间。

2022年，镇江市区桃花坞路改造项目完工（任德发 供稿）

【安全生产】2022年，镇江市排查自建房730775栋，鉴定1400栋，整治581栋。完成城镇危房解危3.4万平方米，城镇D级危房实现“住人清零”和专门封存管理。完成农村住房改善1091户。对全市138.3万栋、4.2亿平方米房屋开展“体检”，收集房屋安全“档案”。开展建筑施工隐患排查整治，发现安全隐患12760条，全部整改完成。拆除不符合规范要求或违法建设的临时板房建筑面积3008平方米，整治安全隐患934条。市住建局、市安委办联合印发《关于进一步加强房建市政类小型建设工程安全生产监管工作的通知》，消除安全监管盲区。开展燃气经营安全风险和隐患治理，发现隐患问题2868个，整改完成率100%，取缔非法“黑气点”22个。完成瓶装液化气信息系统录入10万余户。全市改造市政供气管道7.4千米、庭院供气管道51千米，完成燃气立管改造114千米，14处违章占压整改任务完成。消除地下管网一般性隐患9920处，普查市区路段343条，完成供水管线巡查超过13万千米，更换缺损井盖577处。完善地震烈度速报与预警系统，建立覆盖全市的基础台网，常态化开展全市监测仪安全巡检工作。

2022年11月25日，镇江市安全生产专项整治三年行动新闻发布会召开（柳放 供稿）

近三年镇江生产安全事故量每年下降20%

2022年11月25日，镇江市政府新闻发布会传出信息，2022年是镇江安全生产专项整治三年行动收官之年，三年来，全市生产安全事故、死亡人数“双下降”呈现每年递减20%的态势，维护人民群众生命财产安全。三年专项整治中，镇江规划实施299项治理任务，排查隐患近15万条。着重根治电镀、桥梁、建筑工地工棚等长期存在问题，解决危化品老旧装置、粉尘涉爆、头顶库等重大风险隐患，扫除燃气钢瓶、群租房、自建房等群众身边隐患。三年来，全市累计实施安全生产执法处罚1.5万家，罚没金额1.1亿元，关闭取缔22家，停产整顿250家，移送司法机关20人。提升企业管理服务定制化水平，对企业安全管理现状与执法检查情况进行综合研判，按帮扶式、引导式、加压式三种模式对企业开展服务。同时，统筹行政与市场力量，建立全员安全生产责任制，覆盖16个行业领域，参保企业超过1300家。

【城市规划】2022年，镇江市总规成果上报江苏省政府审批。镇江市自然资源和规划局指导各地开展预支空间指标上图方案获江苏省自然资源厅审批，预支上图建设用地空间6750亩（450公顷），保障274个项目用地需求。丹阳市、扬中市、句容市、丹徒区、润州区（含镇江高新区）和镇江新区的上图方案经省自然资源厅审批。《大运河镇江段核心监控区国土空间管控细则》获省政府批准；制发《关于在城乡建设中加强历史文化保护传承的实施意见》，完成25个政府性专项资金规划编制项目；完成首批26个开发园区整合，划定保留园区四至范围，制发实施意见，加强园区空间分类管控，提升土地利用效益。推进全市2个自然保护区、11个自然公园整合优化。

镇江“园区整合”新阶段，第一批保留开发区（园区）名单及四至边界公布

为解决省级以下园区“小散弱”现状，2021年，镇江启动开发园区整合优化提升工作。2022年2月，出台政策文件，按相对集中连片和功能耦合联动原则，以国家级、省级开发区为主体整合部分省级以下园区，分整合优化、转型发展、限制（撤销）、打造提升四类管理，并加强政策、土地、资金、环保设施等资源统筹，明确今后新增工业用地指标只投向整合优化类园区，产业扶持政策等资源要素优先向整合优化类园区倾斜。2022年7月11日，市政府召开新闻发布会公布第一批10个保留开发区（园区）名单及四至边界。

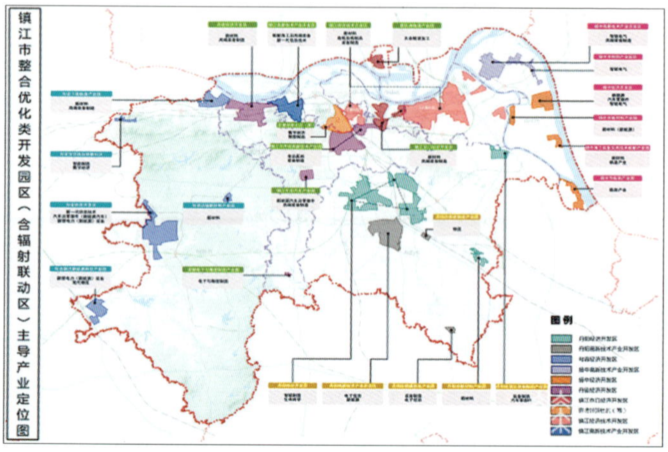

镇江市整合优化类开发园区第一批（含辐射联动区）主导产业定位示意图（柳放 供稿）

2022年7月11日，镇江市第一批保留开发区（园区）名单及四至边界新闻发布会现场（柳放 供稿）

镇江市自然资源和规划局获2022年度“甘露奖”

2022年，镇江市自然资源和规划局围绕迎接党的二十大、学习宣传贯彻党的二十大精神这一工作主线，落实严格耕地保护、节约集约利用两个责任，突出规划支撑、要素保障、生态保护三个抓手，聚焦推进依法行政、落实安全责任、优化营商环境、夯实基层基础等四个关键，高位推进全市国土空间总体规划编制，总规成果通过市政府常务会、市人大常委会审议，经市委常委会研究同意，上报省政府审批；全年完成土地供应1680.3955公顷，成交金额256.3108亿元；全市10个省重大、220个市重大产业项目中的204个项目完成用地保障；全市完成造林绿化1.45万亩（966.7公顷），全市林木覆盖率25.59%，获“全国绿化先进集体”称号；开启不动产登记“带押过户”“全城通办”等新模式，优化营商环境，市自然资源和规划局获市委、市政府2022年度“甘露奖”。

2022年3月11日，市领导参加义务植树活动（本版照片均由市自规局提供）

2022年6月25日，市自然资源和规划局举办第32个全国“土地日”庆祝活动

2022年2月16日，市自然资源和规划局领导带队赴企业走访调研

【城市建设重点工程】2022年，镇江市区实施城建项目118个，完成投资49.7亿元，其中，实施续建项目21个，完成年度投资26.5亿元；实施新建项目97个，完成年度投资23.2亿元，全年竣工项目37个。346国道城区段城市化改造工程主体竣工，桃花坞路改造项目、新马路拓宽工程完成通车，三摆渡泵站升级改造工程完成，谏壁污水处理厂二期扩建工程开工建设。推进新一轮黑臭水体专项治理行动，建设18个达标区，新建污水管网37千米，完成管网“四位一体”检测978千米，市政污水管网缺陷修复3986处。全市改造市政供气管道7.415千米、庭院供气管道50.614千米，完成燃气立管改造114.129千米。市区改造老旧小区17个、面积56万平方米；创成桃园一期、庙巷等4个省级宜居示范居住区，加装电梯44台。建成简渎河一期口袋公园等6处“乐享园林”活力空间，实施滨江路、江洲路、京旺路等道路绿化提升改造工程。

2022年4月，桃园小区景色。桃园一期经改造后成为省级宜居示范居住区　（孙悦萌 供稿）

2022年，镇江市区老旧小区永安路片区改造前后对比（张闻 供稿）

2022年，镇江市区老旧小区江南新村改造后的新面貌（张闻 供稿）

2022年3月，润州花园新加装的居民楼电梯　（本版照片均由柳放供稿）

润州花园小区成为镇江市区“批量加梯”规模最大的小区

老小区加装电梯是为群众办实事、改善居民生活品质的一项举措。截至2022年3月，镇江润州宝塔路街道润州花园小区有2个单元加装电梯投入使用，3个单元在施工建设中，另有近20个单元完成加装电梯的合同签约。小区签约率60%，是镇江市区“批量加梯”规模最大的小区。每部电梯总体造价在40万元～50万元之间，其中政府补贴6万元，剩余费用由居民分担。

2022年2月23日，社区干部给润州花园居民讲解加装电梯有关政策

2022年2月23日，润州花园居民喜乘新电梯

丹徒区住房和城乡建设局获"城乡建设先进集体"等称号

2022年，丹徒区住房和城乡建设局完成1个省级、2个市级特色田园乡村建设；基本完成61个区级美丽宜居村庄建设；成功申报3个国家级、6个省级传统村落。持续推进海绵城市建设，完成58个项目建设方案审查验收，实施海绵改造面积3.56平方千米。开展黑臭水体治理专项行动，持续实施提质增效"33"行动，强化水环境治理，启动实施谷阳湖支河劣Ⅴ类水体消除工程，落实高资中心河黑臭消除任务，新增管网约18.7平方千米、污水泵站4座。组织实施农村生活污水治理提升行动，完成涉及8个乡镇、49个自然村、4900户的分散式农村生活污水处理管网和配套设施建设。全面开展自建房等既有建筑安全隐患排查整治行动，累计排查城镇自建房4088栋、农村自建房14299栋。开展"信访突出问题攻坚化解年"行动，深化巩固"清薪360"项目建设成果，统筹推进治理重复信访、化解信访积案及住建重点领域信访问题整治。年内，获"江苏省防震减灾工作县级优秀单位""地震应急响应保障和科技工作先进单位""'合心宜'优质服务品牌——'清薪360'""城乡建设先进集体"等称号。

2022年，丹徒住建局领导一行走访房地产企业，检查督促疫情防控工作（本版照片均由丹徒住建局供稿）

2022年6月，开展"观红色电影、温入党誓词"活动

2022年，指导美丽乡村建设，卫星村村民活动中心建设前后对比照

2022年，举办"喜迎二十大 永远跟党走"知识竞赛

2022年6月20日，开展"党建服务民生 护航用气安全"活动

2022年，江苏瀚瑞投资控股有限公司建设的镇江新区运营板块掠影（本版照片均由瀚瑞控股供稿）

江苏瀚瑞投资控股有限公司服务镇江新区城乡建设和产业发展取得成效

江苏瀚瑞投资控股有限公司是镇江市人民政府出资设立的全资国有集团，始终“围绕产业、服务产业”，致力于服务镇江新区城乡建设和产业发展。近年来，通过改革转型，逐步形成集园区基础服务、公共服务、资源整合和产业发展于一体的国有资本投资运营公司。截至年底，集团注册资本65亿元，总资产1500亿元，主体评级AA+。拥有深交所上市公司江苏大港股份有限公司（SZ.002077）1家，江苏瀚瑞资产经营有限公司、江苏瀚瑞金控投资有限公司、镇江新区公用建设发展有限公司、镇江新区城市建设投资有限公司等5家一级子（集团）公司，业务涵盖资产运营、类金融及创投、上市公司、城市维护、城市建设等多个领域，共有全资（实际控股）公司65家、参股企业85家。2022年，瀚瑞控股合并报表营业总收入90.18亿元，实现合并报表利润总额6.47亿元，其中实现市场化净利润2.21亿元。

2022年11月8日，瀚瑞控股党委召开学习党的二十大精神专题会

2022年6月8日，瀚瑞控股召开国企改革三年行动工作推进会

2022年，瀚瑞控股建设的丁卯第三中心小学项目通过竣工验收并交付

2022年，镇江新区公交枢纽车站及投入运营的新型公交车

2022年7月27日，镇江市国企改革三年行动知识竞赛举行

2022年，垃圾分类进校园活动开展

2022年，瀚瑞控股旗下城市建设投资公司代建的镇江新区重点民生工程大路安置房二期三号地块瑞峰嘉苑顺利交付

2022年，瀚瑞控股旗下大港股份员工检查污水处理池

2022年，瀚瑞控股建设打造的镇江新区心湖景区美景（本版照片均由瀚瑞控股供稿）

【城市绿化】2022年，镇江市围绕《2022年全省城市园林绿化工作要点》，推进城市园林绿化各项工作。推进林荫路系统建设，实施江州路、京旺路等道路绿化提升改造工程。补栽、更新行道树185株，补植灌木地被4408平方米；新增园路及铺装973平方米。对南徐大道、檀山路、京江路、长江路等多条路段分批补植行道树1100余株、景观树207株，铺设色块和地被近4万平方米。推进城市绿道建设，加强节日氛围营造，春节和国庆等重要节日在梦溪广场、中山桥，丹阳小东门广场、市民广场、万善公园等城市重要节点进行绿雕及花卉布置，采用40余种绿植和花草打造特色节点景观。

2022年5月，镇江市区南徐大道树木葱茏，景色优美（罗秀龙 供稿）

2022年，镇江市区长江路西津渡段行道树下铺设色块和地被（张弛 供稿）

2022年1月21日，工人在镇江市区中山桥进行绿雕和花卉布置，迎接新春佳节（邢永青 供稿）

2022年国庆节前，工人对丹阳市区道路进行绿雕和花卉布置（谭金平 供稿）

【河湖长制工作】2022年，镇江市构建市级河湖长抓统筹协调、县乡河湖长抓推动落实、村级河湖长抓巡查管护的工作格局，全年各级河湖长履职超3万人次，解决各类问题2000多个。健全跨区域、跨部门联动机制，创新河湖长助力黑臭水体治理模式，发布河湖“红黑榜”，推动河湖系统治理，镇江市日供水万吨以上集中式饮用水水源地水质达标率及国考断面优Ⅲ比例100%。建成34条“幸福样板河湖”、22个河湖长制公园。1人获评“江苏省最美基层河长”，2人获评“最美民间河长”，句容市《水韵赤山湖》获评全国“60秒看水美中国”优秀短视频。

2022年8月29日，镇江市河长制工作研讨会召开（《镇江壹周》供稿）

2022年，镇江市区京口闸段河长制公园掠影（张弛 供稿）

2022年，润州区河长制公园掠影（张弛 供稿）

2022年5月12日，全市防汛抗旱工作会议召开（本版照片均由市水利局供稿）

镇江市水利局获得“全国水土保持工作先进集体”称号

2022年，全市各级水利部门深入推进“美丽镇江幸福河湖”建设，完成水利建设投资超12亿元，完成孟家港下段应急护岸、太平港闸站拆除重建等重点水利工程建设，打造22个河湖长制公园，建成34条“幸福样板河湖”，建设农村生态河道72条，拆除长江岸线违法建筑约22万平方米，完成市委、市政府交办的12项重点任务和3件民生实事。市水利局获“全国水土保持工作先进集体”“全省污染防治攻坚战先进单位”等称号。

2022年6月28日，镇江市水利局庆祝建党101周年会议召开

2022年1月13日，全市水利工作会议召开

2022年6月5日，“喜迎二十大　建设幸福河”镇江市“关爱河湖集中行动月”活动启动仪式举行

新孟河丹阳水利枢纽工程建设顺利推进，年底具备验收条件

新孟河丹阳水利枢纽工程位于新孟河入江口，概算投资6.56亿元，2018年2月开工建设，2022年年底基本具备竣工验收条件。该枢纽是新孟河延伸拓浚工程的重要组成部分，具有引长江水进入太湖、湖西区，排泄流域上游洪水进入长江等重要功能。工程由船闸、节制闸、泵站等组成。新孟河延伸拓浚工程是国务院确定的172项重大水利工程之一，也是中华人民共和国成立以来江苏省单项投资最大的水利项目。

2022年8月23日，新孟河丹阳水利枢纽俯瞰图（孙悦萌 供稿）

2022年，丹阳上湾水库掠影。11月16日，上湾水库通过江苏省精细化管理二级工程标准评价（张弛 供稿）

【自来水】2022年，镇江市自来水有限责任公司实现售水量1.33亿立方米，最高日供水量46.19万立方米，服务用户67.9万户；自来水水质综合合格率、管网水余氯合格率、管网水大肠菌群合格率、管网水浊度合格率和管网水压力合格率均为100%，综合管损率8.9%。新建和改造“DN75”以上城乡供水管网15.9千米。

2022年7月26日，镇江供水110周年暨喜迎党的二十大职工文艺展演举行（《镇江壹周》供稿）

2022年3月9日，镇江市金西水厂掠影 （《镇江壹周》供稿）

【天然气】2022年，镇江华润燃气有限公司实施工程585个，建成各类市政燃气管线32千米。完成世业洲LNG站、东至香隅LNG储配站、建科产业园及312、346国道新建改迁等重点工程项目。黄墟镇外管配套项目获评2022年度江苏省住房和城乡建设系统城乡运行保障劳动竞赛先进集体。2022年，改造老旧管网33.576千米，改造老旧小区12681户。全年实现燃气销量5.72亿立方米，居民用户数2.87万户，工商用户418户。

镇江华润燃气有限公司打造“润燃·镇好”服务品牌，获总公司颁发“业绩贡献奖”

镇江华润燃气有限公司秉承“以客户为导向”服务理念，安全运营保障持续提升。公司支持配合镇江城市建设，专人跟踪监护市区重点工程，全天候服务，确保施工区域燃气管网安全运行。坚持燃气高压巡查、沿线施工区域，主动向施工单位发放《告知书》，加强沟通，制止违章施工，2022年，第三方施工破坏大幅下降。推广“安全到家”系列综合服务，开展报警器及安全联动装置业务，积极消除户内燃气安全隐患。同时，针对不同用户，推出燃气险、家财险、管道美装业务，满足个性化需求。积极研发厨电燃热产品，“百尊”品牌涵盖燃气灶、燃气热水器、油烟机等，用优惠价格、高质产品回馈用户。拓展综合能源业务，与镇江市城市候机楼、句容华桑食品等达成分布式光伏服务合作协议，为镇江钛白化工提供燃气余压利用服务，向江苏世泰诊断技术公司提供热水及部分电力负荷，提高能源利用效率。2022年，获评华润燃气控股有限公司颁发的“业绩贡献奖”。

2022年，镇江市燃气安全治理进社区系列活动启动仪式举办（本版照片均由华润燃气公司 供稿）

2022年，镇江城市候机楼分布式光伏发电项目正式投运

2022年，践行新时代雷锋精神“润燃·镇好”在行动活动举行

2022年，镇江城市候机楼分布式光伏发电项目正式投运

2022年，“水电气路”夏季安全保供启动仪式举行

2022年，南徐公交充电站安全运行

【供电】2022年，镇江市城乡居民生活用电40.92亿千瓦时，比上年增长17.18%。全市城市居民用户103.3662万户，其中，市区64.2275万户，丹阳市17.7826万户，句容市15.8835万户，扬中市5.4726万户。全市农村居民用户89.0277万户，其中，市区18.5673万户，丹阳市28.4017万户，句容市32.8690万户，扬中市9.1897万户。

【城市管理】2022年，镇江市城市管理系统与市文明办联合开展常态长效提升行动。派遣日常考评案件78117条，结案率99.76%。开展窨井设施安全隐患专项整治，发现问题井盖3864个，修复3730个。受理“啄木鸟”有奖举报244件，处置率97.22%。推进城管执法“双统双联三提升”（统筹指挥调度、统一标准规范，推进执法联动、协同联动，提升保障水平、执法效能、执法形象）工作，组织各类执法行动860余次，出动执法人员31740余人次，执法行动处置事项27450余起。修订出台《镇江市市区机动车停车场管理办法》，完成《镇江市停车管理条例》《镇江市餐厨废弃物管理办法》立法调研。推进垃圾分类，完成247个四分类达标小区和135个省达标小区建设任务、垃圾分类投放设施覆盖1085个小区，大件垃圾拆解中心、餐厨废弃物处置二期项目建成投运，城市生活垃圾无害化处理率100%。全年征收垃圾处理费2583万元，上缴市财政1892万元。落实《镇江市扬尘污染防治条例》，制定市区道路积尘整改方案，提升城市道路环卫作业水平。创新设立建筑垃圾处置运输企业“红黑榜”，开展渣土运输蓝天保卫战“利剑”行动和“百日攻坚”专项整治，查纠违规行为520起。全年收缴渣土规费2023.8万元，其中，本年度收缴1376.3万元，比上年增长69.2%；追缴647.5万元。净化市容秩序，对市区花山湾支路、小米山路、黄山西路等区域占道经营行为进行集中整治，引导规范流动摊点137个，整治提升疏导点摊位73个。编制《镇江市主城区户外广告详细规划》，清理违章小广告55146处。拆除市区违法建筑12.5万平方米（其中新增违建6.8万平方米、存量违建5.7万平方米）。

2022年11月3日，《镇江市市区机动车停车场管理办法》新闻发布会召开（市城管局 供稿）

《镇江市市区机动车停车场管理办法》2022年10月1日起施行

2022年10月1日，新《镇江市市区机动车停车场管理办法》施行。11月3日，《镇江市市区机动车停车场管理办法》新闻发布会召开。新办法以问题为导向设置条款，利用和挖掘停车资源，推广停车资源开放共享，鼓励停车场建设，优化土地供应，鼓励停车场经营者、管理者购买商业保险，鼓励社会资本参与停车场建设等方面进行创新修订。

2022年，全市城市管理工作会议召开（本版照片均由市城管局供稿）

镇江市城市管理局获评江苏省打好污染防治攻坚战先进集体、2022年度市级机关“十佳服务先锋岗”单位

2022年，全市城管系统坚持聚焦城管工作主责主业，认真落实“疫情要防住、经济要稳住、发展要安全”重大要求和“生态要提升”紧迫任务，积极投身全国文明城市创建，深入推进“美丽镇江”建设，圆满完成各项目标任务，城市治理能力和服务水平得到新的提升。一年来，全市城管系统紧扣城市治理，全力推进“美丽镇江”建设；聚焦产业强市，持续开展暖企惠民行动；保障城市运行，切实筑牢城管安全屏障。

2022年，城管局领导走进市“政行风热线”直播室倾听百姓心声，解决群众难题

2022年，全市城管系统“礼赞新时代 追梦复兴路”主题宣讲决赛举行

2022年，该局为民办实事获赠锦旗

2022年，该局使用新设备提升空气质量

镇江市大件垃圾拆解中心项目正式投产运营

2022年9月8日，镇江市大件垃圾拆解中心项目运营揭牌仪式在镇江新区举行。“大件垃圾”主要指日常生活中产生的重量超过5千克或体积超过0.2立方米或长度超过1米、整体性强需拆解处理的废旧生活垃圾和办公家具，包括床、沙发、桌椅、衣柜等。项目位于光大环保能源（镇江）有限公司西侧，2022年1月6日开工建设，处理对象主要是木头、海绵、编织物等大件家具类垃圾，日处理规模为30吨。镇江市大件垃圾拆解中心的运营，有效解决镇江市民反映强烈的大件垃圾乱堆乱放问题，对更好地从源头推进生活垃圾分类、提升生活垃圾的无害化处理和资源化利用水平、改善镇江市城乡人居环境具有重要意义。

2022年9月8日，镇江市大件垃圾拆解中心项目运营揭牌仪式举行（市城管局 供稿）

2022年，镇江市区面向社会错时优惠开放单位内部停车场。右图为市区无人值守道路泊位装置（陈黎 供稿）

2022年6月，路灯管理部门工作人员在维护市区路灯（陈黎 供稿）

2022年9月，户外广告管理部门工作人员开展景观照明设施日常巡查和维养工作（陈黎 供稿）

镇江城市建设产业集团有限公司构建“以城兴产、以产促城”的产城融合发展新格局

镇江城市建设产业集团有限公司自1994年成立以来，积极发挥城市建设主力军作用，累计完成城建项目264项，约900亿元，涵盖城市片区开发、基础设施建设、市政公用事业发展、公共住房建设和古城保护利用等。2018年以来，集团主动适应政策调整，坚持“城市综合运营服务商”发展定位，实施产业发展、资本运作“双轮驱动”发展策略，强化产业核心竞争力、整合协同能力、资本运作能力，做强资产运营、开发建设、绿色发展、城市服务四大业务板块。构建“以城兴产、以产促城”的产城融合发展新格局，实现企业与城市发展的同频共振。2022年，实现营业收入120.23亿元，利润总额13.53亿元。

2022年，镇江城建产业集团全面从严治党工作会议召开

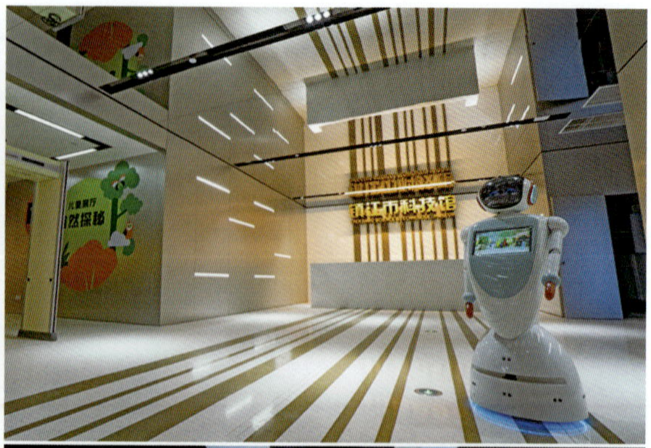

2022年，镇江城建集团承建的安置房项目掠影

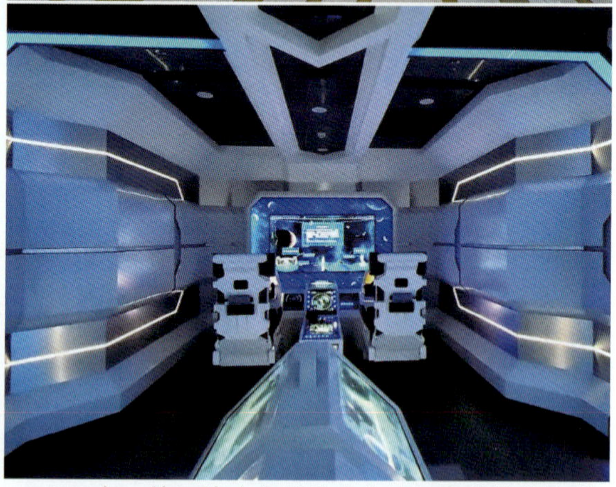

2022年，镇江城建集团承建的镇江市科技馆掠影

2022年，镇江城建集团承建的镇江长山学校（本版照片均由城建产业集团供稿）

句容市华阳街道获“江苏省金牌劳动人事争议调解组织”称号

华阳街道位于句容城区东部，面积120平方千米，下辖14个村和3个社区居民委员会，总人口超10万人，其中户籍人口5.3万人。2022年，华阳街道牢牢把握稳中求进工作总基调，务实奋进，推动高质量发展，创造高品质生活，让城市发展更有温度、人民生活更加幸福。2022年，华阳街道获评江苏省金牌劳动人事争议调解组织、镇江市乡村振兴先进集体、2022年度全市信访工作先进单位、2022年度信访突出问题攻坚化解先进单位、2022年度统计工作先进集体、2022年度全市消防工作先进街道、句容市双拥工作先进单位等。

2022年2月16日，华阳街道产业经济发展暨作风效能建设大会召开（本版照片均由华阳街道供稿）

2022年11月11日，中电光谷（句容）数字经济产业园签约仪式举行

2022年7月16日，第三届江苏句容华阳福桃文化节举行

2022年12月9日，枢纽商圈党群服务中心启用仪式举行

2022年8月17日，“百姓大舞台”活动举行

2022年，华阳街道万家河入选江苏省幸福河湖典型案例

丹阳市皇塘镇获“江苏省文明镇”称号

2022年1月，江苏省表彰2019—2021年度江苏省文明镇，丹阳市皇塘镇榜上有名。皇塘镇是全国重点镇、全国综合实力千强镇、全国卫生镇、中国家纺名镇。皇塘古名黄塘，有2700多年历史，位于丹阳市东南部，为丹阳市“南大门”，常(常州)绕左右，五区通衢(丹阳、新北、钟楼、武进、金坛)，312国道、340省道贯穿全境，水、陆、空交通便利，具有较好区位优势和良好经济发展环境。全镇总面积80.54平方千米，辖11个行政村，57000余人。皇塘镇还是全国小城镇发展与改革综合试点镇、江苏省创新型试点乡镇、江苏电子商务示范镇。2022年，实现地区生产总值82.82亿元，一般公共预算收入133亿元，工业应税销售219.83亿元，规模以上工业总产值189.45亿元，固定资产投资10.44亿元。

2022年2月14日，2022年丹阳市产业项目集中开工仪式暨皇塘镇产业项目开工仪式举行（本版照片均由皇塘镇供稿）

2022年9月5日，兆丰（丹阳）新型药用包材公司智能生产线项目二期工程开工典礼举行

2022年6月16日，“检‘丹’当”民营企业合规工作指导站皇塘站揭牌仪式举行

2022年11月4日，丹阳农商银行——皇塘镇“一镇一品”产业融资交流会举行

2022年，全国重点镇、省文明镇皇塘镇掠影

2022年，丹阳市吕城镇民生实事重点项目——庙河生态河道建设掠影（本版照片均由吕城镇供稿）

丹阳市吕城镇获“江苏省文明镇”称号

吕城镇地处丹阳市东南部，因三国东吴大将吕蒙在此屯兵筑城得名。全镇总面积96平方千米，辖11个行政村、249个自然村、2个社区居委会。2022年，吕城镇实现地区生产总值48.34亿元，比上年增长4.5%；规模以上工业总产值56.8亿元，增长12.9%；制造业投资9.05亿元，增长29.1%；工业应税销售70.64亿元，增长7.72%；全面完成外资招商任务；一般公共预算收入1.4亿元，各项重点指标较好完成目标任务。高效农业以花卉苗木、生态观光农业为主，以粮油加工为基础的农业产业化带动辐射能力强。由省发改委规划设计的粮油加工贸易集中区被列为首批省级农产品加工集中区，有国家级6万吨食用油储备库及大型粮食码头、省级粮食储备库各1座。吕城镇是全国千强镇、国家级生态乡镇，江苏省重点中心镇、创新型乡镇和特色文化镇。2022年1月，江苏省表彰2019—2021年度江苏省文明镇，吕城镇榜上有名。

2022年2月14日，丹阳市产业项目集中开工活动暨吕城镇产业项目开工仪式举行

2022年8月9日，吕城镇招商专班赴苏州开展招商引资活动

2022年7月13日，2022年丹阳市基层文艺巡演吕城专场举行

2022年11月4日，“党建聚合力 村企绘蓝图”党建共建活动举行

2022年9月15日，市城管局党委与健康路街道党工委党建共建签约活动举行（本版照片均由健康路街道供稿）

京口区健康路街道人民来访接待中心被授予省“2022年度‘人民满意窗口’建设质量提升工程先进单位”称号

省信访局发布的2022年度“人民满意窗口”建设质量提升工程先进单位中，健康路街道人民来访接待中心榜上有名，这是京口区唯一获此称号的单位。2022年，健康路街道紧扣“高质量发展”首要任务，做强“实力健康”必答题；秉持“人民城市”重要理念，做靓“魅力健康”特色题；围绕“为民造福”本质要求，做实“幸福健康”主观题，坚定不移打好项目招引攻坚战，跑出项目建设加速度，提升营商环境硬实力，实现全年“满堂彩”。坚持以“红色引擎让金色商居更美好”为目标，探索“134”商居党建工作法，助力金色商居共建共治共享。

2022年，助企纾困解难工作小组到企业走访

2022年，健康路街道2022年工作会议暨产业项目提速增效年动员大会召开

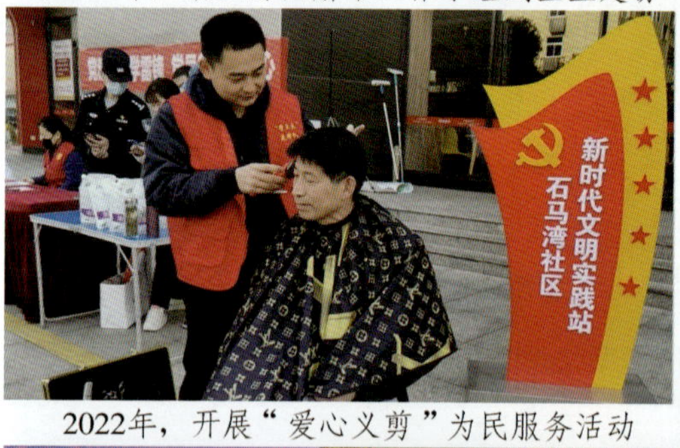

2022年，开展“爱心义剪”为民服务活动

2022年，“礼赞新时代·追梦复兴路”主题宣讲活动开展

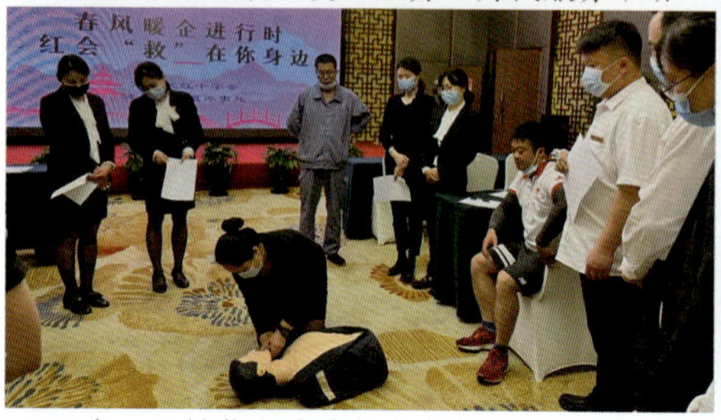

2022年，开展“红会‘救’在你身边”活动

润州区南山街道五凤口社区获“镇江市文明社区”“最佳志愿服务组织”称号

五凤口社区总面积约6平方千米，下辖13个居民小组，居民730余户，户籍人口3000余人。社区党委坚持以党建为切入点，以“精品创建、精细管理、精细服务、精细融合、精准惠民”为服务理念，以“攻坚和谐，共创文明”为原则，不断探索自我管理、自我教育、自我服务、自我监督的社区体系和工作机制。2022年，社区开展“‘花式’闹元宵 外国友人来助阵”、二月二龙抬头和“剪廉洁之花 扎廉政纸灯”“播种绿色 拥抱春天”“爱心义诊共筑健康家园”“踔厉奋发新时代•翰墨书香‘润’初心”等20余场活动，增进社区居民亲情感、安全感和归属感。2022年，社区获“镇江市文明社区”“最佳志愿服务组织”“镇江市五星级退役军人服务站”“2021—2022年度五星示范农家书屋”等称号。

2022年，社区第一党支部与市第三人民医院肺科党支部开展党建结对活动（本版照片均由五凤口社区供稿）

2022年1月29日，镇江市九久老年康复中心给社区送锦旗

2022年7月1日，社区组织居民自编自演节目庆祝党的生日

2022年9月1日，社区“喜迎二十大 幸福在润州”文艺演出举行

2022年3月3日，社区组织二月二龙抬头民俗文化活动

2022年11月9日，2022年度“119”消防宣传月启动仪式举行（本版照片由市消防救援支队、卞婕供稿）

镇江市消防救援支队获评“江苏省文明单位”，获江苏省“五一”劳动奖状

2022年，市消防救援支队坚持抓班子带队伍、扬优势补短板、保安全促发展，守牢火灾防控底线，把准队伍管理红线。全年共接警6657起，其中火灾扑救3023起、抢险救援1283起、社会救助2157起，共出动车辆11588辆次，出动人员53287人次。支队获评“江苏省文明单位”，获江苏省“五一”劳动奖状；丹阳陵口镇因推广智慧消防建设成效显著被评为“全国119消防先进集体”；扬中大队被评为“全国青年文明号”。

2022年7月22日，组织参加2022年度镇江市危险化学品事故综合应急演练活动

2022年，苏宁广场和中国节能（镇江）公司的微型消防站和消防宣传栏

教 育

【概况】2022年，镇江市教育系统新创成省级“一校一品”党建文化品牌8个、省级“同心育人”行动计划优秀项目9个、“五星”党支部13个、全国五四红旗团委和优秀少先队各1个，新增省中小学思政育人特色学校4所。深化教育领域各项改革。印发《镇江市关于深化新时代教育督导体制机制改革的实施方案》。开展义务教育优质均衡发展、学前教育普及普惠发展、义务教育质量等各项动态监测，发挥督导评估的诊断和指导作用，优化教育治理能力。加强“县管校聘”改革，优化师资队伍配置。开展“双减”、“五项管理”、中小学心理健康、体育工作、校园安全、师德师风等问题专项督导，解决热点难点问题。8个案例入选“双减”工作全国和全省优秀案例。实施教育优先发展战略。扬中市、京口区、润州区、镇江新区一般公共财政教育支出比上年分别增长3.53%、24.63%、1.58%和29.69%；扬中市、京口区、润州区、镇江新区生均一般公共财政预算教育经费支出均有所增长。各市（区）均按规定要求安排各类教育生均公共财政预算公用经费，拨款标准比省基准定额提高10%，财政性学前教育经费占同级财政性经费的比例高于5%。完成新（改扩）建中小学、幼儿园20所，投入1.5亿元。丹阳市丹北实验中学、镇江高新区实验小学等竣工和投入使用的学校新增学位7440个，丹徒区投入使用宜城小学东校区，镇江新区规划投入15000万元开建第二实验小学。通过“金山英才”计划等多渠道引进优秀教师900多人，遴选50名特级教师实施卓越教师培养计划。成立镇江市特技教师讲师团、骨干教师教练团、青年教师成长接力团、教师发展引导师团。择优遴选31名教师参与“组团式”援教。1名教师获评“江苏教师年度人物”，4人入选省名师、名校长工作室主持人，创成省网络名师工作室11个。创成省中小学劳动教育与综合实践优秀基地2个，新增省心理健康教育特色学校3所，中小学生体质健康检测合格率100%。2个艺术实践工作坊被省教育厅推荐参加全国现场展演。全市有4所学校入选省中小学思政育人特色学校。

2022年，新建成并开始招生的镇江市京口区贺家弄幼儿园招商北固湾分园（卞婕 供稿）

2022年9月开班，镇江新区再添一所高中

镇江枫叶双语学校普通高中获批设立，2022年9月正式开学。第一批招收6～8个班，每班40人，其中2个班为“恩来实验班”。这是镇江新区继心湖高级中学后成立的第二所普通高中。借助此前枫叶学校国际班先进的办学经验，普通高中采用“双轨、双出口”升学模式。学生学习普通高中课程，高中毕业参加国内高考，凭高考成绩填报国内大学，也可申请与枫叶教育集团签订战略合作的20所国内知名高校就读国际学院的国际专业。学生如果无法适应普高学习，可申请转入校国际高中就读，获得规定学分，可以直接申请国外大学或国内大学的国际学院中外合作项目。

2022年，镇江枫叶双语学校掠影（卞婕 供稿）

【各级各类教育发展】2022年，镇江市新建改扩建幼儿园7所，增加普惠性学位近1800个。全市普惠性幼儿园覆盖率和优质幼儿园覆盖率稳中有升，分别为91.74%和91.62%。申报成功省课程游戏化项目3个、省前瞻性项目1个，培育市级项目10个。全市义务教育优质均衡达标比例83.93%。全市384家学科类校外培训机构全部注销、转型。出台《镇江市“十四五”特殊教育发展提升计划实施方案》，新增省特殊教育发展项目5个、省前瞻性项目2个。高中教育优质特色发展，研究新课标、新教材、新高考，提升高中教育教学质量。职业教育融合发展，完成镇江高职校、丹阳中专省中职领航学校建设。聚焦“四群八链”用工需求。“三横八纵创新推进三全育人”案例入选省典型案例，获省职业院校创新创业大赛（中职创意项目）一等奖2个。

2022年4月27日，江苏大学举办“五四”颁奖典礼暨第七届青年师生信仰公开课（江苏大学 供稿）

2022年10月7日，江苏大学布设“迎接党的二十大 江大幸福风采墙”，喜迎党的二十大胜利召开（江苏大学 供稿）

2022年，江苏大学梅花盛开（朱武江 供稿）

2022年，江苏科技大学长山新校区掠影（孙悦萌 供稿）

2022年8月18日，镇江高专团队在2022年全国职业院校技能大赛“机器人系统集成”赛上领奖（柳放 供稿）

镇江高专团队在2022年全国职业院校技能大赛“机器人系统集成”赛上获一等奖

2022年8月18日，2022年全国职业院校技能大赛“机器人系统集成”赛落下帷幕，镇江市高等专科学校参赛团队代表江苏参赛，获一等奖。“机器人集成系统”赛项是基于实际工业生产的应用场景进行设计，以智能制造技术为基础，集合工业机器人、机器视觉、数控加工等设备实现柔性化生产，通过MES系统完成生产全流程的监控和优化，实现智能化生产，利用互联网实现移动终端对云服务器实时访问。镇江高专团队用7个小时，形成一套微缩版的“中国制造2025”智能工厂的优化方案，比赛中，实现包括数控加工、产品检验等系统的高效运行。

2022年8月18日，2022年全国职业院校技能大赛“机器人系统集成”赛现场（柳放 供稿）

镇江崇实女子中学推动办学转型升级，并启用“茅以升中学”校名

2022年，镇江崇实女子中学推动办学转型升级。自秋学期开始，学校初中部停止招生，高中部在“传承历史、保持特色”，沿用“崇实女中”校名继续招录女子班基础上，启用“茅以升中学”校名，实施男女统招，构建一个校区、两种办学模式的多元发展模式。学校高中部办学规模从6轨扩大至10轨，有效增加市区普高学位供给。

2022年，镇江崇实女中掠影（卞婕 供稿）

2022年，镇江市宜城小学及新建东校区掠影（卞婕 供稿）

镇江市江南学校改扩建工程基本结束

2022年，镇江市江南学校改扩建工程基本结束，人防工程、教学实验楼、阶梯教室、报告厅、图书馆、风雨球场、田径场等一应俱全，校园布局合理，建筑、道路、绿化、文化景点等整体规划，有个性特色，形成和谐、健康、积极向上的教育氛围。江南学校创办于1998年4月，镇江市教育局直属全日制初级中学，有42个教学班级，在籍学生2000多人，教职员工150余人。学校以办“和润教育”为目标，以管理高效、质量领先、特色鲜明为标志，致力于把学校办成省内知名、全市一流的高品质初级中学。学校获“全国师德建设先进集体”“首批全国中小学青少年校园足球特色学校”“江苏省文明校园”“江苏省心理健康教育特色学校”“江苏省平安校园”“江苏省优秀家长学校”等称号。

2022年9月1日，镇江市“开学第一课”暨十四岁“青春仪式”示范观摩活动在江南学校举行（本版照片均由江南学校供稿）

2022年，江苏省领导考察镇江市江南学校

2022年，“学习贯彻二十大 三尺讲台建新功”主题党日活动举行

2022年3月16日，江苏省教育厅领导到校调研全员导师制工作

2022年，江南学校学生篮球队

2022年3月20日，青春永不散场 拼搏永不停歇——江南学校第十八届运动会举行

2022年，镇江市江南学校门楼掠影

“法治副校长”上任，定制专属法治课程助力未成年人成长

2022年4月18日，京口法院法官李燕汝以法治副校长身份为中山路小学的孩子们上了一堂保护生物多样性普法课程，通过动画和图片，从孩子感兴趣的动植物入手，用案例讲解引发低龄段孩子的思考。从2022年3月起，京口法院选派12名熟悉未成年人身心特点的法官及法官助理担任19所中小学的法治副校长。法治副校长针对各校不同需求，定制普法菜单，精准普法，教育引导未成年人遵纪守法，促进全社会关心关爱未成年人健康成长。

2022年4月18日，京口法院法官、学校“法治副校长”李燕汝为中山路小学一（12）班上普法课（柳放 供稿）

2022年1月26日，镇江市宝塔路小学“红船”观后感征文系列活动启动仪式举行（《镇江壹周》供稿）

镇江新区大港中心幼儿园入选“2022年基础教育内涵建设项目”

镇江新区大港中心幼儿园是一所有70年建园史的江苏省示范性公办幼儿园，秉持“服务每个生命的美好”办园宗旨，注重满足在园每一位儿童的个性化教育需要。2018年起推进融合教育，在被认定为“镇江市首批融合教育基地校”的基础上，申报“镇江市融合教育示范校”并被认定为“2022年基础教育内涵建设项目”，同时，新区大港中心幼儿园被评为“2022年度镇江市少儿体适能趣味田径培育基地”。

2022年，镇江新区大港中心幼儿园掠影（贺树平供稿）

2022年3月6日，镇江市实验小学春华秋“拾”志愿团队的小志愿者在家长陪同下到世业洲开心农场，挖野菜、摘草莓、种桑林，感受春天的魅力，体验收获的喜悦（《镇江壹周》供稿）

2022年3月9日，镇江市佳佳幼稚园小朋友在世业洲开展半日户外实践活动现场（《镇江壹周》供稿）

润州区启动学前教育宣传月，开展一系列幼小衔接教育活动

2022年5月19日，第十一个全国学前教育宣传月，润州区启动学前教育宣传月，开展一系列幼小衔接教育活动，帮助幼儿在两个教育阶段自然衔接、平稳过渡。

2022年5月19日，润州区学前教育宣传月教育活动现场（柳放 供稿）

2022年6月1日，镇江市京河路幼儿园举办游园会（柳放 供稿）

“双减”后的首个暑假，素质教育“套餐”扮靓成长底色

2022年暑假，是“双减”落地后首个暑假。这个暑假，从学校布置作业，到家长为孩子选择非学科类培训，再到从游学中获得知识，暑假生活呈现出规划先行、活动丰富、多元发展等特点。学生、家长享受多元化的素质教育“套餐”。

2022年7月20日，小学员在市区健康路体育馆进行乒乓球训练（本版照片均由《镇江壹周》供稿）

2022年7月20日，孩子们在市区漫书城阅读自己喜爱的课外书籍

2022年8月4日，“流动博物馆”走进社区，镇江博物馆“文博大餐”丰富孩子们的暑期生活

【教师队伍建设】2022年，镇江市有教职工47187人，其中专任教师36956人。高校教职工9972人；中职学校教职工2018人；普通中小学教职工23810人，其中，专任教师22043人，小学阶段专任教师11079人、初中阶段专任教师6888人、高中阶段专任教师4076人；幼儿园教职工11199人；特殊教育学校有教职工188人。全年1名教师获评“江苏教师年度人物”，1名教师获“提名奖”，4人入选省名教师、名校长工作室主持人，评选市“十佳教师”57人、镇江市优秀教育工作者165人，遴选第八批学科带头人397人。1名教师入选第二批“苏教名家”培养工程培养对象，2名教师担任江苏省名师（名园长）工作室领衔人，5人入选江苏省乡村优秀青年教师奖励计划，1人入选教育部乡村优秀青年教师奖励计划。年内，镇江市与新疆四师、西藏拉萨、陕西渭南等地教育部门加强对口支援协作合作交流工作。

探索“研学课堂”，提升教师专业素质

2022年，镇江推进基于课堂教学体系重构的课堂教学新样态——“研学课堂”的探索和研究，提升教师专业素养，推动提升课堂教学和学科育人质量。全年分别在第一中学、外国语学校、中山路小学等举办各学科的“研学课堂”展示活动，组织全市各地的学科教师参与听课、听讲座，共同研讨、交流。镇江“研学课堂”申报“江苏省基础教育前瞻性重大改革实验项目”，并正式立项。

2022年4月20日，镇江市教育系统在外国语学校等开展“研学”课堂教学研讨活动（《镇江壹周》供稿）

【招生考试】2022年，镇江市组织高考、成考、中考、自考、社会考试等各类考试报名26次、考试25次、教师资格面试1次，30多万人次参加。全市有13656人参加高考报名，20645人参加学业水平合格性考试（笔试），14131人参加学业水平合格性考试（信息技术考试），814人参加美术类专业省统考，198人参加编导类专业省统考，120人参加音乐类专业省统考，197人参加体育类专业省统考，74人参加体育单招文化考试。市教育考试院组织1919名考生参加全国硕士研究生招生考试。全市成人高考报考人数10291人。全市4021人报考职业教育高考，4450人报考中等职业学校学业水平考试。全年自学考试报名18297人次，毕业人数1352人。全年18283人参加教师资格考试笔试。其他非学历考试包括全国计算机考试、全国英语等级考试、大学英语四六级考试及书法考试等，全年总报考规模为141642人次。

2022年高考期间，镇江市部分考点外场景（蔡昀 孙光友 邢永青 张兴淮 供稿）

2022年，镇江市特教中心美丽校园（本版照片均由市特教中心供稿）

镇江市特教中心获批江苏省2022年教育评价改革试点项目

镇江市特教中心积极打造“有爱无碍”四有好教师团队，以全面全程全员的适性教育理念，深入探索“一体两翼”培养模式的课程研发，为镇江市残障学生开展德智体美劳教育，开展康复训练、职业教育实践，为提升残障学生融入社会、回归社会的生存能力培土奠基。2022年，学校服务全市普校在籍随班就读巡回指导和重残学生送教上门等融合教育1577名学生，支持指导普校资源教室建设169个，为全市融合教育师资培训约500人次。学校持续研究的前瞻性项目“社区融合：直指生存力培养的适性化模式十年探索”获镇江市首届基础教育教学成果奖一等奖和江苏省基础教育教学成果奖二等奖。镇江市特教中心是全国助残先进集体、全国特殊教育先进单位、全国三八红旗集体、全国特殊艺术人才培养基地。

2022年10月9日，镇江市残疾人家庭无障碍阅读“书服到家”项目启动仪式举行

2022年，特教中心特教先锋“1+1”星光行动启动仪式举行

2022年，“镇教先锋”镇江市特教中心送教小分队开展活动

2022年，特教中心学校代表队在省特奥比赛中摘金夺银

卫生·体育

【概况】2022年，镇江市有各级各类卫生计生机构1151个，全市实有床位18003张，比上年增加296张，有卫生人员29415人，增加1399人，其中卫生技术人员24248人，增加1314人。全市有执业（助理）医师9522，注册护士10565人，每千人拥有执业（助理）医师和注册护士分别为2.96人和3.28人。卫生收支情况。财政拨款。2022年，镇江市医疗卫生健康机构争取到各级财政拨款252718万元，比上年增加4261万元，增长1.71%。收入情况。全市医疗机构2022年实现收入1034959万元，比上年增加32702万元，增长3.26%。支出情况。全市医疗机构2022年实现支出1163763万元，比上年增加70762万元，增长6.47%。公立医院支出810963万元，增加42692万元，增长5.56%。工作量完成情况。全市医疗机构完成门急诊工作量为3002万人次，比上年增加1037万人次，增长52%。公立医院实际开放总床日为358万床日，实际占用总床日为285万床日，病床使用率为80%，病床周转次数34次。基层医疗机构实际开放总床日为113万床日，实际占用总床日为38万床日，病床使用率为34%，病床周转次数为9次。均次费用。公立医院门诊均次收费水平为192元，其中药品费68元；每床日平均收费水平1402元，其中药品费310元；出院者平均医药费用11524元，其中药品费2544元。基层医疗机构门诊均次收费水平为83元，其中药品费48元；每床日平均收费水平435元，其中药品费101元；出院者平均医药费用5671元，其中药品费1315元。

2022年，镇江市卫生健康系统贯彻新冠疫情防控第九版、落实二十条。持续扩容医疗救治资源，全市三级医院设置重症床位608张，占开放床位总数的8.25%，亚定点医院设置床位5004张。依托城市医联体、县域医共体，迅即将发热门诊（诊室）从18家扩容至417家，日最大接诊能力提高至1.8万人次。所有乡镇卫生院、社区卫生服务中心提供氧疗服务，设立三级寻医问诊热线，开通24小时儿童、孕产妇、老年人、血透患者就医及心理咨询热线。

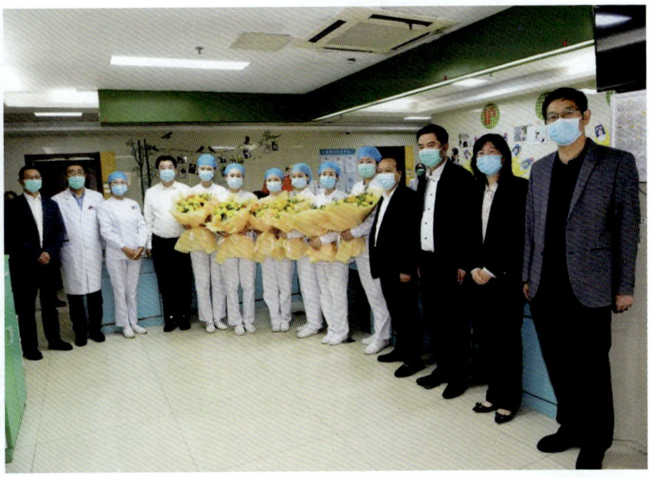

2022年5月12日国际护士节，市政府和市卫健委领导走访慰问一线护理工作者（市卫健委 供稿）

【综合医改】 2022年，镇江市调整优化2022年度公立医院绩效考核办法及指标体系。9家市、区公立医院全年实现医药收入42.24亿元，比上年增长10.07%；医疗盈余3105万元，比上年增加4621万元。推进县域医共体建设，扬中市、句容市县域医共体进入实体化运行，达到国家紧密型县域医共体建设标准；丹阳市、丹徒区在“医共体决策权限”和“医保管理改革”两项核心评判指标方面取得实质性突破。全市105个全一专科联合门诊安排上级医院专家坐诊1922天，接诊患者6.01万人次；20个康复联合病房设置康复床位345张，接收下转康复期病人880人次。全年城区下派127名医务人员、149人次，支援4家二级医疗机构、27家社区卫生服务中心及疾控机构、院前急救机构。推进二级以上医疗机构门急诊电子病历系统结构化改造，15家医院完成省级改造；全市10家三级医院电子病历应用水平达4级及以上。成立镇江市智慧医疗协会，5家互联网医院开设线上全日制门诊，推进省、市云影像平台建设。

2022年7月12日，智慧药店监管项目政银合作启动仪式举行（《镇江壹周》供稿）

全面推进医保智能监控系统建设，加强医保基金监管

2022年7月12日，智慧药店监管项目政银合作启动仪式举行，镇江市上线定点零售药店智慧监管稽核系统，提高医保基金监管效能。镇江市有定点零售药店1035家。搭建面向定点药店的智慧监管稽核系统，可以对不符合医学药学常识和违反医保政策的相关行为进行全面、有效识别；实现事前提醒，事中审核，将违规问题解决在结算拨付之前；及时捕捉违规违法线索，杜绝违法违规操作行为。

2022年3月3日，镇江“12393”医保热线服务台工作情景 （《镇江壹周》供稿）

医保服务热线上线5个月受理企业和群众诉求6.6万件

镇江“12393”医保服务热线率先全省试点上线，把服务对象诉求响应率和满意率作为第一标准，打造“最有温度”的政务服务热线。工单系统实行可视化、可追溯管理，有效解决电话难接通、进度难追踪、责任难追究问题，做到“事事有着落，件件有回音”。到2022年2月，5个月累计受理服务诉求66097人次，其中接听服务57509人次，主动呼出服务8588人次，服务满意率99.99%。

医保局实施重大产业项目挂钩服务联系制度

自2022年1月16日起，市医保局实施挂钩联系服务制度，主动对接全市220个重大产业项目，提供政策支持、经办等服务，内容包括助推人才振兴行动，维护企业参保权益，保障医保待遇等。

2022年2月16日，镇江市医保局工作人员到重大产业项目企业提供服务 （《镇江壹周》供稿）

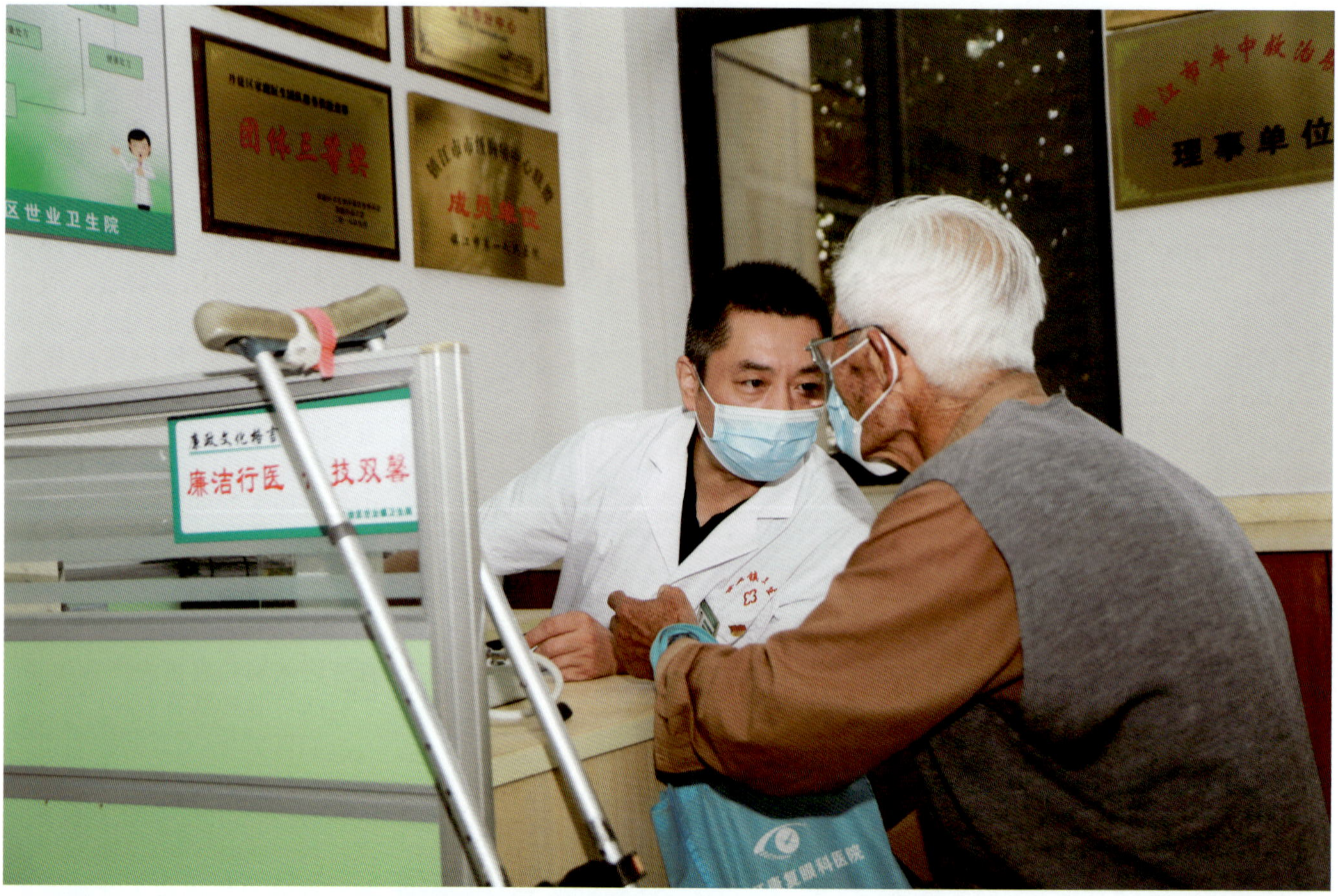

丹徒区世业卫生院与市级大医院实现医疗资源共享。2022年5月24日，市第一人民医院医生坐诊世业卫生院 （吴呈昱 供稿）

2022年9月21日，市第四人民医院开展健康科普义诊校园行活动 （《镇江壹周》 供稿）

2022年1月8日，全市医疗机构新冠肺炎疫情防控工作视频会议召开（本版照片均由市卫健委供稿）

市卫健委实施“党旗‘镇’红、‘医’路先锋”工程，推动疫情防控和医疗救治工作获书记项目特别奖

2022年，全市卫生健康系统坚持“人民至上，生命至上”，统筹疫情防控和事业发展，优化调整疫情防控措施，筑牢保障人民群众生命安全和身体健康的坚固防线，推动卫生健康事业高质量发展。全力以赴做好新冠疫情防控工作，高效处置5起本土聚集性疫情、80余起输入性散发疫情及2起境外输入疫情，建成2所方舱医院、5个城市核酸检测基地、4个救护车洗消中心、18家标准化发热门诊，先后调派17批2110名医务人员支援上海、海南等地疫情处置，接收上海、无锡等地人员到镇江隔离。推动形成功能更加完善、布局更加合理的基层医疗卫生服务格局，全市累计建成省农村区域性医疗卫生中心7个、省社区医院14家。提升中医药服务内涵，在中医馆建设全覆盖基础上，推动能力提档升级，4个中医馆获评省首批五级中医馆，10个中医馆获评四级中医馆。织牢职业病“防治网”，依托句容市边城卫生院东昌分院建成尘肺病康复站，为186名尘肺病患者建档立卡，开展医学随访和康复服务1099人次。镇江市连续两年获评“全国健康城市建设样板市”。

2022年1月29日，镇江市常态化疫情防控系列工作指引（口袋书）发布记者见面会召开

2022年4月3日—5月26日，镇江市援沪方舱队先后奋战在临港、上海仁济医院南院

2022年7月3日，疫苗接种全市联动现场

2022年7月19日，全市疫情防控调度会召开

2022年8月2日，上半年市区公立医院运营绩效分析会召开

2022年8月19日，镇江市庆祝2022年“中国医师节”大会举行

【公共卫生服务】2022年，镇江市将人均基本公共卫生服务经费补助标准提高至94.23元，妇女“两癌”检查项目惠及9万余人，免费为适龄儿童接种水痘疫苗10.42万剂次。全市传染病疫情网络直报综合质量99.98%，报告与处置突发公共卫生事件8起，处置各类传染病预警信息1221条，24小时内响应率99.67%。连续16年未发生血吸虫病“急感”疫情。启动耐多药/耐利福平结核病二线药物耐药演变和传播前瞻性研究。镇江市蝉联“全国健康城市建设样板市”称号。新建国家卫生镇2个、省级卫生村4个，省级健康镇1个、省级健康村（社区）39个，省级健康促进医院5家，市级病媒生物防制示范点20个。办理生育登记8047人，其中三孩生育登记125人。出台地方标准《镇江市婴幼儿日间照料托育机构服务规范》。新增普惠托育机构21家，其中省级示范2家、市级示范3家，每千人拥有3岁以下婴幼儿托位数提高至3.57个。产前筛查和新生儿疾病筛查保持愿筛尽筛全覆盖。做好0～6岁儿童眼健康和视力筛查，免费视力筛查86100人。新建3个全国示范性老年友好型社区。下发《进一步推进医疗卫生机构与养老机构签约合作服务的通知》，65岁以上老年人健康体检项目惠及35.9万人。投入资金161.29万元，服务老年人8000余人次。印发《镇江市全民自救互救素养提升工程宣传册》。

2022年2月5日，镇江市食品安全“守底线 查隐患 保安全”专项行动动员会召开（市消协 供稿）

2022年10月26日，市场监督部门对镇江市区连锁餐饮、食品销售门店进行食品安全检查（市消协 供稿）

2022年5月18日，镇江市疾病预防控制中心新区分中心挂牌仪式举行（市卫健委 供稿）

【爱国卫生】2022年，镇江市蝉联“全国健康城市建设样板市”称号，并于2021年度推进健康江苏建设考核中获评“优秀”等次。推进健康细胞建设，新建省级健康镇1个、省级健康村（社区）39个、省级卫生村4个、省级健康促进医院5家、市级病媒生物防制示范点20个。

2022年6月，江苏省人民医院句容分院掠影（市卫健委 供稿）

句容市入选全国健康城市样板市

句容市全面贯彻新时期卫生与健康工作方针，落实《“健康江苏2030”规划纲要》及《落实健康中国行动推进健康镇江建设实施方案（2020—2030）》，在普及健康生活、优化健康服务、发展健康产业、建设健康环境、完善健康保障五方面开足马力，全力推进健康城市建设走向纵深。2022年6月，句容市入选全国健康城市样板市。

2022年7月，镇江市“省级健康促进医院”——镇江市精神卫生中心掠影（张闻 供稿）

2022年，省级健康村——扬中市三茅街道指南村村委会及村容村貌整治前后对比（逸虻 供稿）

【基层卫生】2022年，镇江市新增3家达国家推荐标准的机构，累计22家；新增4家达国家基本标准的机构，累计43家。全市达到国家服务能力基本标准和推荐标准的乡镇卫生院（社区卫生服务中心）占比97.01%。全年有65家乡镇卫生院（社区卫生服务中心）达到国家服务能力基本标准和推荐标准。省、市级基层特色科室累计分别为24个和58个，79.1%的乡镇卫生院（社区卫生服务中心）拥有至少1个市级以上特色科室。全市105个“全一专科联合门诊”安排上级医院专家坐诊1922天，接诊患者6.01万人次；20个康复联合病房设置康复床位345张，接收下转康复期病人880人次。新建家庭医生工作室4个，累计83个。印发《2022年全市基本公共卫生服务项目绩效评价方案》。编印《居民健康档案和重点人群健康管理填表说明》指导基层医务人员做好项目工作。各级财政累计下达基本公共卫生服务项目补助资金30256万元，其中市级资金4125万元。

杨凌当选“中国好医生中国好护士”月度人物

由中央文明办和国家卫生健康委员会组织的“中国好医生中国好护士”网上推荐评议活动，经群众推荐、集中展示、点赞评议等环节，10位优秀医务人员当选11月月度人物。京口区花山湾社区卫生服务站站长、主任医师杨凌作为江苏省唯一代表跻身其中。杨凌扎根基层24年，她服务的花山湾是个老小区，有3.24万名居民，老年人近一半。她上班时间在站里接诊，下班后到居民家出诊。她不仅关爱社区病人，还关爱特困居民，尽自己最大努力帮助社区需要帮助的人，被誉为“最美社区医生”。先后获“中国好人”、“全国人气家庭医生”、全国先进工作者、江苏省十大医德标兵、江苏省优秀共产党员、江苏省“最美巾帼人物”等18项荣誉。

2022年，杨凌在接诊、巡诊（宋亚军 供稿）

镇江瑞康医院入选“江苏省康复医学专科联盟副理事长单位”

镇江瑞康医院是亚太医疗集团(APMG)和镇江新区政府合资开设的中美合资二级甲等综合医院，是镇江市医保、生育、工伤保险定点医疗机构。经六年快速发展，瑞康医院已完全具备区域医疗服务中心功能，部分专科达到三级医院技术能力和服务水平。瑞康医院一直将社会责任融入医院的发展之中，三年新冠疫情的磨练，瑞康肩负起时代使命，积极承担社会责任，开展常态化疫情防控工作，构建非公医疗新型社会责任体系，成为镇江市医疗服务体系中的重要力量。同时，2022年在学科建设、医疗服务及人才队伍建设等工作中取得了阶段性成绩，尤其在是为当地民众提供可及的且具有差异化的医疗服务方面优势明显。瑞康医院结合政府区域卫生规划和集团医疗资源，致力于为患者和家庭提供优质可靠、覆盖全生命周期的医疗健康服务。

2022年，镇江瑞康医院承办的镇江市继续医学教育项目“关节外科进展和关节畸形矫治”研讨会举行

镇江瑞康医院入选“江苏省康复医学专科联盟副理事长单位”（本版照片均由瑞康医院供稿）

2022年，瑞康医院加入镇江新区援琼核酸采样队执行支援任务

2022年，瑞康医院加入市援沪医疗队赴上海方舱医院执行任务

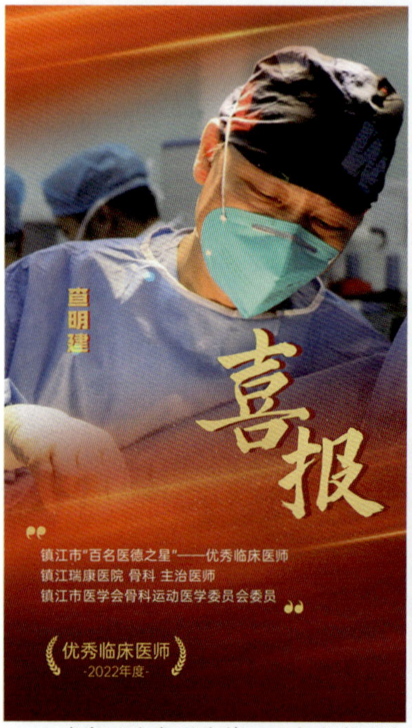

瑞康医院查明建获2022年市“百名医德之星”——优秀临床医师称号

瑞康医院吴旭、张璟获第二季度“镇江好人”称号

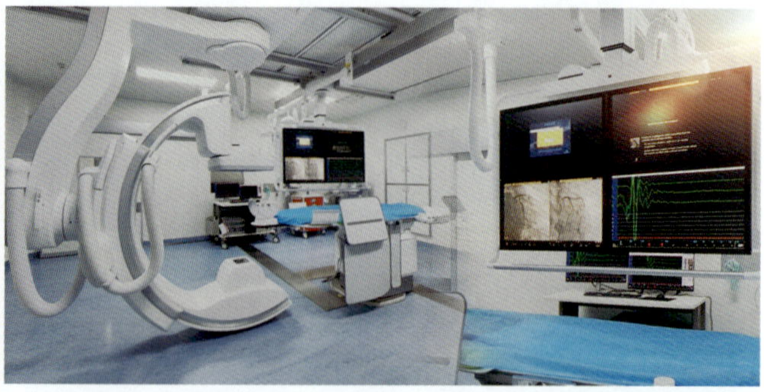

2022年，数字减影血管成像（DSA）导管室正式启用

2022年，镇江瑞康医院大楼外景

【健康服务】2022年，镇江市新增挂牌老年医院2家；全市92.86%的二级及以上公立综合性医院开设老年医学科；新增1家护理院，全市建成护理院10家。开设两证齐全的医养结合机构32家，开放养老和医疗床位7278张，有21家纳入医保定点。新建26家江苏省老年友善医疗机构、10家江苏省老年友善医疗机构优秀单位。为35.9万名65岁及以上老年人免费提供一次基本健康体检服务。提供上门医疗护理康复服务13380人次。

2022年，镇江市中西医结合医院、镇江市第二人民医院新增挂牌老年医院（市二院 供稿）

2022年1月15日，镇江市瑞和居家养老综合服务中心开业活动现场（董根年 供稿）

2022年10月14日，镇江市新增养老护理院九如城康养中心掠影（逸虻 供稿）

【中医药事业】2022年，镇江市委、市政府制定出台《关于中医药传承创新发展的实施意见》。召开省级中医重点专科（中医院肾病科、脾胃病科，市二院康复科）整改项目督查推进会。推进全市乡镇卫生院、社区卫生服务中心“中医馆”提档升级，2022年建成4家五级“中医馆”、10家四级“中医馆”。全市开展“中医巡诊巡讲”“中医药就在你身边”“岐黄校园行”“端午艾草香、关注眼健康”“全省中医药宣传月”等主题活动171场，受益群众15588人次。

镇江市第二批中医师承结业仪式举行

2022年9月9日，市卫健委、市中医药管理局举行镇江市第二批中医师承结业仪式。2015年以来，镇江市认真贯彻落实上级部署，遵循中医药发展规律，推进师承教育，先后开展两批老中医药专家学术经验继承工作，市财政专门进行资金补助，共培养65位老中医药专家学术经验继承人。在结业仪式上，向指导老师颁发荣誉证书，向合格继承人颁发结业证书。

2022年9月9日，镇江市第二批老中医药专家学术经验传承项目结业仪式举行（市卫健委 供稿）

2022年7月29日，2022年全市中医药重点工作推进会召开（市卫健委 供稿）

【体育】2022 年，全市有新注册教练员261人、运动员1809人，输送蹦床、田径、足球、柔道等项目4人进入省运动队。镇江代表团在第20届省运会获37枚金牌、29枚银牌、49枚铜牌，奖牌总数115枚。组织6期全市二级裁判员培训班，5期市级及以上教练员培训班。镇江体育产业发展有限公司统筹兼顾社会效益和经济效益，2022年营业收入2202.81万元。健康路体育公园创成江苏省体育服务综合体，并获评镇江“十佳”休闲健身网红打卡地。

市体育局“体育健身设施惠民提升工程”获评2022年度镇江市“十佳民生实事”

2022年，镇江市更新和安装563套健身路径、210张乒乓球桌、255副篮球架、8个体育公园、25千米健身步道，通过“有事好商量”协商议事形式建成滨江风光带体育公园。“体育健身设施惠民提升工程”首次获得2022年度镇江市“十佳民生实事”称号。打造“全民动起来、镇江跑起来”全民健身服务品牌，服务市民超百万人次。全市13家大型公共体育场馆获国家、省级免费或低收费开放补助资金630万元。镇江学生体质健康标准检测位列全省第一，举办“奔跑吧•少年”镇江市“千场万人”体育公益培训活动。2022年全市体育彩票销量9.39亿元，增长22.87%，市场份额全省第三。

2022年8月28日，江苏省第二十届运动会开幕，镇江代表团入场（本版照片均由市体育局供稿）

2022年，镇江选手程雨彤在江苏省第二十届运动会少年女子乙组枪术剑术比赛中获全能冠军

2022年，镇江游泳队在江苏省第二十届运动会上夺8金4银2铜

2022年，市体育局打造“全民动起来　镇江跑起来”全民健身服务品牌，建成一批健身场所（市体育局 供稿）

2022年7月，市体育局2022年暑期青少年乒乓球公益培训举行（市体育局 供稿）

2022年6月17日，“奔跑吧·少年”镇江市“千场万人”体育公益健身培训暨2022年“七彩夏日”体育消费季活动启动仪式举行

“奔跑吧·少年”镇江市“千场万人”体育公益健身培训暨2022年“七彩夏日”体育消费季活动启动仪式举行

2022年6月17日，“奔跑吧·少年”镇江市“千场万人”体育公益健身培训暨2022年“七彩夏日”体育消费季活动启动仪式在健康路体育公园举行。京口区贺家弄幼儿园、市街舞协会、市体育运动学校的少年儿童进行啦啦操、街舞、武术表演。该次公益培训涵盖乒乓球、羽毛球、击剑、轮滑、足球等12个项目，由体育部门和社会力量共同承担。

“奔跑吧·少年”镇江市“千场万人”体育公益健身培训暨2022年“七彩夏日”体育消费季活动掠影（本版照片由《镇江壹周》及孙光友、邢永青、刘利群供稿）

2022年8月8日，全国2022年“全民健身日”主题示范活动暨第六届“宁镇扬”全民健身大联动活动举行（孙光友 供稿）

2022年6月10日，2022年镇江市老年人体育节开幕式举行（市体育局 供稿）

2022年6月18日，镇江市第三届“溜溜族”杯轮滑赛举行（李柱保 供稿）

2022年5月29日，第四届鼎瀚公益健步走活动举行（《镇江壹周》供稿）

2022年6月19日，镇江市区街头篮球赛举行（诸培培 供稿）

2022年8月8日，镇江市无线电航模赛举行（周垒 供稿）

2022年2月23日，2022年丹阳市“中国体育彩票杯”迎冬奥健康跑活动举行（张福来 供稿）

2022年3月29日，镇江市体育工作会议召开（《镇江壹周》供稿）

2022年4月27日，镇江市体育局、建设银行镇江分行智慧体育服务平台深度合作签字仪式举行（《镇江壹周》供稿）

ZHENJIANG
TUJIAN
(2023)
SHENGTAI
WENMING
JIANSHE
PIAN

镇江图鉴（2023）
生态文明建设篇

综　述

【概况】2022年，镇江市深入贯彻习近平生态文明思想，协同推进降碳、减污、扩绿、增长，持续深入打好蓝天、碧水、净土保卫战，加快补齐生态基础设施短板，加强生态系统保护修复，推动生态环境质量实现根本好转。全市生态环境质量持续改善，$PM_{2.5}$年均浓度下降2.8%，国、省考断面水质优Ⅲ比例分别为100%和97.8%。

生态环境

【概况】2022年，省政府下达镇江市2022年度深入打好污染防治攻坚战目标任务书中的118项重点任务基本完成，第二轮中央生态环境保护督察反馈问题等突出环境问题有序整改。截至2022年年底，市区$PM_{2.5}$年均浓度为35微克/立方米，比上年改善2.8%；优良天数比率

2022年8月，镇江市区山清水秀（陈阿伟 供稿）

74.8%，下降4.4个百分点；全市地表水国、省考断面年度优Ⅲ类比例均为100%，与南京、南通、盐城、泰州并列全省第一，国考断面优Ⅲ类连续三年保持100%；长江干流断面水质保持Ⅱ类，主要入江支流均优于Ⅲ类，4个县级以上集中式饮水水源地水质达标率100%。全年全市生态环境部门下达处罚决定书748件，比上年增长21%；罚款金额7554.194万元，增长24.8%；运用环保法配套办法查处案件96件, 增长47.7%，其中查封扣押70件、移送拘留17件、环境污染犯罪案件9件。

环境质量

【**概况**】2022年，镇江市环境空气中二氧化氮、PM_{10} 和$PM_{2.5}$ 浓度较上年均有所削减，$PM_{2.5}$ 年均浓度首次达到国家二级标准，市区环境空气质量优良天数比例为74.8%。全市生物环境状况总体保持稳定。2022年，镇江市地表水采集到的水生生物种类较上年相比在种群及数量上均有增加，水质情况显著转好。

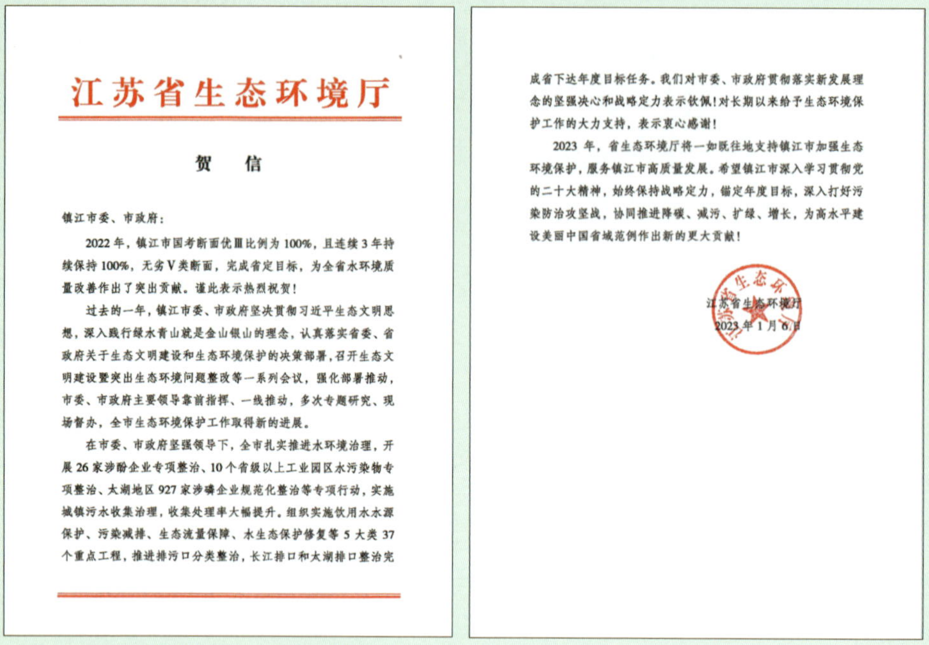

江苏省生态环境厅

贺 信

镇江市委、市政府：

2022年，镇江市国考断面优Ⅲ比例为100%，且连续3年持续保持100%，无劣V类断面，完成省定目标，为全省水环境质量改善作出了突出贡献。谨此表示热烈祝贺！

过去的一年，镇江市委、市政府坚决贯彻习近平生态文明思想，深入践行绿水青山就是金山银山的理念，认真落实省委、省政府关于生态文明建设和生态环境保护的决策部署，召开生态文明建设暨突出生态环境问题整改等一系列会议，强化部署推动，市委、市政府主要领导靠前指挥、一线推动，多次专题研究、现场督办，全市生态环境保护工作取得新的进展。

在市委、市政府坚强领导下，全市扎实推进水环境治理，开展26家涉酚企业专项整治、10个省级以上工业园区水污染物专项整治、太湖地区927家涉磷企业规范化整治等专项行动，实施城镇污水收集治理，收集处理率大幅提升。组织实施饮用水水源保护、污染减排、生态流量保障、水生态保护修复等5大类37个重点工程，推进排污口分类整治，长江排口和太湖排口整治完成省下达年度目标任务。我们对市委、市政府贯彻落实新发展理念的坚强决心和战略定力表示钦佩！对长期以来给予生态环境保护工作的大力支持，表示衷心感谢！

2023年，省生态环境厅将一如既往地支持镇江市加强生态环境保护，服务镇江市高质量发展。希望镇江市深入学习贯彻党的二十大精神，始终保持战略定力，锚定年度目标，深入打好污染防治攻坚战，协同推进降碳、减污、扩绿、增长，为高水平建设美丽中国省域范例作出新的更大贡献！

江苏省生态环境厅

2023年1月6日

2022年，镇江为全省水环境质量改善作出突出贡献

2022年，镇江为全省水环境质量改善作出突出贡献，省生态环境厅专门给市委、市政府发来贺信。贺信说，2022年，镇江市国考断面优III比例为100%，且连续3年持续保持100%，无劣V类断面，完成省定目标，为全省水环境质量改善作出了突出贡献，谨此表示热烈祝贺！贺信希望镇江市为高水平建设美丽中国省城范例作出新的更大贡献！

【饮用水】主要饮用水源地水质微生物指标达标率为100%；全市环境空气中细菌含量评价为清洁的测点比例为100%，霉菌含量评价为清洁的测点比例为100%；与上年相比无变化。

镇江市智慧供水“骨架”基本搭建，2000余千米供水管网实现“一图展示”

2022年1月，镇江市自来水公司录入镇江市2000余千米自来水管网数据的供水管网GIS系统上线投入使用，这表示智慧供水“骨架”基本搭建，真正通过GIS系统实现“一图展示”，为实现高质量智慧水务打下坚实基础，同时也为推进全国自然灾害综合风险普查工作提供供水智慧。

2022年1月，镇江市自来水公司中心调度室掠影（《镇江壹周》供稿）

【**危险废物**】2022年，镇江市全面启动“无废城市”建设。全年应急处置涉疫医废3145.39吨，回收废旧农膜621.9吨、农药包装废弃物564.7万件。累计排查危废相关环境隐患3488个，危险废物收集利用处置能力达43.575万吨，基本满足全市危险废物处置需求。2022年，镇江市有2411家危险废物产废单位，申报产生危险废物21.9万吨，其中企业自行处置4.2万吨，委外处置17.7万吨，期末危险废物贮存量0.5万吨。镇江市危险废物经营单位利用处置危险废物24.6万吨，其中填埋14.6万吨、焚烧3.9万吨、综合利用及其他方式处置6.1万吨。

生态保护

【**概况**】2022年，镇江市申报第五批江苏省生态文明建设示范街道1个、村（社区）3个，截至年底，全市累计创成江苏省生态文明示范乡镇（街道）47家、村（社区）69家。完成64个高风险遗留地块土壤污染状况调查，完成地下水污染防治重点区划定。全市农作物秸秆综合利用率97.1%，回收废旧农膜621.9吨，畜禽粪污综合利用率稳定在95%以上。6月2日，丹徒区政府、镇江市生态环境局、镇江市工商联、镇江市政协人口资源环境委员会主办，丹徒区世业镇政府、丹徒生态环境局、江苏开物科技发展有限公司承办的“共享碳普惠，共建零碳岛”——世业洲近零碳岛建设暨“碳惠宜”平台上线启动仪式在世业洲举行。2022年，镇江市生态环境局启动办理生态环境损害赔偿案件46件，累计缴纳生态环境赔偿（修复）资金294.02万元。2022年10月，镇江市出台《镇江市“十四五”应对气候变化规划》，该规划从总体指标、低碳产业、能源领域、交通领域、建筑领域、适应气候变化和生态碳汇7个方面提出16项具体指标。

镇江高新区金牛山公园生态景观掠影（孙悦萌 供稿）

镇江市入选江苏省2022年度绿色发展领军企业名单

镇江北新建材有限公司
句容台泥水泥有限公司
江苏恒顺醋业股份有限公司
江苏索普化工股份有限公司
镇江奇美化工有限公司
金东纸业（江苏）股份有限公司
中节能太阳能科技（镇江）有限公司

2022年，金东纸业污水处理设施和生产车间掠影（卜兴文 供稿）

污水经生物法处理后优于国家一级排放标准（聂建富 供稿）

江苏省绿色发展企业——金东纸业

1997年成立的金东纸业是全球单厂规模最大的铜版纸生产企业之一。企业坚持绿色低碳战略，大力发展循环经济，追求经济、环保、社会效益同步发展，环保投入累计超20亿元。企业先后获国家环境友好企业、国家级绿色工厂、国家重点行业“清洁生产示范企业”等称号。

2022年，江苏省2022年度绿色发展领军企业——镇江北新建材有限公司掠影（逸虻 供稿）

2022年，江苏省2022年度绿色发展领军企业——江苏恒顺醋业股份有限公司掠影（育瑞 供稿）

2022年，江苏省2022年度绿色发展领军企业——中节能太阳能科技（镇江）有限公司掠影（逸虻 供稿）

2022年，江苏省2022年度绿色发展领军企业——句容台泥水泥有限公司掠影（逸虻 供稿）

镇江公布2022年度“市级绿色工厂”认定企业名单

2022年9月1日，镇江市工业和信息化局公布2022年度“市级绿色工厂”认定企业名单。经企业申报、各市区推荐、资格审查、专家评审、网上公示等环节，江苏大亚新包装材料有限公司等28家企业认定为“市级绿色工厂”。“市级绿色工厂”称号有效期3年。列入认定名单的有关企业，若发生重大安全事故、环境污染问题或能耗及污染物排放指标超过限额，则称号自动撤销。

2022年度“市级绿色工厂”——圣象地板（句容）有限公司掠影（孙薇 逸虻 供稿）

2022年度“市级绿色工厂”——江苏恒神股份有限公司掠影（孙悦萌 供稿）

2022年度“市级绿色工厂”——光大环保能源（镇江）有限公司掠影（童建秋 供稿）

【土地资源保护】2022年，镇江市从严管控建设占用耕地尤其是永久基本农田，严守耕地红线。按照“统一底图、统一标准、统一规划、统一平台”工作要求，落实耕地占补平衡项目全过程监管。依法有序推进农村乱占耕地建房问题专项整治行动，强化卫片执法、综合执法和重点执法检查的综合运用，遏制耕地“非农化”，防止“非粮化”。在土地公有制性质不改变、耕地红线不突破、农民利益不受损“三条底线”基础上，推进农村土地制度改革各项工作。

【生态环境建设】2022年，镇江市开展中央环保督察反馈问题整改工作，谏壁污水处理厂二期扩建工程开工建设，推进新一轮黑臭水体专项治理行动，全市排查出的10条黑臭水体全部按照“一河一策”要求完成整治。建设18个达标区，新建污水管网37千米。实行扬尘管控红黑榜制度，推动建筑工地扬尘管控全天候、全覆盖。市住建局被省生态环境厅、省人社厅评为2022年度全省打好污染防治攻坚战先进集体。

2022年5月，扬中市八桥污水处理厂正式运行，日均处理量约820吨，设备综合利用率超80%，正常出水化学需氧量都低于15～20毫克/升（出水标准是50毫克/升），尾水清澈见底，稳定达标（卞婕 供稿）

【生物多样性保护】2022年，镇江市开展生物多样性调查工作，长江豚类省级自然保护区监测到维管束植物162种、陆生昆虫物种106种、鸟类86种、两栖爬行动物7种；江苏镇江南山生物多样性调查发现野生动植物546种，其中，野生植物424种、野生动物122种，包括大叶榉树等国家二级保护野生植物2种、红隼等国家二级保护鸟类9种、泽漆等药用植物190种。严格按照《江苏省国家级生态保护红线规划》和《江苏省生态空间管控区域规划》要求，建立生态环境、自然资源和规划、农业农村等部门联动的野生动植物和湿地保护管理机制，加强对“宝华玉兰”等珍贵植物资源和长江豚类等动物资源的保护。

镇江市长江禁捕退捕工作新闻发布会召开

2022年12月16日，镇江市长江禁捕退捕工作情况新闻发布会召开。镇江市严格落实长江禁捕退捕工作部署，先后出台《禁捕长效管理机制》《举报奖励制度》《应急值守制度》等文件，成立市长江禁捕工作领导小组和工作专班，长效推进“十年禁渔”。联合水警、渔政、水政、海事、航道、交通等涉江单位成立“江盾”长江大保护党建联盟。此外，镇江市在全省率先全面完成退捕安置工作，实现捕捞许可证收回、渔船网具征收处置、失水渔民安置“三个100%”到位，应纳入保障范围的失水渔民100%安置。镇江市打造“立体防护”，出台《长江镇江段禁捕水域网格化管理方案》，构建起市、县、镇、村四级网格化管理体系，推行“政府+企业”双重护渔模式，实现市县“技防”平台共享，确保监控全覆盖，执法全天候。在构建“全链条”监管方面，按照“水上不捕、市场不卖、餐馆不做、群众不吃”的目标，抓好重点时段、重点水域，严格市场管理，严厉打击非法交易。

2022年12月16日，镇江市长江禁捕退捕工作新闻发布会召开（柳放 供稿）

2022年6月16日，2022年镇江市长江渔业资源增殖放流活动举行（《镇江壹周》供稿）

镇江举行长江渔业资源增殖放流活动

2022年6月16日，2022年镇江市长江渔业资源增殖放流活动举行。活动现场，800余万尾鲢鳙、近万尾胭脂鱼等回游长江。市农业农村局介绍长江水生生物资源保护、“十年禁渔”等工作开展情况，市钓鱼协会宣读《文明垂钓倡议书》。镇江市连续20年开展长江渔业资源增殖放流活动，累计投入各项放流资金2900余万元，放流各类苗种1.93亿尾，有效加强渔业资源保护，促进渔业资源恢复和长江水域生态环境改善。

2022年6月16日，2022年镇江市长江渔业资源增殖放流活动举行（《镇江壹周》供稿）

“江盾”党建联盟开展集中巡江行动

2022年9月28日，镇江市“关爱河湖集中行动月”系列活动——“江盾”党建联盟集中巡江行动启动。5艘巡江船依次从水政基地出发，沿长江镇江段水域高资锚地到润港码头的水域进行联合巡航，查处非法采砂、非法运输、非法捕捞、靠港船舶偷排等违法行为，守护长江碧水长流。巡江行动用时2个多小时，采用“云”直播形式，邀请市民群众通过手机端在线观看、即时互动，共同参与长江大保护。

2021年3月，市公安局水上分局牵头成立“江盾”长江大保护党建联盟。截至2022年年底，成员单位有市公安局水上分局、镇江海事局、长江镇江航道处、市交通综合行政执法支队、市水政监察支队、市渔政监督支队、市港发集团、镇江海关缉私分局、市发改委长江处、镇江长江豚类省级自然保护区管理处10家单位。

2022年9月28日，镇江市“关爱河湖集中行动月”系列活动“江盾”党建联盟集中巡江行动启动仪式及巡江行动掠影（《镇江壹周》供稿）

2022年11月13日，2022年镇江长江江豚保护主题月启动仪式举行（柳放 供稿）

镇江长江豚类自然保护区守护着国家重点保护物种的繁衍生息

2002年，镇江长江豚类自然保护区成立，其独特性在于，和畅洲将长江分隔为左、右两汊，右汊为主航道，左汊不通航，是保护区核心保护水域。这是省内最早建立的水生生物自然保护区和长江最下游的江豚就地保护区，是镇江面积最大、管控最严、生物多样性最丰富的自然保护地。长江大保护战略实施以来，保护区生态环境持续改善，水质达Ⅱ类标准。通过增殖放流、修复水生植被等措施及常年禁渔执法管理，渔业资源逐渐稳定。保护区管理处巡护时发现，区内江豚种群数量稳定，常年生活25头左右，出现频次明显增加。

2022年，镇江长江豚类自然保护区俯瞰（柳放 供稿）

2022年3月和11月，在镇江长江豚类自然保护区嬉游的江豚（李斌 姜亚鹏 何宪卓 供稿）

2022年，国家一级保护动物东方白鹳首次成群现身镇江（本版照片由陈林、董友洪、杨小根、周社供稿）

2022年，在镇江发现的国家二级重点保护动物白鹇（左）、国家“三有”保护鸟类蓝喉太阳鸟（右）

2022年，在镇江发现的被誉为“鸟中熊猫”的国家二级重点保护动物震旦鸦雀（左）、国家二级重点保护动物赤腹鹰（右）

【水生态环境质量提升】2022年，镇江市国考断面优Ⅲ比例为100%，长江干流水质稳定达Ⅱ类，地表水无劣Ⅴ类水体，Ⅱ类水质比例达51.1%，地表水环境质量综合指数（CWQI）全省排名前列。投入资金8.3亿元，组织实施饮用水水源保护、污染减排、生态流量保障、水生态保护修复等5个大类37个重点工程，建设城镇污水收集治理提质增效达标区13个，收集处理率大幅提升。健全河湖长制，推进水环境治理“三源共治”，开展21家涉酚企业专项整治、10个省级以上工业园区水污染物专项整治、太湖地区927家涉磷企业规范化整治、10条黑臭水体整治等专项行动，完成2516个长江入江入河排口和545个太湖流域排口“一口一策”整治。

【湿地资源保护】2022年，镇江市印发《镇江市“十四五”长江经济带湿地保护修复实施方案》《关于建立健全自然保护地体系的实施方案》，修复湿地1500亩（100公顷），全市湿地保有量4.18万公顷，自然湿地保护率65.1%，新建湿地保护小区5处。赤山湖国家湿地公园被认定为2022年国家青少年自然教育绿色营地。

2022年，赤山湖国家湿地公园掠影（李行华 供稿）

赤山湖国家湿地公园被认定为2022年国家青少年自然教育绿色营地

赤山湖隶属句容，是南京母亲河秦淮河的源头。2016年获批国家级水利风景区，2017年获批镇江市首个国家级湿地公园，2022年创成全国科普教育基地、国家青少年自然教育绿色营地。赤山湖国家湿地公园总面积13平方千米，湿地覆盖率89%，拥有河流、湖泊、沼泽等湿地类型，孕育了丰富的生物资源。每年秋冬季节，数以万计的鸟类来此栖息、越冬与繁衍。赤山湖拥有野生鸟类170余种，其中国家一级保护动物3种。公园有科普宣教区、合理利用区、管理服务区、生态恢复区、湿地保育区五大功能区科普设施，建成观鸟屋、护鸟馆、水利文化展馆、生态文明建设展陈馆、湿地科普展厅及莲文化长廊、环湖绿道、水文化石刻、露营基地、河湖长制主题公园等室外宣教场所，科普区域总面积超2.2平方千米，可一次性接待800～1000名青少年参与科普实践活动。

孟家湾湿地公园成为市民家门口的公园

位于镇江市城区东侧、学府路以北、谷阳路以西的孟家湾一带，过去是城市黑臭水体，经治理，如今水面清澈如镜，四周木栈道环绕，花草植物相映其间。孟家湾湿地公园项目建设结合原有京口公园及孟家湾水库，利用原水库调蓄能力并结合湿地建设，减轻下游玉带河防洪排涝压力，净化玉带河源头水质，全面提升水环境。项目通过多级生物滤池等海绵技术，对水库水质持续修复。水库扩容后将雨水引入，再经多级生物滤池处理，完成水质净化，达到地表水Ⅳ类标准。

2022年，孟家湾湿地公园美景掠影（《镇江壹周》供稿）

2022年，润州区回龙水库美景掠影（《镇江壹周》供稿）

2022年3月，镇江市区千棵柳长江沿岸新增造林掠影（孙悦萌 供稿）

2022年7月，丹徒区世业洲江堤防护林在防汛中发挥重要作用（孙悦萌 供稿）

环境管理

【概况】2022年，镇江市生态环境局审批建设项目环境影响评价文件43个（报告书7个，报告表36个），全市生态环境部门审批建设项目环境影响评价文件605个（报告书28个，报告表577个），登记表备案1499个项目；办理辐射安全许可申领、变更、延续、重领、注销204件，办理辐射建设项目环评审批24件（核技术应用项目17件，电磁类电项目7件）。污染源在线监控系统覆盖全市重点排污企业单位239家，74家企业安装视频监控系统，596家企业安装用电数据监控，在全省率先对16家重点涉气企业实施污染源在线监控“远程质控”。加强企业环保信用管理，截至年末，全市参评企事业单位有3269家，参评单位数量较2021年年底增长10.7%，其中5家企业为绿色企业、3241家企业为蓝色企业、16家企业为黄色企业、7家企业为黑色企业。

2022年9月14日，镇江市“关爱河湖集中行动月”启动仪式举行 （《镇江壹周》供稿）

2022年11月29日，“加强检察监督　共护一江清水”检察工作座谈会召开（柳放 供稿）

2022年9月28日，促进绿化水平提高、改善环境质量的镇江市园林绿化技能竞赛举行（《镇江壹周》供稿）

2022年，镇江六圩水上绿色综合服务区（本版照片均由刘玉宝供稿）

镇江海事局持续推进长江运河两条水系船舶信用管理，努力成为水上绿色发展先行者

2022年8月22日上午8时，江西“姑塘1617”号船靠到镇江六圩水上绿色服务区，卸下船上0.12立方米的生活污水和2千克生活垃圾后，又可继续航行。

镇江海事局持续推进长江与京杭运河两条水系船舶信用管理建设，保护江河生态环境，探索将“信用+智慧”海事监管贯穿于航运全要素，全面推行船舶信用承诺制，明确8类13项告知承诺事项，推动辖区55家码头、7268艘船舶签订信用承诺书。共认定黄名单363个、黑名单3个，与苏北航务处联合惩戒26个，联合奖励114个。镇江海事局通过黑光级视频监控、无人机等手段，实时感知辖区通航要素，并运用这些信息化设备24小时精准快速分辨船舶星级，对四星、五星船舶提供优先安排锚位、污染物接收等服务2540艘次，对认定的一星、二星船舶采取限制措施15艘次。

镇江六圩水上绿色综合服务区现场回收生活污水

过往船舶在镇江六圩水上绿色综合服务区回收登记垃圾并分类存放

丹徒区高桥镇坚守一方水土，加快绿色发展

丹徒区高桥镇位于镇江市丹徒区东北部，南临长江与镇江新区大港港口隔江相望，东临长江与扬中市新坝镇遥望，西连长江与丹徒区江心洲生态农业园区相望，北与扬州市广陵区相连。耕地面积1015公顷，集镇面积0.9平方千米。高桥镇做好长江干流岸线利用项目清理整治工作，开展“保护长江母亲河，人大代表我先行”等活动，四方桥村通过市级特色田园乡村创建验收。2022年，高桥镇完成地区生产总值16.8亿元，比上年增长2%；公共财政预算收入3539万元。全镇有工业企业248家，完成规模以上工业总产值9.3亿元，销售收入9.02亿元，实现利税7028万元。完成固定资产投资10亿元，其中规模以上工业固定资产投资1.39亿元，比上年增长100%。年销售额2000万元以上企业14家，实现利税7028万元。农民年人均纯收入29812元。

2022年6月30日，区委领导检查指导长江干流岸线利用项目清理整治工作（本版照片均由高桥镇供稿）

2022年6月29日，高桥镇开展“保护长江母亲河，人大代表我先行”活动

2022年7月8日，镇江市对四方桥村市级特色田园乡村创建进行验收

2022年9月1日，与五峰山大桥双拥共建签约暨民兵应急班授旗活动举行

2022年9月23日，“小手拉大手　社会共守护”关爱河湖主题活动举行

2022年6月4日，镇江公安干警宣传秸秆禁烧到田头并协助回收油菜秸秆（董根年 供稿）

污染防治

【概况】2022年，镇江市实施年度大气污染防治工程760项、水污染防治项目37项，削减化学需氧量1662吨、氨氮87吨、挥发性有机物减排1553吨、氮氧化物减排1397吨。全市49个项目列入江苏省生态环境基础设施重点工程名单（续建项目23个，新建项目26个），其中丹阳市15个、句容市9个、扬中市7个、丹徒区7个、京口区2个、镇江新区8个、市本级1个，开工率100%；年内应完工项目39个，完工率100%。推进农村生活污水治理设施建设，完成农村生活污水治理“双60”行政村58个，治理率35.1%，完成新增农村生活污水治理农户数22409户。年内，镇江市危险废物经营单位22家，危险废物收集利用处置能力43.58万吨。镇江市医疗废物年处置能力3380吨，其中高温蒸煮3300吨，焚烧80吨。重点危险废物产生单位规范化管理抽查合格率和经营单位规范化管理抽查合格率分别为100%和94.74%。

2022年，镇江市专业从事城市有机质综合处理的国家级高新技术企业——江苏泓润生物质能科技有限公司掠影（鲍育瑞供稿）

【镇江市污染防治综合监管平台运行情况】2022年，平台纳入问题线索15984条，办结15716条，其中来自“12345”政务服务热线12281条，占比76.8%；日常检查和环保移动执法1732条，占比10.8%；数字城管279条，占比1.7%；工况异常和在线监控超标1114条，占比7.0%。从线索类型来看，全年大气污染线索占比最高，达44.5%；噪声污染线索占比22.6%；固废污染线索占比7.7%；水污染线索占比17.8%；土壤污染线索占比0.4%；其他占比7.2%。线索处置过程中共产生预警3个，预警率0.02%，截至12月底，所有预警均已消除。

【大气污染减排】2022年镇江市大气污染减排情况如下。1.友好协商减排：4—8月，全市工业企业二氧化硫、氮氧化物、烟尘日均排放量比1—3月分别减少11%、13%和17%。2.科学有序深度减排：9—12月，全市二氧化硫、氮氧化物、烟尘三项污染物月均排放量较8月分别下降29.7%、21.2%和21.6%。3.2022—2023冬春季深度减排：制定《镇江市2022—2023年冬春季大气环境质量深度减排管控方案》，12月起根据不同污染程度适时启动常态、Ⅲ、Ⅱ、Ⅰ四个级别管控，重点工业企业、施工工地、港口码头、道路保洁、柴油货车、生活面源分别落实管控措施。4.重点企业减排：推进3家统调电厂燃煤机组全负荷脱硝改造，基本达到并网2小时后，机组NO_x排放稳定达标；推进3家钢铁、2家水泥熟料企业全流程超低排放改造；推进全市垃圾焚烧行业氮氧化物超低排放改造，句容绿色动力再生能源有限公司、光大环保能源（镇江）有限公司分别完成SER、PNCR脱硝改造。

2022年，光大环保能源（镇江）有限公司推进垃圾焚烧行业氮氧化物超低排放改造工作，实现脱硝改造。图为光大环保能源（镇江）有限公司生产控制中心（童建秋 供稿）

【自然资源和规划建设】2022年，镇江市自然资源和规划部门获2022年度镇江市优化营商环境“甘露奖”、“全国绿化先进集体”称号，句容市被自然资源部评为“全国自然资源节约集约示范市”。年内，完成土地供应1680.40公顷。其中，工业等产业用地供应446.163公顷，住宅商服等经营性用地供应456.75公顷。审核批准5个土地征收成片开发方案、64个成片开发片区，拟征收土地面积1.9万亩（1266.67公顷）。获批建设用地43个批次8645亩（576.3公顷），全市10个省重大、220个市重大产业项目中的204个项目完成用地保障。批复林地项目7个批次89亩（5.93公顷），审核上报批准使用林地项目37批次1108亩（73.87公顷）。实现商品房和二手房转移登记、抵押登记、实体经济企业不动产登记30分钟办结，全市颁发不动产证书275398本、证明101294份；办理不动产抵押登记73027件，抵押金额9037亿元。

丹徒区辛丰镇废弃露天矿山生态修复工程显露成效

丹徒区辛丰原黄墟土门采石场1号、2号、3号宕口和原藤树1号宕口废弃露天矿山生态修复工程，经过几年“休养生息”，初显成效。这一工程属于长江沿线国土空间生态修复工程，是江苏省自然资源厅和财政厅重点支持生态保护修复项目，由丹徒区自然资源和规划局主管，工程2019年正式启动，按照保障安全、恢复生态、兼顾景观的总体要求，先后采取削坡清坡、回填压脚、挂网客土喷播、种植土回填等治理工艺，在尽量减少对山体破坏的前提下，进行生态修复，同时有效利用废弃露天矿山土地资源，达到人与自然的和谐共生。

2022年6月，丹徒区辛丰原黄墟土门采石场1号、2号、3号宕口和原藤树1号宕口废弃露天矿山生态修复掠影（宁檬 供稿）

仑山湖抽水蓄能电站项目加紧推进

抽水蓄能是当前技术最成熟、全生命周期碳减排效益最显著、经济性最优且最具大规模开发条件的电力系统灵活调节电源。正在建设的仑山湖抽水蓄能电站项目，上水库蓄水1706.74万立方米，下水库蓄水1691.95万立方米，项目总装机容量135万千瓦，安装6台单机容量22.5万千瓦可逆式水泵水轮发电机组，设计年抽水电量18亿千瓦时，设计年发电量13.5亿千瓦时。项目投运后，每年可节约燃煤消耗量约14万吨，减排二氧化碳、二氧化硫等35.7万吨。项目2017年3月开工，计划2024年年底首台机组投产发电，2025年全部投产发电。

2022年，仑山湖抽水蓄能电站工程施工现场（王义华 供稿）

【节能减排】2022年，镇江市加强对全市碳排放峰值及其实现路径等问题研究，与省工程咨询中心利用全市碳排放变化趋势分析模型，谋划镇江市达峰时间表和路线图。印发《镇江市2022年碳达峰碳中和工作要点》，实施产业绿色低碳转型行动、能源绿色低碳转型行动、绿色低碳科技创新行动、节能增效水平提升行动等"双碳八大行动"。镇江市世业洲启动江苏省首个近零碳岛建设，实施绿色生态、生物污水处理、农田土壤改良、岛内生态环境治理、生物质农业热电联产、光伏发电、智慧农业、垃圾分类、节能服务、碳普惠全民行动等十大工程。6月2日，"共享碳普惠，共建零碳岛"——世业洲近零碳岛建设暨"碳惠宜"平台上线启动仪式在世业洲举行。

2022年6月2日，世业洲近零碳岛建设暨"碳惠宜"平台上线启动仪式举行（《镇江壹周》供稿）

太湖流域水污染防治

【概况】2022年，镇江市21个太湖流域考核断面水质达标率为100%，消除劣V类断面，完成主要水污染物总量减排任务。完成目标责任书中12项重大治太工程项目建设，工程项目内容涉及控源治污、城乡污水收集处理、农业农村污染治理等。强化太湖排污口排查整治，完成整治排口545个。强化突出工业污染源头治理，完成592家涉磷企业规范化整治。加快推进产业转型升级，完成21家重点企业强制性清洁生产审核。加强城镇生活污染治理，污水处理能力1.5万吨/日，新建污水管网15千米。强化农业农村面源污染治理，全市新增农村生活污水治理户22409户，新增完成面源污染治理行政村58个。

【畜禽粪污资源化利用】2022年，镇江市推进畜禽粪污资源化利用，对全市规模、小规模养殖场户重新摸底排查，建立年度养殖场清单，全市有规模场420家、小规模场480家，其中789家养殖场列入年度巩固提升清单，畜禽粪污年度综合利用率97%。推进水产健康养殖，实施池塘生态化改造7486亩（499.07公顷），开展养殖尾水达标排放或循环利用示范推广面积846.6亩（56.44公顷）。